途上国財政論

グローバリゼーションと財政の国際化

船津 潤

日本経済評論社

目次

序章　途上国財政の研究について ……………………………………… 1

はじめに　1

1. 途上国財政の特徴　3
2. 国際的な影響力の類型　6
3. 途上国財政の課題　11
4. 研究に関する留意点　13
5. 補完的な試論　20

第I部　グローバリゼーションと途上国財政

第1章　途上国財政の全体像──1997年までを対象に ………………… 45

はじめに　45

1. 民間資本フロー急増の背景と実態　47
2. 財政改革の内容　53
3. 先行研究の整埋　58
4. 途上国財政の動向　63
5. 外向きの貿易戦略と経常収支の動向　75
まとめ　77

第2章　途上国のインフラ整備──民活と世界銀行グループ ……… 80

はじめに　80

1. 民活推進政策の展開　83

iv

2. IFC と MIGA　93

3. 世銀グループの役割　99

4. 世銀グループによる民活インフラ政策の評価と展望　104

第3章　援助・貧困削減・途上国財政 ……………………………………… 113

はじめに　113

1. 国際社会の課題としての貧困削減　115

2. PRSP（貧困削減戦略文書）　124

3. 財政管理　129

4. 途上国に推奨されている財政改革　134

おわりに　147

第4章　途上国の貧困削減に関する国際的ミニマムと ODA ……… 149

はじめに　149

1. 途上国への資金の流れ　150

2. 被援助国・地域個々の ODA 受取額の動向とその背景　154

まとめ　159

第II部　途上国財政の実相──「世界システム」を踏まえたスリランカ財政

第5章　スリランカ初の PRSP の検証 ………………………………………… 169

はじめに　169

1. スリランカ情勢　170

2. PRSP の内容　173

3. JSA の内容と評価　187

4. 検証　191

おわりに　200

第6章　ラジャパクサ政権下の第2のPRSP ……………………………… 202

　　はじめに　202
　　1.　『マヒンダ・チンタナ』と関連文書の内容　203
　　2.　財政・経済政策の動向　208
　　3.　総括と含意　239

　参考文献　251
　あとがき　259
　索引　263

序章
途上国財政の研究について

はじめに

　途上国経済に関する代表的な研究分野としては，開発経済学，開発援助論等が挙げられ，その研究成果は途上国援助等における政策にも反映されている[1]．一方，財政学における主要な理論は先進国を対象とした研究から生まれたものと言え，実証研究においても，世界経済への影響の大きさ[2]やデータの充実度が影響してか[3]，先進国が主要な対象になっている．また，各途上国経済やアジア等の地域経済に関する経済政策を含む実証研究においても[4]，財政は必ずしも主要な研究対象とはなっておらず，財政分析がなされる場合にも，全体の中の一部として取り上げられるに過ぎないことが少なくない[5]．

---

1) 開発援助の理論と実践の関係，その課題に関しては，元田 [2007] 等を参照．
2) 1900-80 年の世界の財・サービスの生産に占める欧米のシェアは 7〜8 割とされる（ピケティ [2014]）．
3) 財政関連の分析を含むピケティ [2014] においても途上国のデータの不十分さがしばしば指摘され，先進国を中心に研究が進められている．なお，筆者のスリランカ財政研究の経験でも，データの詳細な項目の改廃・変更等が日本よりも頻繁なため，詳細な分析はデータの一貫性を考慮した一定期間に区切るといった工夫が必要となる．こうした傾向は途上国に一般的な可能性がある．
4) 例えば，タイに関する末廣昭，スリランカに関する中村尚司，アジア全般に関するアジア経済研究所等，日本人，日本の研究機関によるものを含め，個々の途上国や地域の経済・社会に関して多くの重要な研究成果がある．
5) 途上国財政に関して最も多くの研究を発表，刊行している機関としては世界銀行

しかし，世界人口に占める途上国人口の比率は 2017 年のデータで 83% に達し[6]，「ミレニアム開発目標」（MDGs：Millennium Development Goals）やその後継と言える「持続可能な開発目標」（SDGs：Sustainable Development Goals）が示すように，途上国の貧困問題は国際社会全体の課題となっている（第 3 章参照）．加えて，民間経済の発展が十分ではない途上国では，先進国以上に財政の影響が大きく，かつ重要と考えられる．世界全体の経済・社会の発展への貢献という点では，途上国財政の研究は先進国のそれ以上に重要なテーマと言ってよい[7]．しかし，管見の限り，途上国財政の研究方法等を主要なテーマとした論文や文献は見当たらないように思われる．

本章では，途上国財政の特徴，類型，課題を考察した上で，国際政治論や地政学を含む経済学・財政学以外の分野の研究成果も参考にしつつ[8]，途上

（以下，世銀と略すことがある）が挙げられ，貴重なデータや研究成果を提供しているが，そうした研究の政策的示唆は一般的に世銀の方針と一致しており，慎重な検討が必要と考えられる．途上国財政を主要なテーマとした邦文の研究には，山本 [1997]，柏原編 [2010] 等があるが，その数や質が十分とは言い難い．

6) https://data.worldbank.org/indicator/SP.POP.TOTL より，低所得・中所得に分類される諸国を途上国として算出した．

7) 例えば，ピケティ [2014] は，「今日の世界のあらゆる先進国において，財政のしっかりした社会国家を構築するのが現代化と経済発展のプロセスの重要な一部だった」（p. 511）とした上で，「1980 年以後，先進国から生じた新しいウルトラ自由主義の波が貧困国を襲い，公共部門を切り離して，経済発展を育むのに適した税制を発達させるという優先度を引き下げるよう強制した」（p. 512），「富裕国は，それほど発展していない世界を自分の実験に使い，自分自身の歴史的体験からの教訓を本気で活用しようとしない傾向がある」（p. 512）等として富裕国や国際機関を批判しつつ，「どんな税制社会国家が途上国に登場するかという問題は，地球の未来にとって最大級の重要性を持っているのだ」（pp. 512, 513）と主張している．

8) ピケティ [2014] は，「経済学という学問分野は，まだ数学だの，純粋理論的でしばしばイデオロギー偏向を伴った憶測だのに対するガキっぽい情熱を克服できておらず，そのために歴史研究や他の社会科学との共同作業が犠牲になっている」（p. 34），「経済学は他の社会科学と自分を切り離そうなどとは決して思うべきではなかったし経済学が進歩するには他の社会科学と連携するしかないのだ」（pp. 35, 36），「経済学者たちが役に立とうと思えば，まずは自分の手法的な選択においてもっと現実主義的になり，手持ちのあらゆるツールを活用して，他の社会科学分野ともっと密接に協力することを学ばなければならない」（pp. 605, 606）と主張している．また，財政学においても，金澤 [2005] は，「財政学の研究は，経済学に依拠する部分が大きいとは

国財政の研究の枠組みを提示すること，加えて，その過程で提起され，本書の他の章で十分に論じられていないテーマに関する試論を示すことに取り組む．政治と経済の結節点である財政を研究する財政学において，社会・経済・政治的な課題の解決に実践的に寄与することが最も重要な研究目的の1つであるとすれば，他分野の研究成果の活用に積極的であるべきと考えられる上，途上国財政は後述するように特に国際政治・経済の影響を強く受けること等から，一層，他分野の活用が重要と言える．また，研究の枠組みや試論を示す際には，実践的な活用に資する出来る限り簡潔な知的枠組みを提示すること[9]を常に念頭に置きたい．

1.　途上国財政の特徴

まずは，「途上国」の定義と関わる特徴について考えたい．途上国の定義は必ずしも定まっていないが，1人当たり所得水準等で測定される経済力が

いえ，それだけでなく，現代社会のあるべき姿を論じ社会に影響力を行使している政治学，行政学，社会学，歴史学，哲学，自然科学などの学問分野の成果や社会運動を支える価値観によく目配りし，その内容を深く理解することが求められる」（p. 25）とし，神野［2007］は「財政現象を分析対象とする財政学も，社会諸科学の境界線上にあって，その見えない役割を探る科学とならざるをえない」（p. 29）と記している．一方，地政学では，その研究範囲に経済的側面も取り込んだ「地経学」（geoeconomics）の重要性を指摘する声がある（地経学に関して詳しくはナイ＆ウェルチ［2015］，Blackwill & Harris［2016］，ルトワック［2018］等を参照）．

9)　開発援助論の重要な研究成果と言える元田［2007］では，「ある理論と政策が選択されるためには，それらがドナーの利害関心と合致していることに加えて，政策を遂行するに当たってドナーが技術的に対応しやすいものであることが重要」（p. 33）と指摘している．また，著名な国際政治研究者であるメイヨールは，その著書『世界政治』において，「政治分析の目的は（中略）さまざまな試練を学者だけでなく一般市民も知的に議論できるように，枠組みを構築することなのである」（p. 200）と記している．財政民主主義は現代財政の原点であり，根幹と言えるが，民主主義社会において市民の政策判断に寄与し得る，そして，実際の政策に活用し得る研究を目指す場合，このことは重要な目標になると考えられる．何より，後述するように被援助国に加え援助国有権者の判断も途上国財政に大きな影響を及ぼす可能性があることから，一般有権者も活用し得る知的枠組みの提示は有意義と考えられる．

4

相対的に弱い諸国を指すというのが一般的であろう．世界銀行では各国・地域を1人当たりGNIに基づいて低所得，低位中所得，高位中所得，高所得経済に分類し，低・中所得経済を「発展途上経済」（Developing economies）とする[10]．

　この経済力の弱さとそれに起因あるいは付随する諸問題，中でも貧困問題への対応が，特に重要な課題となっていることが途上国財政の特徴の1つとして挙げられる．経済力は政治的・社会的安定性や発展にとっても不可欠であること，そして，経済は各国の国民にとって最も身近で実感しやすいテーマであり，経済に関する指標は政治や社会に関する指標より相対的に数値化が容易なこともあって指導者にとって国民にアピールがしやすいこと等から，経済力は特に重視されていると言える．ただし，経済力の弱さは政治的・社会的状況の結果の面も，原因の面も有しており[11]，このことは社会的・政治的課題が重要ではないということを意味しない．さらに，途上国の貧困問題は，途上国の国内問題にとどまらず，国際社会全体の課題ともなっている[12]．

　次に，財政は，「国家の経済」と定義でき[13]，国家は，領土と，それを統治する絶対的な権利，すなわち主権を有する（ナイ＆ウェルチ［2015］）．なお，国家が主権を有するということは，国家は基本的な自立が可能であるこ

---

10) https://datahelpdesk.worldbank.org/knowledgebase/articles/378833-how-are-the-income-group-thresholds-determined.
11) 経済と政治，社会の関係，そして，そこでの財政の役割については，神野［2007］を参照．
12) 開発援助においても，教育・福祉等の社会的側面や環境との両立が図られている（元田［2007］）．また，経済改革の効果をあげるため，あるいは人権や民主主義を普遍的価値とし，その実現自体を目的として政治改革要求も一般的となっている．詳しくは，第3章，船津［2005］を参照．
13) 金澤［2005］．他に「国や地方公共団体など公共部門の貨幣に関すること」（同 p. 1），「国家・公共団体の経済」（武田・遠藤・大内［1964］），「公権力体の経済」（同 p. 2），「国家・地方公共団体すなわち公権力体の経済活動」（林［2002］p. 1），「国や地方自治体など公権力（公的な権限）をもつ組織の経済活動」（重森・鶴田・植田［2003］p. 1）などとも定義される．

とを前提としていると言える.

しかし，第2次世界大戦後，植民地が正統な政治形態と認められなくなり，多くの植民地が国家として独立した．この時，戦前の植民地経営や独立の維持を最大の課題としたごく少数の例外的な諸国の国家運営とは大きく異なる，現在につながる特徴や課題を持つ途上国財政も生まれたと言える．そして，そうした「新たに独立した諸国は，政治的にも経済的にも自分の努力だけで生きのびていく能力を欠いていた」（メイヨール［2009］p. 111）．さらに，東西冷戦が終結すると，東側陣営の崩壊に伴って20以上の新たな国家が誕生する（メイヨール［2009］）．伝統的な国際社会は，それぞれの政府が国境内の出来事に責任を持つ自助原理に基づいていたが，こうした国際社会のあり方は現実と合致しなくなっていった[14]．

そして，国際社会における主権の扱いは大きく変化することになる．それを象徴的に示すのが，安全保障理事会首脳会議の要請に応じて当時のガリ国連事務総長が1992年に作成した報告書「平和への課題」[15]である．その第17段落には，「その（国家の―引用者注）基本的主権と保全の尊重は，あらゆる共通の国際的進歩に不可欠である．しかし，絶対的かつ排他的な主権の時代は過ぎ去っている．その理論は，決して現実と合致していなかった．今日の国家の指導者はこれを理解し，良好な国内統治の必要性と一層相互依存的になっている世界の必要条件との間に均衡を見出す必要がある」と記されている．この主権の相対化は，経済的・政治的なパワーが相対的に弱い途上国により一層大きな影響を及ぼしている．

---

14) メイヨール［2009］．城山［2013］でも同様に，「第二次世界大戦後に脱植民地化が進む中で，必ずしも十分な国家能力をもたない国家が増殖してきた．これは，『準国家（quasi-state）』ともいわれる．国家間の関係が水平的なものから，より垂直的なものへと変容していく」（pp. 11, 12）とし，「準国家を存続させるためには，能力を補填することが必要であり，国際援助といった仕掛けが国際的なセーフティーネット（安全網）として利用された」（p. 35），そして，「植民地統治下において，低開発は国内問題であった．しかし，脱植民地化の結果，低開発の問題は国際化された」（p. 287）と指摘している．

15) *An Agenda for Peace*（http://www.un-documents.net/a47-277.htm）．

6

　こうした途上国の自立的基盤の弱さとそれに伴う国際援助に対する必要性，そして主権の相対化に伴う影響が，政治面でも，経済面でも国境外からの影響を受けやすく，主権の行使の制約が大きいという第2の途上国財政の特徴につながることになる．

　これは，援助国やそれらが主導する国際機関は被援助国に対する自らの経済・政治両面での「指導」の必要性を事実上，当然の前提としているということを意味する．そして，途上国の統治能力に対する援助国の不信は，援助国の途上国政府への対立的な2つの姿勢，すなわち，政府の行政能力の低下という結果になり得る途上国援助におけるNGO重視[16]，そして他方でのグッド・ガバナンスを中心とした政治改革要求（第3章参照）につながっていると見られる．

2.　国際的な影響力の類型

　前節で見たように，特に途上国は国境外の影響に一般的にさらされやすいと言えるが，グローバリゼーション（グローバル化）の進展を受けて，世界中の全てとも言える国々が国境外の出来事から従来より一段と大きな影響を受けるようになっている．このことは，国境を越える好影響を拡大し，悪影響を縮小させるための国際公共財[17]への注目を高め，財政の国際化[18]を大

---

16)　元田［2007］では，「NGOセクターの肥大化に伴って，政府の役割が縮小するということは，とりもなおさず，このような能力（社会サービスの供給能力—引用者注）を政府が失うことを意味する．その結果，国家はもはや人々に対するアカウンタビリティーを保つことができなくなる．他方，人々は，社会サービスがNGOセクターに『民営化』されることで，従来は国家に対する権利という形で（少なくとも法律上は）保障されていたサービスを請求することが不可能となり，権利が剥奪される」（p. 221）と指摘されている．

17)　通常の公共財と同様に非排除性，非競合性，共同消費という特徴を持ち，かつ自国の国境を越える正の外部性を有する取り組み．具体例としては，ODA，貿易や環境に関する国際協定等が挙げられる．詳しくは船津［2005］を参照．

18)　国際社会において，先進国，途上国双方を含む各国政府に対して国際公共財の供給に一層の責任を負うよう求める動きと定義できる（船津［2005］参照）．

きく進展させることになる．そして，こうした流れは，必然的に途上国はもちろん先進国においても財政主権の制約の拡大を伴うが[19]，その中で，先進国を中心として他国への意図的な影響力の行使も積極的に行われるようになっている（第4章参照）．

なお，国際的な，意図的な影響力の行使は，国際機関を通じてなされる場合も含め，影響力を行使する側の国の直接的な財政支出[20]と，影響力の対象となる国の同意の有無を基準に，以下のように分類できる．

まず，行使国の財政支出の有無にかかわらず，対象国の意思に反して行われる影響力の行使は「国際介入」と呼ぶことができる．

次に，関係諸国の同意に基づき，直接的な財政支出を伴わず，対象国の政策の内容が規制される場合，「国際協調」と呼び得る．この場合，全ての関係諸国が影響力の行使国でもあり対象国でもあるのが一般的と言えるが，国によって影響力に大きな格差があることも珍しくない．

そして，行使国の直接的な財政支出を伴い，対象国の同意に基づいて行われる影響力の行使は「国際協力」と呼べる．国際協力は「助け合い」のイメージと重なりがちで，全ての関係諸国が行使国でも対象国でもあることもあり得る．しかし，実際には援助する側と援助される側に分かれていることが多々あり，こうした場合は「国際援助」として区別することができる．

「国際介入」には，武力介入はもちろん，経済制裁も含まれる．なお，経済制裁について，メイョール［2009］は，「これは普通，平和的変更の一形態だとされている．しかしより正確には，これは一種の目に見えない暴力であり，そこでは責任は制裁の犠牲者に転嫁され，制裁をけしかけた人びとがこれを認識しないことが，しばしばである」（p. 145）と指摘している．

「国際協調」，「国際協力」にも，留意すべき点がいくつかある．第1に，

---

19) 植田・諸富［2016］は，財政の国際化が進む中で，各国の財政自主権が制約を受けるとともに，国際的な政策協調の課題が浮上していることを指摘している．

20) 例えば国際機関を通して行われる多国間の援助も，援助国からの資金に主に支えられ，援助国の意向に沿って行われるのが一般的と言える．

国際協調の代表的な形態の1つと言える貿易協定や経済連携協定は，非関税障壁も対象とすることが一般的になり，経済関連にとどまらず政府活動全般を強く規制することが少なくないことである．そして，国際協力，そして国際援助の代表的な形態と言える途上国援助でも同様のことが言える．途上国援助では，コンディショナリティと呼ばれる，支援の開始や継続の条件として課される政策変更を伴うことが一般的だが，その範囲は一貫して拡大傾向を示し，今や国政全般に及んでいる（第3章参照）．

また，国際援助においては，援助する側とされる側の力関係は大きく異なる．二国間援助はもちろん，多国間援助であっても以下の3点が原則として指摘できる．

第1に，被援助国から見た援助の条件の厳しさと援助の大きさ[21]は基本的に比例する．一般的に，被援助国は，厳しい条件を受け入れる場合には，それに見合う大きさの援助を求め，援助する側は，援助が目的のために有効に使用されるよう，援助の大きさに見合う厳しい条件を求める．また，甘い条件での援助は援助に安易に頼る被援助国のモラルハザードを生じさせかねないとの援助する側の懸念も，援助の大きさに見合う厳しい条件を求めることにつながる．

第2に，被援助国の交渉力の強さ[22]にかかわらず，援助を実行するかどうかの決定権は援助する側が握っている．複数国家間で調整がなされ，実質的に拒否が困難な場合はあるが，主権国家に援助をするよう強制できる世界政府等は存在しない．

第3に，援助を実行するかどうかの決定は，基本的に政治的になされるため，援助について決定を行う援助国の政治家は，その判断に際して，援助の大きさと条件が援助の目的達成のために適切か否かより，自国の有権者に受

---

21) ここで言う援助の大きさとは，援助の質（被援助国から見た援助の条件の有利さ），規模，援助の必要性・切迫性を踏まえた援助実施の迅速さ等を総合したものを想定している．
22) 援助目的が達成されないことの影響が援助国を含む国際社会・経済にとってどれほど大きいかの予測等によって著しく異なると考えられる．

け入れられるか否かを優先すると考えられる[23].

　ほぼ全てが被援助国である途上国にとって，これらの点は特に重要であり，途上国財政の研究は，途上国財政が援助国や国際援助機関に，程度の差はあっても規定されていることを心に留めて行う必要がある[24].

　また，途上国援助に関する制度は，こうした援助する側と援助される側の葛藤と，実施された援助に対する反省を経て構築されてきたと言えるが，特に注目に値するのは，被援助国への政策の押し付けは十分な成果をあげられなかったこと，貧困問題は国際社会全体の解決すべき課題であること，そして実効性のある政策を実施するためにはドナー・被援助国の国民をはじめ参加者や利害関係者の理解と協力が不可欠であることといった認識をドナー，被援助国双方で共有するに至り，少なくとも公式的には，被援助国のオーナーシップと，ドナーや一般市民等と被援助国政府との関係を含むパートナーシップ・参加を重視するべきという現在のコンセンサスにつながっていることである（第3章参照）．そして，このことは，特にEU等の地域統合が進む中で多くの議論がなされている先進国間を含む国際協力のあり方にも大きな教訓を与え得ると思われる．ただし，この被援助国のオーナーシップが実態として機能しているとは限らないという点には留意する必要がある（第5章参照）．

　最後に，国際介入，国際協調，国際援助を含む国際協力の結び付きに注目する必要がある．1つには，温室効果ガス削減を含む環境問題への対応やテ

---

23)　なお，援助目的が達成された場合に援助国が得る利益や達成されない場合に援助国が受ける損害は，援助を決定する時点では予測に過ぎず，援助目的を達成することから生じる，損害の軽減を含む援助国の利益は過小に評価される恐れがある．このことは，援助目的達成のために十分な大きさの援助がなされない可能性が低くないこと，また，適切で十分な援助を行うためには，援助国の利益の適切な把握や，援助国側の責任と負担の分担に関する国際的なコンセンサスが非常に重要であることを示唆すると考えられる．

24)　貿易協定等についても先進国の影響は大きく，ロドリック［2014］は，「実際はアメリカやEUが『自分たちの規制体系を新興国に輸出する』手段である」（p. 232）と指摘している．

10

ロ対策といった世界的な課題に関する国際協調において，先進国から途上国への要求が強くなっており，それと比例するように，そうした問題に対する途上国から先進国に対する国際援助の要求も強くなっている．その理由としては，グローバル化が進む中，国際経済・社会において途上国の重要性，存在感が大きくなっており，途上国の協力が不可欠な世界的な課題が少なくないこと，直接的な財政支出を伴わない国際協調であっても，環境規制や出入国管理の強化等の実施にあたっては財政支出や場合によっては民間企業の経費増大を伴うことがしばしばあること，経済力が相対的に弱い途上国が世界的な課題に十分に対応するには国際援助の役割が不可欠であること等が挙げられる．そして，国際援助に関する原則の第1に示したように，途上国に求める政策の水準が高くなるのに比例して，必要な援助も大きくなり，第2，第3が示すように，必要な援助が十分に行われるためには，援助国の有権者の理解が重要となる．世界的な課題における途上国と先進国の葛藤と協力，その結果としての国際協調，国際援助とそのバランスに今後も注目する必要がある．

　さらに，特に途上国に対しては国際協調，国際協力ともに，「経済制裁」の引き金，あるいは道具として活用される場合があることに注意する必要がある．具体的には，国際協調や国際協力の条件に違反したとして「経済制裁」を課す，国際協調や国際協力の停止等の「経済制裁」を途上国への影響力行使のカードとして活用するといった形が取られ，その「引き金」が国際協調や国際協力の内容に予め組み込まれているケースもある[25]．これは，国際

---

25)　時事通信「EU，日本に『人権条項』要求＝侵害なら経済連携協定停止」（2014年5月6日配信）は，「欧州連合（EU）と日本が，貿易自由化に向けた経済連携協定（EPA）と同時並行で締結交渉を行っている戦略的パートナーシップ協定（SPA）に，日本で人権侵害や民主主義に反する事態が起きた場合，EPAを停止できるとの『人権条項』を設けるようEUが主張していることが5日，分かった．日本は猛反発しており，EPAをめぐる一連の交渉で今後の大きな懸案になりそうだ．（中略）経済的利益と引き換えに民主化を迫るのは，開発途上国や新興国に対するEUの基本戦略．人権条項は第三国との協定で『不可欠の要素』とされ，対日SPAも，こうしたEU外交の延長線上にある．ただ，EUは米国との自由貿易協定（FTA）交渉では，SPA

協調や国際協力が援助国による一方的で，不合理な押しつけの道具やきっかけとなる恐れがあることを意味する．

3. 途上国財政の課題

途上国財政にとっての課題は何か．まず，途上国の定義として挙げた経済力の弱さの克服，経済力の強化が思い浮かぶだろう．そして，途上国経済においては，経済力の強化と関連して「開発」という言葉が頻繁に用いられる．それでは，「開発」は，単なる経済成長や「発展」とどう異なるのだろうか．

1つには，他者性，すなわち途上国の国境の外側に帰属している行為主体の関与がない場合を「発展」，ある場合を「開発」として区別する場合がある．その「開発」は，何らかの基準によって定義される「良い変化」に向けた，理論と実践をセットにした，外部から社会過程に介入し，資源を投入して変化を誘発させようとする活動であり，理論と実践の双方で，世界各地の研究機関，国際機関，政府機関，民間団体等から成る「開発共同体」が中心的な担い手となっている（元田［2007］）．そして，貧困問題を最大の関心事とするその国境の外からの影響力は，経済関連にとどまらず政府のあらゆる活動分野に及ぶ．

もう1つには，「開発」では，経済成長に関しても，単なる景気浮揚，短期的・一過性的な成長ではなく，「持続的な成長」が目指されている．さらに言えば，その国の潜在力の発揮を阻害している経済・社会・政治面等での構造的な要因があると認識し，その構造的な阻害要因の打破が目指されている場合がある[26]．

のような政治協定の締結を求めていない．EU 当局者は，日本に対して人権条項が発動される事態は考えにくいと強調するが，(中略) 死刑廃止を目指す EU が日本に働き掛けを強める上で，人権条項が無言の圧力になる可能性はある．日本に人権条項をのませておけば，EU が将来中国と FTA 交渉を行う場合，人権条項の要求を通しやすくなるとの思惑もあるようだ．」と報じている．

26) 構造主義アプローチも，こうした立場を取る主張の1つではあるが，こうした立場

こうした単なる経済成長と異なる2つの面を持つ「開発」が途上国財政の主たる課題の1つと言える.

次に,途上国に限らず,財政は,その構成員が社会全体の構成員と同一であることを踏まえれば(神野[2007]),社会の安定・統合を基本的な目標としていると考えられる.そして,途上国は一般的に,その社会の安定・統合を支える経済的・社会的基盤が物的にも,制度的にも弱く,国内的,対外的なショック双方に脆弱であると言える.

この「脆弱性への対応」が,開発と並ぶ途上国財政の課題と考えられるが,現在の途上国の脆弱性を論じるためには,グローバル化の影響に関する考察が欠かせない.

金澤[2005]は,「グローバル化の時代とは,変動相場制の定着と資本の自由化の進展という世界経済的条件のもとで,資本にとって市場が地球大に拡大し,そこを蓄積基盤とする多国籍企業や国際金融資本の動向が世界経済のあり方を規定していく資本主義の段階のこと」(p. 20)と定義する.そして,ここにある「変動相場制」が定着し,資本の自由化を推進した諸国も,世界経済のあり方を規定する「多国籍企業や国際金融資本」の拠点も主として先進国である[27].途上国は,その資本・金融の自由化,そして多国籍企業や国際金融資本の動向に対して,中国を除けば,ほとんど影響力を発揮できない反面,それらから多大な影響を被る.

そして,金澤[2010]は構造改革を「グローバル化への体系的かつ能動的対応」と定義しているが,日本を含む先進国は,グローバル化を受けて政府がグローバル化に対応する改革を打ち出し,一層のグローバル化を引き起こす,という相互促進的な状況にあり,それが反グローバリズムの動きも活発化させていると見ることができる.途上国では,「開発」におけるドナーの

は構造主義アプローチに限定されない.構造主義アプローチについては,絵所[1994]等を参照.

27) 2017年時点でさえ,IMF加盟国のうち変動相場制(Floating regimes)の国は39.5%,自由変動相場制(Free floating regimes)になると,先進7カ国を含む31カ国,16.1%に過ぎない(IMF[2018]).

「指導」を通して新自由主義に基づく政策を「体系的かつ受動的」に受け入れることで[28]，グローバル化が進められているが，これが国境という堤防を弱くすることで対外的な経済的ショックに対する脆弱性を高めていないか，また，公共部門の縮小を含む新自由主義的改革が国内のセーフティネットを縮小し，脆弱性を高めていないか，といった点が重要な論点となり得る．このことから，途上国財政の課題である「開発」と「脆弱性への対応」においては，グローバル化の進め方に関する先進国を中心とした国際的な議論の影響や，グローバル化の進展に適切に対応した国内的，国際的なセーフティネットの整備を視野に入れることが重要と考えられる．

4. 研究に関する留意点

　途上国財政の研究においては，ここまで論じてきたことから，第1に，国境外からの影響を適切に反映できる研究方法の確立が求められる．加えて，途上国を含む世界の経済・財政の現状や動向を的確に把握するため，そして，個々の途上国財政の特徴や課題を明らかにするために，第2に，途上国財政全体の動向を解明するとともに，数が多く[29]，経済・社会に関する状況や体制等が国によって大きく異なる途上国の財政の多様性を踏まえた適切な分類が必要になると考えられる．

(1) 多層的構造としての把握
　国境外からの影響を踏まえた途上国の経済・社会に関する研究は既に存在

---

28)　元田［2007］では，「ドナーの提供する援助の内容が現地に適合していなくても，被援助国政府の方で，援助を確保するためにドナーの都合や問題関心に――受動的な形にせよ――合わせることは頻繁に行われている」(pp. 112, 113) ことが指摘されている．

29)　世銀の基準に基づく低・中所得経済は2017年時点で約140に及ぶ（https://datahelpdesk.worldbank.org/knowledgebase/articles/378833-how-are-the-income-group-thresholds-determined）．

する．開発援助論は，そうした国境外からの影響を主要な焦点の1つとしているし，「従属理論」は正しく国境外の影響に途上国の低開発の原因を求める理論と言える．また，画一的な政策を要求し，多くの途上国の経済・社会に多大な影響を与えた構造調整政策[30]に関する研究では特に，個別の途上国に関するものであっても，世銀・IMFの求める構造調整政策の一般的な内容や「ワシントン・コンセンサス」を踏まえたものが少なくなく，そうした研究による構造調整政策の問題点の指摘が，その後の世銀やIMFの変革に寄与したと考えられる（第3章参照）．しかし，こうした国境外からの影響を踏まえた他分野を含む研究を活用するため，そして，国境外からの影響の考察が，世銀・IMFの影響が非常に分かりやすい構造調整政策等の特定の政策・時期の研究における一過性の動きにならないためには，国境外からの影響を組み込んだ研究の方法論を確立する必要があると考えられる．

こうした国境外からの影響を組み込んだ体系的な研究方法として，1つには，国際政治論や地政学では広く知られる，ケネス・ウォルツが提示した，3つのイメージ，すなわち個人，国家，国際政治システムに区分して戦争等の国際政治に関する事象を分析する方法がある[31]．

また，経済・財政学関連では，加藤［2006］が，資本主義の発展構造を解明するために，便宜上としつつ，経済過程，国家システム，世界システムという3つの系に分けて分析を行っている．

これらを参考にしつつ国境外からの影響を組み込んだ途上国財政の研究方法として，途上国財政とそれに影響を与え得る環境を「多層的構造」として把握し，分析する方法が考えられる．その場合，決定者の個性が政策に大き

---

30) 第1章参照．なお，その内容は，基本的に新古典派の経済理論に基づくと言える（船津［2001］参照）．

31) ウォルツ［2013］（原書初版は1959年刊行），また，この3つのイメージに関する簡潔な解説として，ナイ＆ウェルチ［2015］を参照．なお，ナイ＆ウェルチ［2015］では「イメージ」ではなく「レベル」，また「国際政治システム」ではなく「国際システム」という言葉を用いているが，ウォルツ［2013］p.5に基づいて，ともに本文では「イメージ」，「国際政治システム」と表記した．

く影響している場合等に特に有用であろう「個人」，現在の世界で抜きん出て強力なアクターであり，「国家の経済」である財政を含む「国家」，国際介入・国際協調・国際協力を通して政治的決定に基づいて国境の外から意図的に途上国財政に影響を与える「世界システム」[32]，他の層から相互作用的に影響を受けつつ

出所：筆者作成．

図 0-1　多層的構造のイメージ

も一定の自律性を持って展開し（田代 [2006]），他の全ての層の活動に一定の規定を与える「経済過程」の 4 層の構造が考えられる．

　この 4 層の図的な位置づけは，個人，国家，世界システムが順に重なり，その重なっている 3 層の周囲を経済過程が包んでいるイメージで描くことができるだろう（図 0-1 参照）．この構造を踏まえれば，リーマン・ショックに端を発するグローバル金融危機のような悪影響が世界に及ぶ経済的ショックの意味も，それに対して国家だけでなく世界システムでのセーフティネットの整備が必要なことも，より明確に認識できると思われる．グローバル金

---

[32] 現在の世界では国家が群を抜いて強力なアクターであることから，ここは「国際システム」にすべきとの見解もあり得る．世銀，IMF といった途上国に特に大きな影響力を持つ国際金融機関も，主要援助国，特に両機関に単独で拒否権を有するアメリカの意向を無視して活動することはあり得ない．それにもかかわらず「世界システム」としたのは，国家主権が相対化する中，一定の自律性を持ち，国家への一定の強制性を有する WTO や EU といった機関・機構の存在や，国連や国際会議等での NGO の影響力の増大（城山 [2013]，ナイ＆ウェルチ [2015] を参照），グローバル化が進む中，重要性が増す国際ルール形成において，各国規制機関の官僚を含む専門家の国境を越えたコミュニティが非常に重要な役割を果たしていること（城山 [2013]）等を踏まえたからであり，国際システムを含む，厳密には「広義の世界システム」として，この名称を用いた．ただし，WTO 等の国際機関に極めて批判的なトランプ米大統領に対する米国内での底堅い支持（様々な批判がありつつも支持率は 40％ 前後から大きく崩れていない（時事通信「【図解・国際】トランプ政権 2 年の出来事と支持率 (2019 年 1 月)」(2019 年 1 月 19 日)））やイギリスの EU 離脱への動きは，国家主権の相対化，国民としての決定権の縮小に対する批判を根底にした国家主権の再強化を求める動きを象徴している面があると見ることもでき，主権の相対化が今後も一貫して続くとは限らない点に留意する必要がある．

融危機を経て国際金融規制強化の流れが生まれたのに対し，アジア通貨危機の際には原因として，いわゆるクローニー資本主義が強調されたことが象徴するように，途上国が対外的なショックを受けた場合，国内の問題点が過度に強調される傾向があることからも，世界システムにおけるセーフティネットの整備の重要性を認識することは有意義と考えられる．

　また，こうした構造を認識して研究を進めることで，各層の研究の意義が明確になるだけでなく，他の層との相互の影響・作用を視野に各層の分析を有機的に結び付けつつ研究を進めることが可能になり，かつ他層の研究に寄与することで各層の研究の意義が一層高まると考えられる．また，国際政治論，地政学，国際行政論，開発援助論といった他の学問分野やグローバル化を受けてその研究成果の活用が特に期待される金融論等の経済学の他分野での研究成果の活用もしやすくなるだろう．

（2）　分類

　先進国財政に関しては，政府の規模，税制，社会保障のあり方等で様々な分類がなされることがあり，こうした分類が，先進国全体，分類に基づくグループ，そして個々の国の財政の特徴や課題，今後の展望等を明らかにする上で大きな役割を果たすことも珍しくない．

　途上国に関しては，こうした財政指標に基づく分類は，データの制約もあって一般的なものとはなっていない．しかし，数が多く，多様性に富む途上国の経済・財政状況を的確に把握するとともに，構造調整政策のようなドナーによる一律的な政策の押しつけを排除しつつ，それぞれの途上国の実態に合致し，ドナーにとっての「技術的な対応しやすさ」もある政策の処方箋を提示するためには，途上国に関する適切な分類が不可欠と考えられる．そして，途上国全体の傾向や適切な分類に基づく共通性の解明は，各途上国それぞれの特徴や独自の課題を明らかにすることにも寄与するであろう．

　財政に限らない，途上国に関する基本的な分類として，1つには地理的な分類がある．例えば，世銀では，アフリカ，東アジア・太平洋，ヨーロッパ・

中央アジア，ラテンアメリカ・カリブ，中東・北アフリカ，南アジアといった地域分類が用いられることがある．また，地理的分類は，安全保障上の環境，懸念，役割を考慮する際にも利用できる．日本での途上国の社会科学関連の研究や文献では，身近さや経済・政治的な重要性に伴う関心の高さからかアジア関連のものが目立って多いと言える．地理的分類とも関連するものとして他に，天然資源の賦存状況に基づく資源国・非資源国，産油国・非産油国といった分類，植民地政策を通じた人為的な影響による場合も含めて，しばしば実態が国境と一致せず，国内の複雑さを捨象することになる懸念もあるが，旧宗主国の現在に至る経済的な影響力や政治的な協力関係ともつながる言語圏での分類や主要な宗教に基づく分類等も活用され得る．

　もう1つ，非常に重要で一般的な分類として，途上国の定義とも関わる基本的な経済指標，特に1人当たりGNI等に基づく分類が挙げられる．そして，こうした分類は，ドナーによる援助の主要で基本的な基準として用いられている上，第Ⅰ部の各章で示されるように，政策傾向やその課題を明らかにする上でも非常に有効である．ただし，各国の1人当たりGNI等は年によって変動するため，各グループに属する国もどの年で見るかによって変わるという問題がある．

　それでは，この分類の変動性はどの程度なのか．世銀の，低所得経済，低位中所得経済，高位中所得経済という分類を2007年と17年で比較した結果が以下である．

　2007年に低・中所得経済に分類された国・地域は143で，そのうち2017年時点でグループが移動していた国・地域は合計47，全体の33%で，下への移動はシリアのみ，他は全て上への移動であった．その内訳を示したのが表0-1である．

　2007年から17年というグローバル金融危機を挟む10年間で見ても，移動した国・地域は全体の約3分の1で，1段階を超える移動はない．変動に留意する必要はありつつも，ある程度の安定性のある分類と見ることができる．

　次に，これら移動した国・地域には，どういった特徴があるのか．1人当

表 0-1　2007 年と 17 年の間にグループが移動した国・地域

低所得経済から低位中所得経済 (14)
バングラデシュ, コートジボワール, ケニア, キルギス, モーリタニア, ミャンマー, ナイジェリア, パキスタン, パプアニューギニア, サントメ・プリンシペ, ソロモン諸島, ウズベキスタン, ベトナム, ザンビア

低位中所得経済から高位中所得経済 (21)
アルバニア, アルジェリア, アルメニア, アゼルバイジャン, 中国, コロンビア, グアテマラ, ガイアナ, イラン, イラク, ヨルダン, マケドニア, モルディブ, マーシャル諸島, ナミビア, パラグアイ, ペルー, サモア, タイ, トンガ, トルクメニスタン

高位中所得経済から高所得経済 (11)
アルゼンチン, チリ, クロアチア, ラトビア, リトアニア, パラオ, パナマ, ポーランド, セーシェル, セントクリストファー・ネーヴィス, ウルグアイ

低位中所得経済から低所得経済 (1)
シリア

出所：https://datahelpdesk.worldbank.org/knowledgebase/articles/378833-how-are-the-income-group-thresholds-determined より作成.

たり所得水準の上昇に一般的に有利と考えられる条件，人口規模の小ささ（500 万人以下），豊富な天然資源，EU 加盟（候補）国に合致する国・地域を挙げたのが，表 0-2 である.

　全ての移動で人口規模の小さな国が一定の割合を占めているが，他に低所得経済から低位中所得経済へと低位中所得経済から高位中所得経済への移動では天然資源の豊富な国が，高位中所得経済から高所得経済への移動では EU 加盟（候補）国が目立つ. 1 人当たり GNI に基づく分類の分析から，経済成長に地理的な影響が大きく作用していることが示唆される結果が得られたと言え，基本的な分類の重要さが窺える. また，下位への低下がシリアのみで，全体の約 3 分の 1 の国・地域が全て 1 段階とはいえ上位へと移動していることは，途上国の経済成長への悲観的な見解に対する有効な反証になり得る一方，この結果全体は，地理的に有利な条件を備えていない，特に人口規模の小さくない国・地域にとって，経済成長が容易な課題でないことも示している. なお，天然資源に恵まれた国・地域は，国際的な資源価格の変動による影響を受けやすい，恵まれた天然資源が国内，時には国外の勢力を含

序章　途上国財政の研究について　　　19

表 0-2　有利と考えられる条件とそれに合致する国・地域

人口規模の小ささ（500 万人以下）

低所得経済から低位中所得経済（3）
　モーリタニア，サントメ・プリンシペ，ソロモン諸島
低位中所得経済から高位中所得経済（9）
　アルバニア，アルメニア，ガイアナ，マケドニア，モルディブ，マーシャル諸島，ナミビア，
　サモア，トンガ
高位中所得経済から高所得経済（8）
　クロアチア，ラトビア，リトアニア，パラオ，パナマ，セーシェル，セントクリストファー・
　ネーヴィス，ウルグアイ

豊富な天然資源

低所得経済から低位中所得経済（7）
　コートジボワール，ガーナ，ナイジェリア，パプアニューギニア，ウズベキスタン，ザンビア，
　ペルー
低位中所得経済から高位中所得経済（8）
　アルジェリア，アゼルバイジャン，コロンビア，ガイアナ，イラン，イラク，ナミビア，トル
　クメニスタン
高位中所得経済から高所得経済（1）
　チリ

EU 加盟（候補）国

低所得経済から低位中所得経済（0）
　なし
低位中所得経済から高位中所得経済（1）
　アルバニア
高位中所得経済から高所得経済（4）
　クロアチア，ラトビア，リトアニア，ポーランド

出所：外務省ウェブサイトの「国・地域」（http://www.mofa.go.jp/mofaj/area/index.html）に基づいて作成．
注：1）この表には含まれている国・地域がある．
　　2）この表には含まれていないが，低位中所得経済から高位中所得経済に移動した旧ユーゴスラビアのマ
　　　ケドニアは「北マケドニア共和国」に国名を変更する憲法改正案が 2019 年 1 月に成立した．この国名
　　　変更により，国名を巡るギリシャとの対立が解決されれば，EU 及び NATO への加盟に大きく前進す
　　　ると予想される．

む利権争いを生み，社会的な騒乱が引き起こされる恐れがある，EU 加盟（候
補）国は，ブレグジットや EU 主要国における移民に対する批判の高まりの
影響を含む EU 内からの経済的・政治的・社会的ショックに脆弱な恐れがあ
る，といった点にも留意する必要がある．

　経済的な指標，例えば貿易依存度等は，個別の国の分析では重視されてい
る．また，世銀や IMF 等のウェブサイトを通じて途上国における経済・財

政関連の一定のデータは，一部の国や年に漏れが見られることはあるものの，公開され，その活用は容易になっており，財政でも Datta-Mitra［1997］（第1章注27参照）等の研究がある．途上国を含むあらゆる国や地域の社会・経済・財政に関するデータが今後も一層，国際比較が可能な統一した基準の下で整備され，総覧性の高い方法で提示されるよう，特に世界システムを支える世銀，IMF といった国際金融・援助機関の努力が期待される．そして，研究者，研究機関の側にも，そうしたデータのより有効で有意義な活用が求められ，その中には，入手可能なデータの一層詳細で適切な分類の整備も含まれるだろう．多層的構造に基づいた研究に資する分類ということで言えば，「個人」に関する指導者の特徴に基づいた分類や「世界システム」に関する各援助機関への依存度やそうした援助機関の傾向を踏まえた分類等も考えられるが，こうした分類は中立性が求められる国際機関等では提供が難しいため，NGO や大学の研究所等の寄与が期待される．

5. 補完的な試論

　前節で論じた多層的構造や分類に基づくと，本書の内容は，第Ⅰ部の第1章，第2章，第4章が「世界システム」と「経済過程」，1人当たり GNI に基づく分類を踏まえた，第1章は途上国財政の全体像，第2章は途上国のインフラ整備，第4章は ODA に関する研究，第3章が「世界システム」に関する研究，第Ⅱ部の各章は「経済過程」と「世界システム」を踏まえたスリランカを事例にした「国家」に関する研究と位置づけることができる．「個人」に関する研究は含まれておらず，加えて，「経済過程」のグローバル化を念頭に研究を行ってはいるものの，現在の経済過程をどのように把握しているかについて詳しく論じてはいない．また，「世界システム」に関しても，その途上国財政への影響と問題点に関する研究が中心で，「世界システム」におけるセーフティネット整備の必要性や今後の方向性については述べていない．そこで，以下で，先行研究を活用しつつ，現在の経済過程と世界シス

テムを含むセーフティネットの整備について，試論を提示したい．

（1）　現在の経済過程について

　先に紹介した金澤［2005］のグローバル化時代の定義で述べられているように，現在の経済過程は，1973年までに主要先進国が変動相場制に移行したことをきっかけにグローバル化が進行しながら形成されているものと見ることができる．

　主要先進国が変動相場制へと移行する原因となったのが1971年の金・ドル交換停止である．しかし，奥田・代田・櫻井［2016］が現在の国際通貨制度を「ドル体制」と呼び，「ドルが金と交換されない通貨でありながら基軸通貨として機能し，その国際通貨制度を土台にドルの国際信用連鎖が形成する国際金融の体系」（p. 84）と定義しているように，その後もドルは基軸通貨であり続ける[33]．そして，途上国では，主要な輸出品である一次産品がドル建で取引されていること等により，ドル建貿易の比率が高く（奥田・代田・櫻井［2016］），ドルの影響が一際強いと見られる．

　ドルが基軸通貨であることはアメリカにとって外交的，安全保障的にも極めて大きな意味を持つ．外国企業の所有する米国内資産に関する規制を統括するアメリカの財務省外国資産管理局（OFAC：Office of Foreign Assets Control）[34]は，外交政策と国家安全保障の目標を達成するためとして2019年2月20日時点で30もの制裁プログラムを執行しているが[35]，こうした金融

33）　基軸通貨とは，為替媒介通貨，基準通貨，介入通貨，準備通貨等の国際通貨の諸機能を併せ持っている通貨と定義できる（奥田［2017］）．なお，近年，ドルの地位低下を指摘する見解も見られるが，この点に関する簡潔な検証としてGoldberg［2010］がある．そこでは，ドルの卓越性が将来的に低下する可能性を指摘しつつ，ドルの支配的地位がグローバル金融危機以降も継続しているとの結論を導いている．また，2016年の外国為替取引でドルが一方となっている取引額は4兆4380億ドルとユーロの1兆5910億ドルの3倍近い（奥田［2017］）．現状では，ユーロは欧州を中心とした地域的な存在と言える（奥田・代田・櫻井［2016］）．

34）　https://www.jetro.go.jp/world/n_america/us/invest_02.html.

35）　https://www.treasury.gov/resource-center/sanctions/Programs/Pages/Programs.aspx.

面を含む経済制裁が有効な手段になり得るのはドルが基軸通貨であってこそと言える．アメリカ以外で取引するドルを，ヨーロッパで取引されているものに限らず「ユーロダラー」と呼ぶことがあるが，ドルの貸借自体はアメリカ国外で行われるユーロダラー市場においても，その最終的な決済はアメリカ国内にある銀行の当座勘定の振替によって行われるため（奥田・代田・櫻井［2016］），制裁によってアメリカ国内の金融機関との取引を制限されることは，その対象者にとって非常に大きな痛手となる．中国が人民元の国際化を進めている理由の1つとして，対立が深まるアメリカのこうした影響力を減じたい，あるいはアメリカ同様に自国通貨を外交手段として活用したいとの意図がある可能性も指摘できる．

　しかし，この「ドル体制」では，かつての IMF 固定相場体制においては対外的な金交換性に支えられていたドルの信認をいかに維持するかという課題が生じることになる．そして，ドルの信認の動揺の最も重要な原因として注目されるのがアメリカの経常収支赤字である．経常収支の赤字諸国の赤字の総額あるいは黒字諸国の黒字の総額が増大していく事態を指して「グローバル・インバランス」と呼ぶことがあるが，基軸通貨ドルを持つアメリカの経常収支赤字は他国のそれとは異なる，基軸通貨ドルの信認に関わる特別な意味を持つ．アメリカが経常収支赤字を抱えるということは，海外からのファイナンスを必要とするということであり，それが滞り，ドルの暴落等につながれば，世界経済の基盤が揺らぐことになる．

　そこで，アメリカの経常収支赤字のファイナンスという視点，そして途上国の立場を踏まえて，1973 年以降の経済過程の動向について整理したい．

　1973 年には，主要国の変動相場制への移行に加え，石油危機が起こる．そして，この 73 年を画期に先進国は低成長時代に移行する[36]．主要 7 カ国[37] の実質 GDP の年平均成長率を見ると（括弧内は 1 人当たり），1960-68 年は 5.0%（3.9%），68-73 年は 4.5%（3.4%）であったが，73-79 年には 2.7%

36）　石油危機が低成長につながったメカニズムについては加藤［2006］を参照．
37）　アメリカ，日本，西ドイツ，フランス，イギリス，イタリア，カナダ．

（2.0％），79-90 年には 2.3%（2.1%）へと大きく低下している（土生［1993］）．こうした事態に対して，先進国では 70 年代末から，小さな政府論に基づく改革や金融自由化を含む対応が進む．また，途上国においても 80 年に世銀が構造調整貸付を開始，83 年度に構造調整政策の促進と民間外資の導入を目指した政策を重視するようになり，89 年前後から構造調整政策と連携した形で外資を含む民間投資の促進を重要な目的とする経済政策全般にわたる改革を途上国に強く求めるようになったと見られる（第 1 章参照）．

　一方，アメリカの経常収支赤字が急増するのは 1983 年からである（奥田・代田・櫻井［2016］）．それ以後のアメリカは，資本流入によって経常収支赤字をファイナンスする必要があり，アメリカによる対外投資はそれからの「余剰」によって行う立場になる（奥田［1996］）．そして，80 年代のドルの信用連鎖は 82 年のメキシコに端を発する途上国債務危機に象徴される危険を抱えていた[38]．その 80 年代，アメリカの経常収支赤字のファイナンスで最も重要な役割を果たしたのは日本の，そして特に民間投資であった[39]．また，日本は途上国債務危機でも，途上国への資金還流措置を通じてドル体制を支える[40]．なお，途上国債務危機は 90 年代初めまでに最悪期を脱するが（第 1 章参照），途上国の債務問題は特に低所得国において大きな課題であり続け，途上国援助のあり方に非常に強い影響を与えることになる（第 3 章参照）．

　1990 年代になると，ドル体制は危機を脱し，安定期に入る．アメリカの経常収支赤字は 92 年以降再び膨らむが，それを慢に上回る海外からの対米投資を引きつけ，在米外国公的資産（ドル準備）も全般的には高水準であっ

---

38)　米銀による対外貸付は 1982 年の 1111 億ドルから 83 年には 299 億ドルに激減する（奥田［1996］）．

39)　日本はアメリカとは逆に 1983 年を境に経常収支黒字が急増する．80 年代，日本は経常収支黒字額を上回る対外投資を行い，85 年のプラザ合意以後は，この規模がより大きくなる．そして，80 年代後半，日本の対外証券投資，直接投資の半分近くがアメリカに向かい，アメリカの経常収支をファイナンスした（奥田［1996］）．

40)　詳しくは船津［2005］，奥田・代田・櫻井［2016］を参照．

た．そして，増加した「余剰」を対外投資へと向けていく．こうした動きの典型例とも言える97年を例に挙げると，経常収支赤字は1407億ドルだが，対米投資はその5倍に近い6854億ドルに達し，アメリカの対外投資は4845億ドルにもなった．アメリカはネットでの資金供給国ではなくなったが，国際マネーフローの中心国になったと言える[41]．この背景として，アメリカの「強いドル」と高金利に加え，途上国も含めて進展した金融の自由化，東西冷戦の終結，IT革命の影響も重要と考えられる．世界的に見ても，国際資本移動は特に90年代半ば以降に急増し，2013年データでは世界の外国為替取引額が世界の貿易額（輸出額）の約70倍に達する等，実体経済取引よりも金融取引の方が圧倒的に大きくなるとともに[42]，市場が地球大へと広がっていくことになる．

World Development Report 1988[43] から当時の世銀の途上国に関する見解を確認すると，「開発途上諸国が持続的な経済成長を再開すべきであるならば，これら途上諸国からのネットの財源移転は削減されなければならない一方で，開発途上諸国は国内政策を改革し続けなければならない」として，途上国債務危機を背景とした途上国からのネットでの財源流出を最大の問題としていた．しかし，1990年代，途上国への民間資本フローは急速に伸びることになる（後掲図1-1参照）．この背景には，前述の89年前後からの外資を含む民間投資の促進を重要な目的とした経済政策全般にわたる世銀の改革要求や金融の自由化・国際化があると考えられる．後者について例えばタイでは91年に資本移動規制を撤廃し，93年にはバンコクオフショア金融センターを創設して金融開放を進め，外国銀行の進出と国内貸付を認めている（中嶋［2005］，奥田・代田・櫻井［2016］）．ただし，この民間資本フローの

---

41)　奥田・代田・櫻井［2016］，奥田［2017］．

42)　https://www.mckinsey.com/featured-insights/employment-and-growth/financial-globalization の Exhibit1, Exhibit2, 奥田・代田・櫻井［2016］．

43)　副題は，"Opportunities and Risks in Managing The World Economy／Public Finance in Development". World Bank［2004］所収．なお，ページ数が明示されていない部分が多いため，同書から引用する場合はページ数を記さない．

急増は，例外的とも言える少数の国に極めて大規模な民間資本の流入が生じるという構造であったことに留意する必要がある（第1章参照）．また，途上国における民活インフラ投資も90年代に大きく伸びるが，大規模な投資が行われたのは少数の国に限られ，しかも，それらの諸国は世銀グループから継続的な支援を受けていた（第2章参照）．そして，97年にはアジア通貨危機が起こり，途上国への資本流入には一旦ブレーキがかかることになる．

アメリカの経常収支赤字は1990年代終わり頃から増加傾向を示し，2005年から07年にかけては7000億ドルを超えるなど，2000年代を通じて高水準で推移した．16年で4812億ドルに達するその赤字のファイナンスでは，グローバル金融危機時を除いて，13年まではオイルマネーと中国等のドル準備が重要な役割を果たす．14年以後は，原油価格の低落と中国のドル準備の減少を受けて両者は役割を低下させ，代わってユーロ地域からの対米投資が，16年には日本の対米投資も増加してファイナンスの役割を担った（奥田［2017］）．

アジア通貨危機後，その「教訓」は特にアジアの新興国[44]に大きな影響を与える．1つは，経常収支の黒字化＝資本輸出国への転換であり，もう1つは外貨準備の増大である．これは経常収支黒字による外貨流入に加え，民間資本も大幅な流入を記録する中で，政府が，大部分がドル準備と見られる外貨準備を増加させて資本を流出させる形で実現した．経常収支の黒字化，外貨準備増大の理由としては，1つには，将来的な国際通貨・金融危機に備えるため，ということが挙げられる．経常収支黒字や豊富な外貨準備は，そうした危機の際に投機的な動きの標的になるリスクを低下させると考えられるからである．もう1つには，経常収支黒字と活発な資本流入が自国通貨高の圧力となる中，主にドル買いで自国通貨の為替レートを割安に維持し，輸

44）「新興国」の定義は定まっていない．「アジア新興国」として，谷内［2005］では中国，韓国，台湾，フィリピン，タイ，インドネシア，マレーシア，インド，パキスタンを，増島・田中［2010］では香港，インドネシア，韓国，マレーシア，フィリピン，シンガポールを研究対象としている．

出主導の成長を確保しようとした結果，外貨準備が増加したと見ることができる（谷内［2005］，増島・田中［2010］）．そして，先進国による金融緩和，特に 2008 年 11 月に第 1 弾が開始されたアメリカの量的緩和政策が，この動きに拍車をかけることになる．アメリカの量的緩和政策がアメリカと新興国との金利差を発生させ，アメリカから新興国への投資を引き起こすとともにドル安と新興国の通貨高を生み出していった．新興国は自国通貨高を抑制するために金利を下げ，また，為替市場への介入を行い，ドル準備を増加させることになった（奥田［2017］）．なお，このことは，アメリカの金利引き上げ等の量的緩和からの出口政策も，途上国に大きな影響を与えるだろうことにもつながる．

こうした経済過程の動向については，いくつかの重要な論点がある．まず，これまで見てきたアメリカの経常収支赤字ファイナンスは持続可能なのだろうか．これに関しては様々な議論がなされている[45]．アメリカは基軸通貨国であるが故に，経常収支赤字の一部は必然的にファイナンスされるとともに[46]，ドル相場に関しては，日本や中国等の多くの途上国を含むアメリカを重要な輸出市場とする諸国には特に，輸出競争力を維持・強化するために一定以上のドル安・自国通貨高を避けるインセンティブが働き，アメリカには経常収支赤字をファイナンスする対米投資を維持・促進するために「強いドル」を守るインセンティブが働くため，ドル暴落のリスクは，アメリカの経常収支赤字額ほどに大きなものとは考えられない．しかし，同時に，これらのことが経常収支赤字のファイナンスの持続可能性に問題がないことを保証するとは限らない．アメリカの膨大な経常収支赤字の継続は，基軸通貨国

---

45) 増島・田中［2010］，奥田［2017］等を参照．
46) 例えば，原油取引は世界的にドル建のため，オイルマネーはそれがユーロなどに転換されなければオイルダラーとして，アメリカの原油輸入額だけでなくアメリカ以外の国の輸入額も全てアメリカに還流するし，人民元の国際化を進める中国も貿易の圧倒的部分はなおドル建のため，アメリカとは関係ない中国と第三国との国際取引から生まれる中国の経常黒字の相当部分も中国のドル準備となり，アメリカに還流してきて米経常赤字をファイナンスすることになる（奥田［2017］）．

であるが故に可能であるが，ドルが基軸通貨であるが故にその信認は世界経済全体の大きな懸念になる．一方で，経常収支の赤字として現れるアメリカの旺盛な需要が世界の景気を支えているという状況は，歪ではあるが，現実でもある．ユーロの創設，人民元の国際化に加えて，アメリカによるトランプ大統領の下での経常収支赤字削減に関する強引にも見える手法での取り組みは，グローバル・インバランスとそれによるドルの信認リスクに対する個々の模索と受け取ることができる面もあるが，こうした動きは，ドル体制の本質的な不安定さと世界経済の将来像についてコンセンサスが未だにないことを示唆しており，こうした個々の取り組みが合成の誤謬につながるリスクも懸念される．そして，途上国は，世銀，IMF，貿易協定等の世界システムからの強い影響力の下で国境という防波堤を削り取られた中，経済過程に混乱が生じた場合，先進国以上の損害を被る可能性があるし，先進国にとって生活を支える製品の生産先であり，重要な投資先でもある途上国の経済的・社会的損害は，先進国の経済・社会にも跳ね返ることになるだろう．国家と世界システム双方で途上国に対するものを含むセーフティネットが必要と考えられるが，これについては次項で考察する．

　次に，グローバル化を推進している主体あるいは力は何なのかという論点がある．代表的な見解の１つは，それを覇権国・アメリカとするものである[47]．次に，多国籍企業や国際金融資本，つまり現在の支配的資本がそれ

---

47)　例えば金子［1999］では，「製造業分野で後発国のキャッチアップを受けた覇権国が，基軸通貨の特権を最大限利用して覇権を維持しようとする動きが，グローバリゼーションという現象に他ならない．…すでに冷戦は終わったにもかかわらず，アメリカは覇権を維持するために，冷戦型二分法イデオロギーを利用しながら市場原理主義を世界中に『強制』しようとしている．その際，覇権国が比較優位を持つ金融分野で，それが強く現れることになる．今日におけるグローバリゼーションは何よりも金融のグローバル化であることに注意しておかなければならない」(p. 62, 63)，「アメリカがドルを基軸通貨として維持しようとすれば，絶えずドルが世界中で流通し，かつアメリカに還流するシステムを作り上げねばならない．恒常的貿易赤字の下で，世界から資金を集めて貿易赤字をファイナンスしながら，その資金を世界中に投資して収益を上げなければならないからである．それが金融自由化を中心とする市場原理主義の暴走の本質である」(p. 63) と述べられている．

に当たるという見方があり得る．金澤［2005］のグローバル化時代の定義の背景にも，こうした見解があると見られる．さらに，ルトワック［2018］の「企業は国家のツールであると同時に，国家をツール化していた」（p. 158）との指摘に示唆されるように，これらの中間，両方という見解があり得る．

　アメリカとその強い影響力の下にある世銀・IMF 等がグローバル化を推進してきたこと，そして特に金融のグローバル化がアメリカの経常収支赤字のファイナンス，そしてドル体制を支えていることは確かである．しかし，グローバル化を支持し，推進しているのは EU 諸国や日本も同じであるし[48]，グローバル化の下で多大な利益を得ているのはアメリカ資本に限定されず，ヨーロッパや日本の資本も同様である[49]．アメリカと対立を深めている中国もアメリカとの貿易で膨大な経常収支黒字を獲得し，2018 年 12 月時点で1 兆 1235 億ドルもの米国債を保有[50]しており，保護主義に強く反対している[51]．途上国も，民間国際資本フローが開発努力に対する必須の補完物であるとして，課題はあるとしつつも，グローバル化そのものは支持している（第 3 章参照）．少なくともアメリカという国家をグローバル化推進の唯一の主役と見るのは無理があり，利潤の極大化を求める金融関連を含む現在の支配的資本がグローバル化の主要な推進主体・推進力と考える方が妥当と思われる．それでは，国家と支配的資本の関係はどうとらえるべきか．加藤［2006］は，「支配的資本の利害が経済政策を決定できるのは，支配的資本の特殊利害が社会的再生産の維持発展という共同利害を実現しうるかぎりにおいて」（pp. 237, 238）であり，そうでない場合には，「支配的資本の利害も，

---

48)　例えば，1996 年の G7 リヨン・サミットの経済コミュニケは，副題が「すべての人々のためにグローバル化を成功させる」であり，「グローバル化は，我々のみならず他のすべての国々にとっても，将来への大きな機会を提供するものである」，「我々は，自由化とグローバル化の進展に決定的な貢献を行ってきた」としている（https://www.mofa.go.jp/mofaj/gaiko/summit/lyon/keizai.html）．

49)　ヨーロッパの銀行のグローバル化については田中編［2010］等を参照．

50)　https://www.treasury.gov/resource-center/data-chart-center/tic/Pages/ticsec2.aspx.

51)　例えば，ロイター「保護主義に反対すべき＝中国国家主席」（2017 年 9 月 5 日）参照．

国民経済の社会的・政治的統合の必要から制約されざるをえない」(p. 238)
と指摘している．ロドリック［2014］の「ハイパーグローバル化は，彼ら（多
国籍企業や大銀行，そして投資会社―引用者注）の必要を第一義的に満たそう
とする」(p. 239) が，「民主主義の下では，国内政治が最終的には勝利する」[52]
(p. 222) との見解も，基本的に同じ主旨と考えられる．これらの見解を踏ま
えれば，少なくとも主権が十分に行使できる先進国等においては，国家の政
策には支配的資本の利害関係が強く反映されるものの，支配的資本の利害が
社会的利益を一定の限度以上に侵害することは長期的には許されない，とい
うことが1つの原理として成立すると考えられる．グローバル化に関しては，
利潤極大化を追求する支配的資本の要求を主要な推進力として，アメリカに
限らない，そして経済政策に限らない政策全般でのグローバル化に向けた改
革[53]が各国政府によって進められ，グローバル化が進む経済過程とそれに
対応する政府の政策によって相互促進的に一層グローバル化が進んだ結果，
支配的資本の利害と社会的な利害との対立が深刻化し[54]，一部の国で，時
に「大衆迎合主義」とのレッテルを貼られることもある反グローバリズム的
な政権がアメリカを含めて誕生する事態に至っている，と解釈することが可
能である[55]．そして，極端な反グローバリズムによる国際経済の不安定化
を避けるためにも，こうした事態への各国国内に加え，世界システムでの対

---

52) この後，「唯一の例外は小国で，EU のような大きな政治集団の一部である場合だ」
　　と続く．援助国，世界システムの強い影響を受ける多くの途上国も「例外」となって
　　いる可能性がある．スリランカの事例については第II部を参照．

53) 金澤［2010］の「グローバル化への体系的かつ能動的対応」との構造改革の定義は，
　　この政策全般の改革を示唆すると考えられ，貿易協定や国際協力等を通じても推進さ
　　れている．

54) ブルームバーグ「資本主義は危機的な状況―世界の投資家，所得の不均衡の弊害認
　　める」(2012 年 1 月 26 日更新) では，世界の投資家やアナリスト，トレーダー等ブ
　　ルームバーグのユーザー1209 人を対象にした「ブルームバーグ・グローバル・ポー
　　ル」の結果，銀行が政府に対して影響力を及ぼし過ぎているという指摘はある程度事
　　実だとみている人の割合が 70% にのぼったことを紹介している．

55) アメリカは，最も多くの支配的資本の拠点であるが故に，その政府が極めて積極的
　　にグローバル化を推進し，だからこそ同時に，国内での対立や「格差」等が深刻に現
　　れていると見ることができる．

30

応が不可欠になっていると言える.

　最後に, 支配的資本の利害と社会的利害の対立の最も深刻な原因と言える
「格差」について確認したい.

　FRB の調査によれば[56], アメリカの所得において下位 90% の世帯が占め
る比率は 1992 年の 60% 強から 2016 年には 49.7% に低下し, 一方で上位 1%
の世帯が占める比率は 1992 年の 10% 強から 2016 年には 1992 年の約 2 倍の
23.8% に上昇した. 資産では, 下位 90% の世帯が占める比率は 1989 年の
33.2% から 2016 年には 22.8% に低下したが, 上位 1% が占める比率は 1989
年の 30% 弱から 2016 年には 38.6% へと上昇している. 資産の格差は所得の
格差より大きく, 1990 年代以降, 所得, 資産ともに格差が拡大している.

　ピケティ [2014] では, アメリカの国民所得に占める上位 10% の比率が
より長期間示されている. 1970 年代は 35% 弱の水準で安定的に推移してい
たが, 70 年代末から上昇傾向を示し, 90 年代末には 45% を超え, その後も
変動はありつつも, ほぼ 40% 台後半で推移している. そして, 所得格差は,
70 年代以来, 富裕国で大幅に増大し, 特にアメリカで顕著で, 政治的シフト,
特に課税と金融による部分が大きいとする. そして, 所得格差拡大の具体的
な原因の 1 つとして, 大企業の重役の報酬が超高給化したことを挙げ, この
動きはアングロ・サクソン諸国に見られる現象とし, 80 年以降の英語圏に
おける所得税の最高限界税率の大幅な引き下げが超高所得の激増を招き, そ
の恩恵を受けた人々が税法を変えさせるための政治力を高めた可能性を指摘
している. なお, 同じ志向はヨーロッパと日本でも発達したが, 変化は 80
年代, 90 年代と遅れて現れ, 今のところアメリカほどではないとしている.
労働所得とともに国民所得を構成する資本所得に関しては, 70 年以降, 公
共財産の民間移転等により民間資本が増加したことを指摘し, 加えて相続財
産の復活に注目している. データ不足からフランス以外に関しては断定を避
けているが, 例えばドイツでは 80-90 年に相続フローが加速化するなど,

---

　56)　Bricker et al. [2017]. FRB は Federal Reserve Board (連邦準備制度理事会) の略.

ヨーロッパ各国でこの相続財産の復活が見られる可能性を示している．そして，トップ 2000 万分の 1 といった最大級の富の構造的成長は平均資産の成長率より少なくとも 2 倍あると見られること，金融グローバル化が投資ポートフォリオの初期の大きさと資本収益率との相関を高め，収益性の格差を創り出している可能性を指摘している．なお，同書では，いくつかの新興経済国のトップ百分位のシェアで見た所得格差に関するデータも提示しているが，インドは 80 年代はじめ，中国は 80 年代後半，インドネシアは 90 年代はじめから格差が拡大していることが見て取れる．また，資本収益率（2010 年頃の富裕国で約 5%）が成長率を長期的に大きく上回っていれば，過去に蓄積された富が産出や賃金より急成長することになり，富の分配で格差が増大するリスクは大いに高まると指摘した上で，「格差拡大の主要な力は，市場の不完全性とは何ら関係ない．その正反対」(pp. 29, 30)，「近代的成長，あるいは市場経済の本質に，なにやら富の格差を将来的に確実に減らし，調和の取れた安定をもたらすような力があると考えるのは幻想だ」(p. 391) と述べている．そして，解決策として，累進資本税を提案する一方で，それには極めて高い水準の国際協調等を必要とするとしている．

格差是正に関しても，それがグローバル化と密接に結び付いている以上，各国の財政に加えて，ピケティ［2014］も示唆するように，国際協調・協力が不可欠と考えられる．

(2) 世界システムを含むセーフティネットの整備について

グローバル化とセーフティネットの整備に関する動向は，金子［1999］の「市場の拡大が，小さなコミュニティを単位とするセーフティーネットを機能不全に陥らせ，そのたびに権力性[57]と公共性を抱き合わせにしながら，より広い上位のコミュニティを単位とするセーフティーネットに張り替えられるという運動を繰り返してきた」(p. 61) との見解に要約されていると言えよう．

---

57) 奥田［2017］は，ドル体制に関して「権力構造」の形成を指摘している．本書 pp. 21, 22 のアメリカの経済制裁に関する記述も参照．

一方，グローバル化のさらなる推進とそれに対応したグローバルなセーフティネットの整備は非常に大きな困難を伴うと考えられる．ロドリック[2014]は，「ハイパーグローバリゼーションは，民主政治の縮小を要求し，テクノクラートに民衆からの要求に答えないよう要請する」（p. 223）と記し，ハイパーグローバリゼーション（深化したグローバリゼーション）が民主政治と両立するためには，グローバル・ガバナンス，すなわち国民国家を超えた民主的政治体が成立する必要があるとする．そして，グローバル・ガバナンスについて，その方向性の重要さや遠い将来における可能性を肯定的に評価しつつ，「世界は，共通のルールによって押し込めるには国による多様性がありすぎる．グローバル・スタンダードや規制は，単に実現不可能なだけではない．それらは望ましくない」（p. 237），また，「グローバル・ガバナンスのアキレス腱は，明白な説明責任の関係が欠けているところにある．国民国家では，選挙が政治的委任の究極の源泉であり，説明責任の究極の手段である」（p. 246）として，現状ではグローバル・ガバナンスには「ハイパーグローバル化した世界の重みを支えることができない」（p. 263）とする．そして，経済グローバリゼーションを低くとどめ，国民国家を基礎としつつ，そこでの民主的意思決定を尊重する形での国際協調で，新しいグローバル経済の秩序をデザインすることを目指す提案を行っている．

　現在のグローバル化に対して不十分な，グローバルあるいは国境を越えるセーフティネットの整備とともにグローバル化によって掘り崩されてきた地方を含む国内でのセーフティネットの再構築・整備[58]，そして，それら異

58）　地方の役割については行論では触れないが，セーフティネットの整備において，地方，そして地方と中央政府との連携は不可欠と言える．中央政府との連携に関して，日本における地方自治体によるリーマン・ショック後の派遣切り対策としての公営住宅貸出や臨時雇用，積極的な経済活性化のための活動等は，中央政府が財政健全化という制約の中，迅速，十分な対策を打ち出せないことを背景に，地方がセーフティネット機能を果たした（している）事例ととらえることができる．一方，途上国における民活インフラ整備や日本におけるカジノを中心とした統合型リゾート開発等のように，地方自治体を投資のパートナーとする動きが進む中，地方分権の名の下に中央政府が果たすべきセーフティネットが剥がされ，地方がリスクに晒されることにならな

なるレベルでのセーフティネットの連携強化が，途上国に限らない国際社会全体での課題であろう．

　ここでは，関連する 2 つの事項，グローバル化と相互促進的に進み，国家におけるセーフティネット整備の制約となり得る緊縮的な財政スタンスの普及と，グローバルなセーフティネットの最大の焦点と言える金融自由化に伴う脆弱性について考察したい．

①緊縮的な財政スタンス

　世銀は途上国に対して 1980 年代末から歳出削減と歳入増加を組み合わせて財政赤字を抑えることを含む財政改革を推奨し（第 1 章参照），現在も PRSP において，マクロ経済の安定を最重要視する立場から基本的に緊縮的な財政スタンスを勧めている（第 3 章参照）．そして，こうした緊縮的なスタンスは，開発における過度の制約になるとともに，貧困層を守るための社会的セーフティネット[59] 以外の，いわゆる一般庶民，中間層と呼び得る人々の「日々の生活」を守るためのセーフティネットの整備を阻害している可能性がある（第 6 章参照）．そして，途上国は世銀，IMF，主要援助国といった主要ドナーが容認しない政策を実施する余地は，現実的には非常に小さい[60]．こうした問題を改善するためには，ドナーと被援助国の対話のあり方を改革し，被援助国のオーナーシップが実質的に機能するようにするとともに（第 II 部参照）[61]，先進国において，非緊縮的なスタンスや政府の積極

　　いか，十分に注意する必要がある．途上国における民活インフラについては第 2 章を参照．

59)　こうした政策の重要性が疑いない反面，貧困層のための政策が必ずしも貧困層に届いていない恐れがあることについては元田［2007］を参照．

60)　開発理論における援助国の優位性については，船津［2001］，元田［2007］等を参照．

61)　コンディショナリティが機能するためには，その決定過程において，実施国である被援助国が自らの意見等を十分に表明，説明する機会があること，被援助国が，決定されたコンディショナリティが実態に合った合理的なもので，その推進が有意義であると確信を持てることが必須と考えられる．また，長期的には望ましいコンディショナリティであっても，それがその時点の実態に合っておらず，現状の急進的な変更を

34

的な役割を肯定する意見が一定の市民権を得る必要がある．

　先進国では，グローバル金融危機の際には，IMF ですら金融政策だけではなく，財政政策の必要性を主張し，実際に多くの国が財政刺激策を採用したが，その後，金融崩壊の差し迫った危機が回避されると，財政は健全化に舵を切り（岡本［2014］），景気対策は金融緩和に依存するようになる．アメリカの財政赤字 GDP 比は 2009 年度には 9.8% に達するが，以降は 15 年度の 2.4% まで一貫して低下した．16 年度から財政赤字 GDP 比は増加に転じるものの，歳出 GDP 比は 09 年度の 24.4% から 17 年度の 20.8% まで一貫して低下している[62]．ユーロ圏の財政赤字は 09 年の 6.3% をピークに 16 年には 1.5% にまで低下し，これも歳出削減によるところが大きい（西垣［2018］）．一方，金融緩和は格段に進む．ECB のバランスシートの規模を確認すると[63]，05 年は約 1 兆ユーロであったが，徐々に拡大し，08 年には 2 兆ユーロを超える．15 年 3 月には量的緩和を開始し，14 年の約 2.2 兆ユーロから 18 年には 4.7 兆ユーロにまで膨れ上がる．FRB のバランスシートの規模も[64]，08 年 9 月 17 日では 1 兆ドルを切る水準だったのが，月末には 1 兆ドルを超え，同年 11 月には量的緩和が開始され，14 年には 4.5 兆ドルを超える．しかし，こうした非伝統的な試みは金融緩和の限界も明らかにすることとなり，財政の役割の拡大を期待する声の高まりも生み，論争にもなっている[65]．また，

　　　求めるものであれば，政治的混乱を呼び起こすだけに終わり，目的を達することができない恐れがある（第 5 章，ノース［1994］参照）．

62)　Executive Office of the President Council of Economic Advisers［2018］．

63)　https://www.ecb.europa.eu/pub/annual/balance/html/index.en.html.

64)　https://www.federalreserve.gov/monetarypolicy/bst_recenttrends_accessible.htm.

65)　例えば，トッド［2015］は，「今は，緊縮財政プランへの服従の時代になっています．そのプランは自動的に不況を招来してしまうのに」（p. 219）と主張している．また，理論的には，財政収支について，均衡にこだわる必要はなく，インフレ率に基づいて調整することを主張し，自国通貨建てでファイナンスされる財政赤字の拡大に寛大な立場につながると見られる現代貨幣理論（MMT：Modern Monetary Theory）が 2020 年のアメリカ大統領選挙で有力政治家に採用される可能性を含めて注目され，ロバート・シラーが問題点を指摘しつつも，「ある程度まで」その意義を認める一方で，ポール・クルーグマン，ローレンス・サマーズ，パウエル FRB 議長等からの批判も呼んでいる（Shiller, Robert J., Modern Monetary Theory Makes Sense, Up to a Point. 2019,

こうした緊縮的財政スタンスと大規模な金融緩和のセットは，端的には，政府の借金を抑える代わりに民間の借金を促進する景気対策と言え，バブルを生み出し，金融を不安定化させるリスクも懸念される．

　一律的な緊縮的財政スタンスと金融緩和への依存に対する批判の高まりがある一方で，放漫財政に陥る警戒感も強い．「市場の信認」という言葉を乱用して恐怖心を煽る，根拠に欠ける公共部門に対する市場の優位性に基づく公共部門の縮小を伴う，政府・財政の果たすべき機能を無視した，単なる財政赤字の削減に卑小化された「財政改革」論議を乗り越えるためには，新たな財政規律の指針が必要と考えられる．そこで注目されるのが，IMF によって 2018 年に出された *Managing Public Wealth* である．ここで提示されるバランスシート・アプローチでは，公共部門の負債だけではなく，資産にも光を当てる．これにより，公共部門の包括的な全体像が明らかになり，金融危機等のショックに対する財政の強靭さが測定しやすくなること等に加え，例えば，資産管理の重要性に目が向けられやすくなる，公共投資において非金融純資産の増加という資産面の効果も示されるといったように，財政赤字の規模だけでなく，その使い方も考慮されるようになり得る．

　緊縮的な財政スタンスの背景には，グローバル化により激化した租税競争もあると見られる．しかし，法人税と最高限界税率の大幅な引き下げを伴う形で所得税を減税し，付加価値税等の消費に対する一般的な税を増税するといった税制改革は，税制の所得再分配機能を低下させ，格差問題を悪化させる恐れがある．租税競争を抑制するためには国際協調が鍵になると考えられ，実際に例えばフランスが G7 間で法人税の最低税率を導入すべきという提案

March 29. *The New York Times*, McCormic, Liz. Jerome Powell Says the Concept of MMT Is 'Just Wrong'. 2019, February 27. *Bloomberg*, Schneider, Howard 「アングル：『財政赤字は悪くない』，大統領選にらみ米国で経済学論争」（ロイター，2019 年 3 月 8 日）等を参照）．また，MMT を積極的に支持する見解には，岡本英男「私が意義を見いだす理由 MMT は新次元の政策 均衡財政主義の再考を」（2019 年 6 月 17 日）（https://weekly-economist.mainichi.jp/articles/20190625/sel/00m/020/047000c）等がある．

をし，アメリカが支持の意向を示したり[66]，日本が G20 会議の議長国として，企業に対する実効税率の国際社会共通の最低水準を定める新たなルールの検討に着手していることが報じられる[67]といった動きが見られる．また，「税源浸食と利益移転」（BEPS：Base Erosion and Profit Shifting）対策としての国際的な情報交換も重要なテーマとなっており，「共通報告基準」による非居住者金融口座情報の自動的交換や OECD による税の透明性に関する非協力的地域を特定するための客観的基準の策定とそれを満たしていないとしてリストに載った地域に対する「防御的措置」の検討といった取り組みも進んでいる．そして，こうした取り組みの国際的な推進には，途上国の税に関する能力構築の強化が不可欠であり，そのための国際援助も求められている[68]．

　先進国の今後の財政スタンスは途上国財政にも大きく影響すると見込まれ，注目される．また，国際協調・協力の推進では，世界経済の安定と成長のためにも，途上国財政への影響，そして途上国に対する協調の要求と途上国への援助とのバランスへの配慮が求められる．

②金融自由化に伴う脆弱性

　1970 年代以降の金融自由化は，経済過程，そして途上国にどのような影響を与えているのか．先行研究からは以下のような成果が明らかにされている．

　国際通貨・金融システムについて分析した Bush et al.［2011］では，現在のシステムは，金融安定性を維持しつつグローバル資本フローの破壊的な突然の変化の発生を最小化することができていないという決定的な失敗を抱えており，国内均衡[69]，資本の配分効率性，金融安定性というシステムの 3 つの

---

66)　ロイター「米仏財務相会談，G7 の最低法人税率導入を支持」（2019 年 2 月 28 日）．

67)　産経新聞「GAFA 課税逃れ防止へ下限税率　財務省，G20 で国際的なルール化主導」（2019 年 2 月 9 日）．

68)　https://www.mofa.go.jp/mofaj/files/000271331.pdf，https://www.mofa.go.jp/mofaj/files/000424876.pdf，https://www.cao.go.jp/zei-cho/gijiroku/discussion1/2016/__icsFiles/afieldfile/2016/05/26/28dis17kai3_1.pdf．

69)　各国が非インフレ的経済成長のためのマクロ経済政策を使用できるようにすべきとして，この項目を挙げている．

目的それぞれに対して，ブレトンウッズ体制より貧弱であると評価している．そして，現在のシステムが，経常収支の不均衡と実質的に同じ意味を持つネットの資本フローの大規模な不均衡の創出[70] を許しており，こうした不均衡の蓄積がグローバル金融の不安定性と関連づけられることを示唆している．

Sturzenegger & Zettelmeyer［2006］には，1820 年から 2004 年を対象にした民間保有債券・ローンに関する政府の債務不履行・再編のリストが提示されているが，そこからは，第二次世界大戦前まではヨーロッパとラテンアメリカ・カリブ諸国に集中していた政府の債務不履行・再編が 1970 年代後半以降，アフリカやアジア，中東諸国にも拡大していることが読み取れる．また，同書では，ソブリン・デフォルトが，国際的な資本フローの一時的活況と急後退の循環に対応して，時間的，そして時には地域的な一団になって生じていることを指摘し，一旦金融危機が発生すると，国際的な連鎖・感染のリスクが高いことを示唆している．

Ayhan et al.［2005］では，消費，投資，政府支出といった国内需要の主要な構成要素から生じる変動性が経済成長に負の関連を持つこと，貿易の開放が，外的ショックから生じる変動性に経済を晒すとしても，より高い経済成長という面で便益をもたらす一方，実証的な先行研究から，金融統合は経済成長に効果がないか，せいぜい中程度（moderate）の効果しかないと見られること，資本フローの構成からは外国直接投資が経済成長に対する変動性の負のインパクトを弱める一方，外国直接投資より変動性が相対的に大きいポートフォリオや他の資本フローは負の関連を強めること，金融統合を高めることは比較優位に基づく生産の特化を進めさせることで産業特定的なショックに対する経済の脆弱性を高める可能性があること等が指摘されている．また，自由化プログラムの多くが景気低迷や経済危機に引き続いて着手されたと見られることを紹介しており，これには，途上国における危機時の国際援助の際の世銀や IMF 等の自由化の推進を求めるコンディショナリティが

---

70) 掲載された Chart 3 と 4 からは，1990 年代後半から急増していることが読み取れる．

寄与している可能性がある.

Bluedorn et al.［2013］では，1980 年から 2011 年の 147 経済のサンプルを分析し，まず，民間資本フローは，先進・新興市場・途上経済全てで，全時点にわたって変動が激しく，大抵のタイプのフローで持続性が低いこと，しかし，先進経済では異なるタイプのフローで代替可能性・補完性が大きくネットの資本フローの変動が小さいのに対して，新興市場・途上経済ではそうした代替可能性が欠如していること，新興市場・途上経済でのネットの資本フローは，先進経済では確認できない，軽度の景気循環増幅性を有していること，新興市場経済では，ネットの資本フローが主として外国人投資家によって動かされるため，グローバル金融市場が緩和的，つまりグローバルな利子率が低くリスク選好が高い時にネットのフローが増加すること[71] 等を明らかにしている．また，資本フローのタイプ別の違いに関しては，外国直接投資は他のタイプより変動性がいくらか小さいが，新興市場経済ではその持続性が時とともに低下していること[72]，銀行フローの動きはグローバルなリスク回避の変化と強く相関していると見られ，新興市場経済でのネットのフローのダイナミクスは主として銀行フローによると見られること等が指摘されている．

以上では，1970 年代後半以降，金融自由化に伴って，金融市場の不安定性が高くなっていること，途上国は金融統合の経済効果が限定的と見られる一方で，金融市場の変動に先進国より脆弱であり，金融リスクは広範な地域の途上国に及んでいること等が明らかにされている．そして，こうしたリスクを回避するため，一部の途上国では経常収支黒字と外貨準備を積み上げている．これは，つまり途上国から先進国へと資本が流れているということであり，金融市場が資本の効率的な配分を実現できていない証拠であるととも

---

71)　グローバル金融市場が緩和的な時には，そうでない時より，ネットの資本流入が GDP の 2% 大きいとされる．

72)　外国直接投資総額に占める金融的外国直接投資のシェアの上昇による可能性が指摘されている．

に（Bush et al.［2011］），途上国による金融リスク回避策が，経常収支，そしてそれと表裏をなすネットの資本フローの不均衡の拡大要因となり，その不均衡がグローバル金融市場の不安定性を増大させるという悪循環が生じていることを示唆している．金融に関する国家，世界システム双方での一層のセーフティネット整備は，国内だけでなくグローバル金融市場の安定のためにも不可欠と言える．

それでは，現在，「世界システム」に分類し得る金融関連のセーフティネットは，どのように整備されているのか．例えば，国際通貨・金融システムが取り組むべき主要な課題の1つと言える金融市場における「不完全な情報」では，BIS や IMF といった国際機関による研究・分析とその提供とともに，G20 が対外資産・債務に関するデータを報告する国の数を増やすこと，そして，報告している諸国のデータの精度と提供の頻度の向上に取り組んでいる（Bush et al.［2011］）．

通貨・金融危機のセーフティネットとなる通貨スワップ取極では，まず，アメリカ，カナダ，イギリス，スイス，日本，欧州の各中央銀行が，いずれの他通貨によっても流動性を供給することが可能になるよう常設的な2中央銀行間のスワップ取極のネットワークを構成している[73]．そして，日本は，日本銀行が豪州準備銀行，中国人民銀行とスワップ取極を結ぶとともに[74]，財務省がインドネシア中央銀行，フィリピン中央銀行，シンガポール通貨庁，タイ中央銀行と二国間スワップ取極を結び[75]，また，資金規模 2400 億ドルの ASEAN+3 の計 13 カ国から成る単一の通貨スワップ取極である「チェンマイ・イニシアティブ」に参加している[76]．アメリカを中核に，主要中央

---

[73]　https://www.boj.or.jp/announcements/release_2013/rel131031c.pdf．日本銀行の場合，ニューヨーク連邦準備銀行，カナダ銀行，イングランド銀行，スイス国民銀行，欧州中央銀行と引出可能期限も引出限度額も設定しないスワップ取極を結んでいる．

[74]　https://www.boj.or.jp/intl_finance/cooperate/index.htm/．

[75]　https://www.mof.go.jp/international_policy/financial_cooperation_in_asia/bsa/bsa.pdf．

[76]　https://www.mof.go.jp/international_policy/financial_cooperation_in_asia/cmi/index.html．

銀行がドル体制を支え，日本は，アジア，オセアニア地域の通貨の安定を支える役割も担っているということができる．なお，日本がスワップ取極を積極的に結んでいる背景には，チェンマイ・イニシアティブにも参加し，独自のスワップ協定締結にも積極的で，2015 年 5 月末時点で 32 カ国・地域の中央銀行あるいは通貨当局とスワップ協定を結ぶ中国[77]を意識した面があると考えられる[78]．

　それでは，今後，セーフティネットの整備は，どのように進められるべきか．まず原則的なこととして，金融自由化の推進が途上国の開発に寄与するとは限らないことも踏まえ，各国の金融を含む自由化・グローバル化のレベルはセーフティネットの整備とバランスの取れた範囲にとどめるべきということが挙げられる．

　そして，国家における金融のセーフティネット整備で最も大きな争点となり得るのが資本規制である．この点に関しては，当初は批判された，アジア通貨危機の際のマレーシアの資本規制を後に評価する声が上がるようになったこと[79]，一定の条件を満たす場合には資本規制の活用が正当化されるとの結論を出した IMF Staff Position Note[80]が公表されるなど，途上国の政策選択の幅は広がりつつある．

　次に，グローバル化の進展とともに各国の政策の国境を越える外部性が強くなり[81]，国際的な基準やルールの必要性が高まる一方で，アメリカを覇権国としたシステムの機能低下[82]や，国際競争の激化による国際ルール等

---

77) 　三菱東京 UFJ 銀行（中国）有限公司トランザクションバンキング部中国調査室「経済週報」第 259 期（2015 年 7 月 2 日）．

78) 　日中の援助競争に関しては第 4 章，第 6 章を参照．

79) 　奥田・代田・櫻井［2016］．

80) 　Ostry et al.［2010］．

81) 　例えば，アメリカのボルカー・ルールに対して日本の金融庁と日本銀行は連名で複数回レターを発出し，「金融規制の国境を越えた影響について適切な考慮を行うことの重要性と，影響を受ける国との協調の必要性」を指摘する等している．https://www.boj.or.jp/announcements/release_2012/data/rel120112a1.pdf, https://www.boj.or.jp/announcements/release_2012/data/rel120112a2.pdf 等を参照．

82) 　覇権国システムは，覇権国が覇権国としてのコストに見合う利益が得られていると

の設定での，特に影響力を行使できる先進国間のせめぎ合いを背景に，現状では，厳格な国際的な基準やルールの設定は難しいと見られることを前提に，世界システムにおけるセーフティネットの整備を進める必要がある．具体的には，国家の主権を超越する「狭義の世界システム」におけるセーフティネットの整備には，長い時間がかかるであろう「グローバル市民」としてのアイデンティティの醸成[83]やグローバル化によって激化している国家間競争を乗り越えるための粘り強い交渉が必要と考えられ，現時点では大きな期待を抱くべきではないであろう．つまり，広義の世界システムにおけるセーフティネットの整備は，主に国際協調，国際協力によらざるを得ないと考えられ，実際に，先に見たように，先進国に代表される経済力で優位な諸国が主導する形での国際協調，国際協力を通してセーフティネットの整備が進められている．世界経済・社会の安定・発展には途上国の脆弱性の克服と開発の進展が不可欠であることを踏まえ，途上国との国際協調においては，それを支える適切な国際援助を伴っているか，国際援助においては，コンディショナリティは妥当か，例えば援助を受ける途上国のオーナーシップが実質的に機能せず，実態に合わない不適切な政策を押しつけていないか等を，十分に考慮する必要があり，それを支える財政を含む途上国研究の重要性は，今後一層増すものと思われる．

　　認識し，それ以外の諸国が全体として覇権国システムから得られる国際社会の安定等の利益が覇権国システムによる不利益を上回ると認識する状況でこそ十分に機能するものと考えられる．しかし，前者に関して，アメリカでは，トランプ大統領の底堅い支持率に示されるように，覇権国としてのコストが利益に見合わないとの世論が一定以上を占めていると見られ，そうした世論を背景としたアメリカの覇権国としてのコスト削減は，覇権国システムの機能低下，そしてアメリカを覇権国としたシステムから得られる他国の利益の低下につながると考えられる．現在はアメリカを覇権国としたシステムの解体期にある可能性もある．

83)　ロドリック［2014］は，世界中の人々の多くで政治的アイデンティティや愛着が国民国家の枠内にとどまっていることを指摘し，真にグローバルな規範の範囲は非常に限定されると主張している．

第 I 部　グローバリゼーションと途上国財政

第1章
途上国財政の全体像——1997年までを対象に

はじめに

　途上国におけるグローバル化の進展を民間資本フロー[1] から見ると（図1-1参照），1990年代の初め頃が大きな画期となって急速に進んだことが見て取れる．

　1990年代の一定期間を研究対象に含み，特定の国や分野に限定されない，途上国財政を全般的に分析した先行研究には，Datta-Mitra [1997] 等がある．同書では，79年度から94年度に世界銀行（以下，世銀と略すことがある）理事会によって承認された約250の完了したか，進行中の構造調整貸付と部門調整貸付について，財政調整の効果という視点から，財政政策全般の分析を行っている．歳出面に関する研究としては，Ghafoor et al. [2000] が16カ国の75年から95年のパネル・データを用い，構造調整改革のインパクトを計量経済学的に分析している．また，税制に関する研究としては，Keen & Simone [2004] が，90年代の途上国全般の税制の動向を非常に詳細に分析している．これらの研究では，第3節で整理するように，非常に重要な指摘がなされているが，90年代の途上国財政が全体的にどういった動向を示し，

---

1)　民間資本の流入額で，債務（商業銀行の融資，社債等）と非債務（外国直接投資，株式投資等）の両方が含まれる．ちなみに，OECD（経済協力開発機構）のDAC（開発援助委員会）諸国によるODAの総額（支出純額ベース）は1996年で約554億ドル，97年で約476億ドルである（http://www.mofa.go.jp/mofaj/gaiko/oda/shiryo/hakusyo/nenji97/na_1.html）．

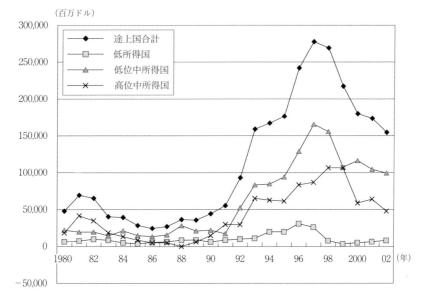

出所：*World Development Indicators 2004* より作成.
注：ネットの民間資本フロー額.

図 1-1　途上国における民間資本フローの動向

どのような特徴を有していたのかということについて明らかにしているとは言い難い.

　本章では，主として World Bank［2004］のデータを用い，1990 年代に資本，貿易[2] 両面で途上国経済のグローバル化が進展した政策面での背景を踏まえつつ，80 年代後半から 97 年までの途上国財政の全体的な傾向，特徴について，政府の歳入・歳出構造を中心に可能な限り解明したいと考える.

---

2)　低・中所得国の財貨・サービス輸出・輸入の動向を見ると，ともに 1987 年以降，順調に増加し，86 年の輸出約 5028 億ドル，輸入約 5556 億ドルから 97 年には輸出が約 1 兆 4950 億ドル，輸入が約 1 兆 5438 億ドルに達している（World Bank［2004］）.

1. 民間資本フロー急増の背景と実態

(1) 背景

1990年代の途上国の民間資本フローの急増の背景として，構造調整政策の存在を忘れてはならない．構造調整政策とは，構造調整貸付のコンディショナリティとして課された改革のことである．構造調整貸付，部門調整貸付の供与国は91年末の時点で，75カ国に及び，加えて中国やマレーシアのように，構造調整貸付を受けていないにもかかわらず，構造調整政策の枠組みに全面的にならって改革を進めた国もあった（石川［1994］）．

構造調整貸付（SAL：Structural Adjustment Lending）は，世銀が第2次石油危機を契機として多くの途上国が国際収支困難に陥った状況に対処すべく，1980年に開始した．そして，構造調整政策では，途上国の国際収支問題を短期的な流動性の問題ではなく，より構造的な支払い能力の問題ととらえ，問題を解決するために経済政策全般に抜本的な改革が求められた．また，同じく80年に開始された部門調整貸付（SECAL：Sectorial Adjustment Lending）では，特定部門の改革が求められ，「SAL程包括的な融資ではないが，世銀の構造調整過程支援の一例である」（世界銀行［1985］p. 55）とされる[3]．

そして，世銀は，「外部環境の悪化にもかかわらず，開発努力の回復を目指す開発途上国を支援するため」（世界銀行［1983］p. 41）として，1983年度[4]に世銀の理事会で承認された特別援助（もしくは行動）プログラム[5]において，構造調整政策の推進を強く打ち出した．このプログラムには，(1)

---

3) 絵所［1991］，小浜・柳原編［1995］，白鳥［1998］．なお，IMFも1986年に構造調整ファシリティ，87年に拡大構造調整ファシリティを創設した．構造調整における世銀とIMFの関係については，絵所［1991］，白鳥［1998］を参照．
4) 世銀の年度は前年の7月1日からその年の6月30日まで．
5) SAPと略され，Special Assistance ProgramもしくはSpecial Action Programのこと（World Bank［1984］）．

構造調整貸付の拡大，(2)部門調整に対する支援，(3)プロジェクト・コストに含まれる世銀の貸付シェアの拡大，(4)政策対話の強化，(5)他の供与機関との協力，という5つの主要な要素があった（世界銀行［1983］）．ただし，この構造調整政策推進の動きは，構造調整貸付が承認された途上国の数が多くなかったことを反映していると見られることに注意する必要がある[6]．なお，(4)政策対話の強化については，84年年次報告[7]に「この対話（借入加盟国との政策対話―引用者注）は構造調整や部門調整のための最近の貸付実施に伴い，強化されてきている」(p. 50) との記載があり，85年年次報告では，構造調整貸付が承認された国が少ないことの原因に関して，「世銀が，分析的・技術的な面で助言を行い支援しているにもかかわらず，政府が構造調整問題に対処するため提示している計画の質，及び信頼性に問題があるため，融資を受けられる国はまだ限られている」(p. 55) として，世銀の助言に対する途上国側の対応の鈍さを批判している．政策対話の強化も，調整貸付拡大の方針と結び付けて見るべきであろう．

なお，この特別援助プログラムが承認された1983年度において，世銀にとっての最も重要な課題の1つが，途上国への民間外資の導入であったと見られる．図1-1から分かるように，82年の途上国債務問題の顕在化の影響を背景に，83年に途上国への民間資本フローは大きく減少する．世銀はこの事態に対して「開発途上国が引き続き，可能な限り有利な条件で，相当額の外資を必要としている時期にこのような状況が，生じたのである」（世界銀行［1983］p. 40) との認識を示し，Bローン・プログラムの開始とMIGA (Multilateral Investment Guarantee Agency: 多国間投資保証機関) の設立構想提案という具体的な動きを見せた（第2章参照）．

ここで部門調整貸付と構造調整貸付の動向を確認しておきたい（世界銀行

---

6) 1985年度末で構造調整貸付が承認された途上国は17カ国に過ぎなかった（世界銀行［1985］）．

7) 以下，年次報告と記す場合，世界銀行年次報告，*The World Bank Annual Report* を指す．

［1986; 1987］）．まず，部門調整貸付であるが，1980 年度 65 百万ドル，81 年度 1 億 37 百万ドル，82 年度なしと非常に小規模であったが，特別援助プログラムが承認された 83 年度に 6 億 40.9 百万ドルに急増した．その後も高い伸びを記録し，84 年度には 13 億 17.9 百万ドル，86 年度には 22 億 83.5 百万ドル，87 年度には 34 億 52.5 百万ドルと 30 億ドルを超える規模となった．

一方，構造調整貸付は，1985 年度までの承認額は総額 40 億ドル（世界銀行［1985］）で，80 年度からの 6 年間としての年平均は約 6.7 億ドルに過ぎなかった．86 年度 8 億 16 百万ドル，87 年度 6 億 65 百万ドルであったが，88 年度に 10 億 95 百万ドルに伸び，89 年度には 18 億 25.7 百万ドルに急増する．90 年度には 14 億 34 百万ドルに低下したものの，91 年度には 22 億 38.9 百万ドル，92 年度には 31 億 59.8 百万ドルと 30 億ドルを超える規模を記録した．

構造調整貸付が急増した 1989 年前後に，世銀の理事会は 2 度にわたって調整貸付の評価を行っている（88 年 9 月と 90 年 5 月）．そして，第 2 次評価では，調整プログラムの有効性を高め得る主要な方法として，①資源の効率的な配分を阻害し，生産の伸びを制約している歪みを除去する，②公共部門改革に対し，より高い優先順位を与える，③投資の回復に注力する，④貸付実行のペースを改革の導入速度に合わせる，⑤マクロ経済の安定性の決定因子を綿密にモニターする，の 5 つが挙げられた（世界銀行［1990］）．

途上国の経済政策を考える上では，①から③が重要であろう．①は，具体的には市場メカニズムの働きを阻害している要因を除去することを指していると考えられる．また，②に関連しては，「財政赤字の恒久的な削減，並びに租税制度と公共支出の効率改善を図る改革は，大半の調整プログラムにおいて高い優先順位を与えられるべき」，そして「規制枠組及び税制が非効率な諸国，並びに公共支出の効率を改善する余地の大きい諸国においては，公共部門改革も重要」との記述がある．③については，「政策上の重大な歪みをすでに除去している国における調整プログラムは，民間投資の回復を促すことに注力されるべき」であり，それは「特別な補助金によってなされるの

50

ではなしに，むしろマクロおよびミクロ経済の全体的な事業環境の改善を通じて達成されるべきである」としている（世界銀行［1990］p. 59）．

そして，この①から③については，世銀が 1989 年に開始し，91 年にさらに強化された民間部門開発行動プログラム[8]との連携に注目する必要がある．この民間部門開発行動プログラムは「民間部門開発を図る世銀グループの努力を促進し，役割の分担を図るための出発点」（世界銀行［1992］p. 66）とされ，企業（事業）環境の改善，公共部門の再編・再構築，金融部門の改革といった内容が優先分野に含まれている．

企業（事業）環境の改善に関しては，「世銀グループにとって，良好なビジネス環境の創造とは，民間の活動を単に拡大するだけでなく，競争を促すことをも意味している．従って，世銀グループは，各国政府による企業の支援を助け，価格と投資意思決定に対する政府のコントロールを段階的に撤廃することを奨励し，また，競争が効率向上と技術革新に刺激を与える妨げとなる措置（補助金，特別な租税優遇措置や輸入保護，政府調達及び政府金融への優先的なアクセス，その他これらに類する特権）を縮小するよう促している」（世界銀行［1992］p. 66）としており，その内容は前述の①と同じく，市場メカニズムが機能する環境を整えることと言える．そして実際に，「1989-90 年の 2 年間に承認された調整業務のうち約 73% は，事業環境の整備を図る PSD（民間部門開発—引用者注）要素を含んでいた」（世界銀行［1991］p. 71）との記述からも分かるように，これを進める上で，調整プログラムが重要な役割を果たしている．

公共部門の再編・再構築と②の公共部門改革は実質的に同じことと考えられ，「調整業務は，公共部門の再構築に世銀が関与する際の主要な手段である」（世界銀行［1991］p. 71），「公共部門の再構築を図る要素は，世銀の調整業務においてますます重要性を増している」（世界銀行［1992］p. 66）とあるように，やはり調整プログラムと連携して進められた．その内容につい

---

8)　世界銀行［1990; 1991; 1992］.

第1章　途上国財政の全体像　　51

ては，「1989年及び1990年に承認された調整業務の約70%には，払下げ要素が含まれていた．払下げ以外にも，他の各種の手段により民間部門の役割を増大させる政府努力が，世銀の支援を受けている．…民間の参加を拡大する目的で採用されるメカニズムには，規制改革のほか，道路保全，…などの多様な領域の下請取決めが含まれている」(世界銀行［1991］p. 71)，「公共部門の再構築には二つの要素が関係している．即ち，国家の重要な機能（社会的・物的なインフラストラクチュアの供与など）において効率を向上させること，及び官民両部門の間の境界線のシフトを通じて民間イニシアティブの活躍の場を創出することである」(世界銀行［1992］p. 66) との記述から，公企業の民営化を含む公共部門の縮小と，緩和の方向での規制改革[9] が重視されていたことが分かる．

　③の投資の回復は，前述のように「マクロおよびミクロ経済の全体的な事業環境の改善を通じて達成されるべき」とされており，企業（事業）環境の改善がその基礎となり，公共部門の再編・再構築を通しての公共部門の縮小や規制緩和が，その機会を拡大することを想定していると見られる．そして，金融部門の改革は，「世銀グループは，調整融資を通じ，また包括的な金融部門調整融資及び貸付を増大させながら，『よく機能する市場志向の金融システムの発達』を支援している」(世界銀行［1990］p. 74) とあるように，やはり調整融資と連携して進められ，「効率的でダイナミックな金融部門は，市場指向型の成長経済にとって，きわめて重要である」(世界銀行［1992］p. 66)，また「金融市場の自由化は，国内貯蓄を動員し，外国から資本を惹きつけ，また，これらの資金を組合わせて，生産的な投資に向けるための強力なインセンティブになり得る」(世界銀行［1990］p. 73) との記述から，投資促進のためのインフラ整備として重視されていたと考えられる．

　以上，見てきたように，世銀は1983年度に構造調整政策の促進と民間外資の導入を目指した政策を重視するようになり，89年前後から構造調整政

---

9)　途上国での規制に対する世銀の考え方については第2章を参照．

52

策と連携した形で外資を含む民間投資の促進を重要な目的とする経済政策全般にわたる改革を途上国に強く求めるようになったと見られる[10]．90年代初めの民間資本フローの急増の政策面での背景として，こうした動きと，その中で財政改革と直接的に結び付く公共部門改革が特に重要視されていた点に留意する必要があると考えられる[11]．

(2) 実態

ここでは，World Bank［2004］で把握できる民間資本フローの額から，1990年代の民間資本フローの急増について，いくつかの点を確認したい．

一般的に魅力的な投資機会は所得水準が高い国ほど多くなると考えられるが，図1-1を見ると，高位中所得国より低位中所得国で民間資本フローが急増している．そこで，まず各所得水準グループの1990年から97年の民間資本フロー合計の1カ国当たりの平均額を確認したい．すると，低所得国（64カ国）が合計1331億690万ドルで，1カ国当たり約20億7980万ドル，低位中所得国（54カ国）が合計6270億2890万ドルで，1カ国当たり約116億1165万ドル，高位中所得国（34カ国）が合計4258億5770万ドルで1カ国

---

10) ちなみに，公企業民営化の重要な目的の1つには，年次報告に「民間資本フローを誘致するためには，そのような民間セクターの存在が前提条件となる．例えば，アジアとラテン・アメリカの両地域では，十分に確立された企業セクターと大規模な民営化プログラムが魅力的な投資機会を提供した」（世界銀行［1993］p. 53）とあるように，外資を含む民間投資を呼び込む機会の提供があった．なお，1980年代末より前に公企業民営化に制度的に乗り出していた国は限られていたと見られる（第2章参照）．また，MIGAの設立は88年である（World Bank［1989］）．

11) 1982年のメキシコの債務危機をきっかけとして顕在化した途上国の債務問題が90年代初めまでに最悪期を脱したことも，民間資本フローの急増に大きく寄与したと考えられるが（90年代初めまでの途上国の債務問題の推移については，田中［1998］を参照），次項で見るように，90年代に民間資本フローが急増した途上国は80年代に債務問題に苦しんでいた諸国に限られておらず，90年代の民間資本フローの急増を債務問題の一定の解決による民間資本フローの復活に卑小化すべきではないと考えられる．ちなみに，世界銀行［1987］では，多額債務国として，アルゼンチン，ブラジル，チリ，コロンビア，コートジボワール，エクアドル，メキシコ，モロッコ，ナイジェリア，フィリピン，ウルグアイ，ユーゴスラビアの12カ国を挙げている．

当たり約125億2523万ドルとなり，所得水準が高いほど額が大きくなっている．

　次に，民間資本フローの額は，国によってどの程度偏りがあったのであろうか．各国の合計額を表1-1から1-3で確認すると，どの所得水準グループにおいても，国によって大きな差があることが分かる．合計額が100億ドルを超える国は高位中所得国，低位中所得国でそれぞれ8カ国，低所得国では3カ国に過ぎず，その100億ドルを超えた国の合計額は，高位中所得国では全体の93%，低位中所得国では92%，低所得国では70%を占めている．

　以上から，1990年代の民間資本フローの急増は，例外的とも言える少数の国に極めて大規模な民間資本の流入が生じるという構造であったこと，そして高位中所得国の中で民間資本の流入に最も成功した諸国に劣らず大きな民間資本を引き寄せた低所得・低位中所得国が少数ながら存在したことを指摘できる．以降，これらの点に留意しつつ，分析を進めたい．

2.　財政改革の内容

　それでは，調整貸付等を通して途上国に求められた，あるいは世銀が途上国において推進すべきと考えた財政改革の内容とは，どのようなものであろうか．まず，1989年前後に世銀が出版・発表した文書の中で，財政全般について最も詳細に論じていると見られる *World Development Report 1988*[12]から，その内容を確認したい．

　最初に，途上国経済の課題として特に強調されているのは，途上国からそれ以外へのネットの財源移転[13] である．そして，途上国は国際環境が改革

---

12)　副題は，"Opportunities and Risks in Managing The World Economy ／ Public Finance in Development"．World Bank［2004b］所収．序章注43を参照．

13)　途上国における累積債務の返済のための資本流出や居住者資本の流出等を指すと考えられる（Todaro & Smith［2006］を参照）．なお，*World Development Report 1988* には「公的，商業的財源からの資本流入は，新しい生産能力に資金供給し，政策改革と成長のための支援を提供することを助け得る．…けれども，ここ当分の間は，新規

表1-1　低所得国民間資本フロー合計額
（1990-97年）

（単位：ドル）

インドネシア	45,785,400,000	タジキスタン	143,600,000
インド	36,414,300,000	バングラデシュ	130,600,000
ベトナム	11,283,500,000	トーゴ	122,900,000
パキスタン	9,721,800,000	スーダン	98,300,000
ナイジェリア	6,130,400,000	ソロモン諸島	90,900,000
アンゴラ	4,643,700,000	リベリア	81,700,000
ミャンマー	2,421,700,000	エリトリア	77,800,000
アゼルバイジャン	2,102,300,000	ブルキナファソ	63,900,000
イエメン	1,589,500,000	モーリタニア	63,700,000
ウズベキスタン	1,342,900,000	ギニア	59,400,000
ガーナ	1,322,800,000	マダガスカル	54,600,000
レソト	944,900,000	ガンビア	42,200,000
パプアニューギニア	909,800,000	シエラレオネ	26,400,000
ザンビア	895,400,000	ギニアビサウ	25,500,000
カンボジア	810,500,000	ルワンダ	23,500,000
赤道ギニア	654,200,000	ソマリア	11,700,000
コートジボワール	508,300,000	ハイチ	8,700,000
ウガンダ	500,200,000	モンゴル	4,300,000
モルドバ	495,700,000	コモロ	3,200,000
タンザニア	475,300,000	アフガニスタン	0
ニカラグア	415,900,000	北朝鮮	0
ジンバブエ	395,700,000	東ティモール	0
ラオス	367,000,000	サントメ・プリンシペ	-200,000
ベニン	342,300,000	中央アフリカ共和国	-5,600,000
モザンビーク	328,700,000	ブルンジ	-8,700,000
グルジア	318,400,000	ブータン	-16,000,000
キルギス共和国	305,300,000	マラウィ	-33,700,000
エチオピア	304,600,000	ネパール	-37,100,000
セネガル	261,400,000	ニジェール	-55,400,000
マリ	219,800,000	コンゴ民主共和国	-69,300,000
チャド	172,300,000	カメルーン	-109,100,000
コンゴ共和国	155,300,000	ケニア	-230,200,000

出所：*World Development Indicators 2004* より作成.

　　　　貸付は乏しいままとなりそうである」とあり，この時点では，世銀は，1990年代に
途上国への民間資本流入が急速に拡大するとは予想していなかったと見られる.

第1章　途上国財政の全体像

表1-2　低位中所得国民間資本フロー合計額
（1990-97年）

(単位：ドル)

国	金額	国	金額
中国	263,518,500,000	ガイアナ	457,400,000
ブラジル	138,631,800,000	スワジランド	414,800,000
タイ	57,086,500,000	アルバニア	376,200,000
ロシア	29,815,500,000	フィジー	365,900,000
コロンビア	28,400,300,000	セントビンセント	277,800,000
トルコ	26,426,600,000	バヌアツ	213,400,000
南アフリカ	19,515,800,000	ブルガリア	192,500,000
ペルー	14,289,000,000	エルサルバドル	134,100,000
カザフスタン	7,075,800,000	アルメニア	106,000,000
モロッコ	4,751,600,000	カーボヴェルデ	83,900,000
ルーマニア	4,628,700,000	モルジブ	76,800,000
エクアドル	4,257,900,000	サモア	46,100,000
ウクライナ	3,904,200,000	マケドニア	43,800,000
チュニジア	3,716,600,000	ジブチ	15,800,000
エジプト	3,543,800,000	トンガ	10,900,000
イラン	2,744,700,000	ボスニア・ヘルツェゴビナ	0
ボリビア	2,278,200,000	キューバ	0
トルクメニスタン	1,675,000,000	イラク	0
ドミニカ共和国	1,548,200,000	キリバス	0
スリランカ	1,518,700,000	マーシャル諸島	0
ジャマイカ	1,130,800,000	ミクロネシア連邦	0
セルビア・モンテネグロ	943,700,000	ナミビア	0
パラグアイ	843,600,000	フィリピン	0
ベラルーシ	803,900,000	スリナム	0
ホンジュラス	747,800,000	西岸・ガザ	0
グアテマラ	730,200,000	ヨルダン	-380,000,000
シリア	726,200,000	アルジェリア	-660,100,000

出所：*World Development Indicators 2004* より作成.
注：「セントビンセント及びグレナディーン諸島」は「セントビンセント」と略している. 本文も同じ.

に不利であっても，改革を追求しなければならないとし，その改革の方向としては，マクロ経済の安定化を強調するとともに，外向きの貿易戦略を指向している．具体的には，インフレ等の対内不均衡とともに，外貨準備高の減少，資本逃避，経常収支赤字等の対外不均衡の是正を重視している.

　財政改革に関しては，短期的には歳出削減と歳入増加を組み合わせて財政赤字を抑えること，長期的には，そのための変革を経済成長を促進する方法で実行することを目指すべきであるとする．財政赤字に関しては，持続不可

表 1-3 高位中所得国民間資本フロー合計額
(1990-97 年)
(単位：ドル)

メキシコ	130,855,900,000	リトアニア	1,516,200,000
アルゼンチン	84,373,600,000	モーリシャス	899,000,000
マレーシア	65,066,200,000	オマーン	366,100,000
チリ	37,742,400,000	セントルシア	306,100,000
ポーランド	20,999,600,000	セーシェル	228,300,000
ハンガリー	20,640,500,000	セントクリストファー・ネーヴィス	206,300,000
チェコ	19,529,300,000	ドミニカ	177,100,000
ベネズエラ	18,384,400,000	グレナダ	166,600,000
クロアチア	4,848,600,000	ベリーズ	141,200,000
スロバキア	4,563,300,000	ボツワナ	55,300,000
パナマ	3,285,200,000	アメリカン・サモア	0
レバノン	2,768,100,000	リビア	0
エストニア	2,465,300,000	マヨット	0
トリニダード・トバゴ	2,313,100,000	北マリアナ諸島	0
コスタリカ	2,006,500,000	パラオ	0
ウルグアイ	1,741,200,000	サウジアラビア	0
ラトビア	1,584,600,000	ガボン	-1,372,300,000

出所：*World Development Indicators 2004* より作成.

能な財政赤字は上述の対内・対外不均衡の原因になるとし，低くて安定的なインフレ，許容し得る対外債務返済負担，合理的な実質利子率，民間投資の促進等と調和する，持続可能な水準まで抑えるべきとする．また，後者の「経済成長を促進する方法」とは，具体的には，市場メカニズムがより機能するよう公共部門を改革することを指すと考えられる．

　歳出面では，優先順位の設定と質を強調している．

　優先順位に関しては，多くの途上国において公共部門が過剰に拡張されているとの認識に基づき，政府と市場のどちらがその役割を担うのが最善かを考慮することにより，優先順位を設定し，政府は，よく機能する市場のため，経済成長のため，そして貧困の軽減のために政府の関与が必要な分野に支出を集中すべきとしている．つまり，公民の役割分担では，国や部門によっては公共支出の拡大が必要な場合もあるが，一般的には，公共部門の役割を縮小して歳出も削減し，民間部門の役割を拡大すべきという主張と言える．

質を改善する方法としては，貧困層によって消費される財・サービスに対する政府の補助金を適切にターゲット化すること，公共投資は民間投資に対して補完的であるべきであり，また新規投資に頼りすぎるのではなく，運営・維持に対して適切な支出を行うこと，公務員の削減と競争的賃金の導入等が挙げられている．

税制改革に関しては，市場メカニズムを阻害しない税制への転換を求めている．改革の方針として強調されているのは簡素化と課税ベースの拡大であり，1986年のレーガンの税制改革[14]と基本的な考え方は一致している．

税制の内容では，生産や貿易に対する課税から消費に対する課税への転換が求められている．つまり，関税の税率区分を削減し，税率を引き下げて，収入源としての役割を縮小させ，一方で，付加価値税のような消費に対する一般的な税の役割を拡大することが望ましいとする．なお，消費に対する課税では，貧困層への対策として生活必需品に税を課さないことや，奢侈品や社会的に望ましくない財に対する選択的な課税を容認している．

個人所得税に関しては，特別な控除を大幅に削減すること，低所得者への配慮として，課税最低限は十分に高く設定すること，脱税へのインセンティブを小さくするために最高税率は十分に低く設定すること，税率区分を少なくすることを求めている．

法人所得税に関しては，税収確保のために平均実効税率は高く，投資家の投資の決定を妨げないために限界実効税率は低くするよう再構築することが主張されている．また，投資インセンティブに対しては，税収の削減，非生産的な努力を刺激する可能性，運営の難しさ等を理由にして否定的である．

1989年前後に世銀が出版・発表した財政に関する文書のうち，*World Development Report 1988* 以外では，税制改革に関して，Shalizi の *Lessons of Tax Reform* が，「一般的な租税政策の諸論点を論じた世銀の最初の文書」[15]

---

14)　土志田［1986］，https://www5.cao.go.jp/keizai3/2002/1216seisakukoka14.pdf 等を参照．

15)　Shalizi［1991］p. 2. また，Datta-Mitra［1997］にも，「税制改革に関する世銀の

とされ，最も重要と考えられるが，税制改革全般や個別の税の改革に関する基本的な方向性や内容は *World Development Report 1988* と同じと言える．ただし，*Lessons of Tax Reform* では，法人所得税の改革に関して，前述の平均実効税率を高く，限界実効税率を低くとの主張は見られない一方で，個人所得税の最高限界税率を 30% から 50% の間に引き下げ，法人所得税の税率は，その最高限界税率と等しい単一税率にすることが主張されている．また，Datta-Mitra［1997］によれば，金融取引に対する税に関して，世銀のコンディショナリティでは，「資本市場活動，特に金融仲介機関に対する課税を削減すること」(p. 56) を目指しているとされる．

　以上，世銀が推進しようとした改革では，市場メカニズムを機能させることと，対外・対内不均衡の是正が特に重視され，財政改革も，それに資する方向でなされることが求められている．具体的には，公共部門の縮小を一般的に伴う財政赤字の削減や，対外不均衡是正のための外向きの貿易戦略の一環となる関税の税率引き下げ・簡素化，そして関税収入の減少に対する税収確保の手段としては消費に対する一般的な税を拡大すること等が提案されている．

3.　先行研究の整理

　この節では，「はじめに」で挙げた 1990 年代の一定期間を研究対象に含み，途上国財政を全般的に分析した先行研究の成果を，税制，歳出，財政収支に分けて整理する．

(1)　税制

1979 年度から 94 年度に世銀理事会によって承認された調整貸付について，財政調整の効果という視点から分析を行った Datta-Mitra［1997］の税制改

助言は，世銀の *Lessons of Tax Reform*（1991）に公表されているような最善の実践と一般的に一致している」(p. 2) との記述がある．

革に関する記述を要約すると，以下のようになる[16]．

調整貸付の下，貿易税に対する依存を小さくし，間接税への依存をより大きくする方向で，租税構造の転換が生じた．そして，貿易税の調整に成功した諸国の大部分は，財政の調整に成功した諸国でもある．貿易改革の前かその期間中に税制を改革し，幅広い課税ベースの売上税を実施した諸国は，大規模な関税の削減を実行し，関税収入の損失を埋め合わせることができた．詳細な収入データが入手可能であった26カ国では，調整の前と後で，税収全体に占める貿易税の比率は26.6%から24.7%に低下，財・サービスに対する税の比率は40.9%から43.4%に上昇した．なお，SAL/SECALは一般的に税率の引き上げを求めなかったが，サンプル諸国の大多数で，租税構造の転換は税収のGDP比の上昇を伴った．

構造調整政策の採用の有無を考慮せず，1990年代の途上国の税制について詳細に分析したKeen & Simone［2004］では，以下のことを指摘している[17]．

貿易税の税収が著しく減少し，一般的売上税の税収が大きく増加した．ただし，この変化は，最貧国では他の諸国より小さかった．加えて，法人税の税収が減少した．途上国では平均して，貿易税の税収削減とほぼ同じくらい間接税の税収を増加させたが，多くは法人税収の低下のため，結局，総税収[18]は低下した．税収が増加した一般的売上税とは，主として付加価値税であり，付加価値税の採用国は1990年ではサンプル諸国の約30%であった

16）サンプルの比率は，非貿易税改革に関しては，関係のある諸国53カ国の100%，貿易税改革に関しては関係のある諸国75カ国の31%とされる．

17）同書では，*Government Finance Statistics* のデータに基づき，中央政府の税制について分析を行っている．

18）出典には総収入（total revenue）とあるが，1990年代初期と2000年代初期の総収入，税収のGDP比等を記した表3では，総収入は低所得諸国と低位中所得国で上昇，高位中所得で減少し，税収は低所得国で上昇，低位・高位中所得国では減少している．加えて，低所得諸国での税収のGDP比について，平均は0.4ポイント上昇したが，これは主としてエストニアの影響によるもので，本質的には税収は停滞していたとの記述がある．よって，ここでの総収入は総税収を指していると考えられ，総税収とした．

のが，90 年代の終わりには約 75% に上昇した[19]．

法人税に関しては，先進国では法定税率がこの期間にかなり低下し，これが止まる兆候も見られなかったが，法人税収の GDP 比，総税収比の両方が上昇した．途上国でも 1990 年代に法定税率の著しい引き下げが見られたが，GDP 比，総税収比の両方が低下した．途上国での法人税率の引き下げは，典型的には豊かな途上国で最も大きく，最貧途上国では全く緩やかである．先進諸国での法人税改革が税率引き下げと課税ベースの拡大であった一方で，途上諸国では，税率引き下げと，課税ベースの縮小（あるいはせいぜい中立）であった．また，90 年代の初めと終わりの両方で十分な情報を集め得る途上国 40 カ国をサンプルとして見てみると，様々な租税インセンティブが普及したことが分かる．例えば，タックス・ホリデーの提供は 45% から約 60% に，輸出業者への租税優遇措置は 33% から約 45% に，自由貿易地域は 18% から約 45% に上昇した．そして，租税インセンティブの普及は最貧途上国で特に著しい．最低所得諸国 (the very lowest-income countries) でタックス・ホリデーを提供する割合は 75% 上昇し，約 78% となった．途上国での法人税収の侵食は，国際租税競争が収入に対して，先進国より途上国で遥かに重大なインパクトを持つかもしれないことを示唆する．

以上の Datta-Mitra [1997] と Keen & Simone [2004] の分析結果において，途上国で実施された税制改革の内容は，後者で指摘された法人税の動向を除けば，ほぼ同じと言ってよく，前述の世銀が推奨した税制改革の内容とも一致している．ただし，より詳細な分析を行っている Keen & Simone [2004] では，税収構造の転換は所得水準の低い諸国では小さかったこと，法人税率の引き下げでも，豊かな途上国で大きく，貧しい途上国で緩やかな傾向が見られたことを指摘しており，税制改革と所得水準の関係の重要性を示唆する結果となっている．さらに，1990 年代より前の事例を分析対象に

---

19) 詳細が示されているとする表 5 を見ると（表 5 には 1990 年代初めと 2000 年代初めとある），付加価値税を採用した国の数は 1990 年代初めが 23 カ国，2000 年代初めが 57 カ国となっており，サンプルの総数は 76 カ国と考えられる．

含む Datta-Mitra［1997］では，サンプルの大部分で税収が増加したとするが，90年代のみを分析した Keen & Simone［2004］では，税収の減少傾向を指摘している．また，前節で見た世銀が推奨した財政改革では否定的に評価されていた投資インセンティブが多くの途上国で採用されたことが指摘されているが，その背景には，公共部門の縮小が求められ，政府の経済開発手段が限定されていたことがあると考えられる．

(2)　歳出

Datta-Mitra［1997］の歳出改革に関する記述の内容を要約すると，以下のようになる[20]．

調整貸付に伴って課された歳出改革に関する条件は，資本支出の削減・再構築と現在ある施設の運営・維持の強化，補助金の削減，主として被雇用者数削減による公的な賃金総額の削減，初等教育と衛生サービスへの支出強化を含む社会部門支出の増加等に焦点を当てていた．

結果は，経常支出の削減は多くの事例で必要と考えられた一方で，実際に達成されたのは少数の国に限られていた．また，資本支出に関しては，条件を課された国では憂慮されるほど低い水準で調整期間を終えた．初等教育と衛生サービスへの支出強化を含む社会部門支出の改革は，あまりにも近年に受け入れられたものであるため，その十分な効果を確認することはできない[21]．

次に，Ghafoor et al.［2000］では，16カ国の1975年から95年のパネル・データを用い，構造調整改革のインパクトを計量経済学的に分析している．

---

20)　歳出に関しては，1979年度から94年度の期間に世銀の調整貸付の下で歳出改革を採用した83カ国を対象とした分析を行っている．

21)　Datta-Mitra［1997］では，世銀のコンディショナリティにおいて公平の問題が重要性を帯びたのは1980年代の終わりのことであり，「より近年では，世銀の貸付では社会セクターに関する支出の重要性を一層強調している．それは，主として保健と教育に向けて支出をシフトすること，これらの部門内では基礎的サービスに向けて支出をシフトすることを通して公平の問題に取り組むよう求めた」(pp. 83, 84)としている．

そして，改革は総公共支出にインパクトを持たなかったと見られること，一方で総公共支出の削減が見られた一部諸国では，その削減は教育と衛生サービスに対する支出の削減による可能性があることを指摘している[22]．

以上の内容から，1990 年代前半までに承認された調整貸付下の改革では，全体的には，歳出削減，特に経常支出の削減では大きな成果を上げられなかったと見られる．また，80 年代の終わりから強調されたとされる社会部門への支出強化の成果は不明である[23]．

(3)　財政収支

Datta-Mitra［1997］では，調整貸付下の財政改革の結果に関して，少なくとも調整期間が 8 年間ある 26 カ国をサンプルとして検討し，以下のことを指摘している．

プレローン（preloan）期[24] と比較して，中期[25] はサンプル全体の平均財政赤字が微増した．長期[26] は経済的分類の全てのグループで財政赤字が削減されたが，中所得国グループを除いて GDP の 3% を超える高い水準のままであった[27]．最近の 2 年間は，サンプル全体の平均財政赤字は減少したが，経済的分類の低所得国グループと主要輸出品目のある国のグループでは財政赤字が悪化した．そして，長期及び最近の 2 年間での財政収支の改善は歳入増加と関連し，財政赤字の悪化は一般的に歳出増加とのみ関連していた．

---

22)　この結果に関して筆者は，構造調整で教育，保健支出が重要視されたのが 1980 年代の終わり以降であることが影響している可能性を指摘している．

23)　Ghafoor et al.［2000］から，少なくとも 1980 年代の終わりまでは，教育や衛生サービスが歳出削減のターゲットとなっていた可能性を指摘できる．

24)　最初の調整貸付に先立つ 4 年間．

25)　最初の調整貸付の初年から始まる 4 年間．

26)　最初の調整貸付から 5～8 年の期間．

27)　経済的分類は，所得水準による低所得国（14 カ国）と中所得国（12 カ国）の 2 グループ，輸出のタイプによる主要輸出品目のある国（10 カ国）と多様な品目の輸出国（14 カ国）の 2 グループ，債務に関する，重債務国（11 カ国）の計 5 グループから成る．ただし，付録表 6.5 では，主要輸出品目のある国の長期の財政赤字は 8.0% で，中期の 8.5% よりは改善しているが，プレローン期の 7.9% からは微増している．

4. 途上国財政の動向

　この節では，World Bank［2004］の 1985 年から 97 年の中央政府のデータを用いて，途上国財政を分析する．分析の対象は，上記期間中の全ての年で，税に関しては，税収，所得・利潤・キャピタルゲインに対する税（以下，所得等に対する税と略す），貿易に対する税，財・サービスに対する税の，歳出に関しては，歳出，経常支出，資本支出のデータに欠落や 0 の年がなく，GDP比を算出できる諸国とする．具体的には，低所得国は 64 カ国中コンゴ民主共和国，インド，インドネシア，ケニア，ミャンマー，パプアニューギニア，シエラレオネ，ジンバブエの 8 カ国，低位中所得国は 54 カ国中コロンビア，ドミニカ共和国，エジプト，イラン，ヨルダン，モルジブ，パラグアイ，ペルー，南アフリカ，スリランカ，セントビンセント，タイ，チュニジア，トルコの14 カ国，高位中所得国は 34 カ国中，表 1-4 に挙げられた 10 カ国である．

　先に見た 1980 年代の終わり頃から世銀が途上国に推奨した財政改革（以下，「モデル改革」と記す）がグローバル化の面で途上国に与えた影響を見る時，最も注目すべきは外向きの貿易戦略と直結する貿易に対する税の動向であろう．「モデル改革」における税制改革のもう 1 つの焦点と言える財・サービスに対する税に関しては，その増収の必要性は歳出削減の進展や財政収支の状況によって大きく異なると考えられる．また，例えば取引高税から付加価値税への転換のように，「モデル改革」の考え方に沿って市場の歪みを減らす改革を実行しても，それが税収中立的である場合には，税収の GDP 比からでは確認できない．そして，歳出では，特に経常支出の削減[28]に注目す

28）「（構造調整プログラムの―引用者注）改革プログラムの初期段階では，公共投資が
　　非効率または維持不可能なために，これを削減する必要がある場合が多いとしても，
　　通常は，インフラストラクチュア及び社会部門への投資をある程度回復させる必要が
　　あるという点でも，（世銀理事会で―引用者注）コンセンサスが成立した」（世界銀行
　　［1990］p. 58）とあるように，1990 年度には既に構造調整下での資本支出の急激な削
　　減には懸念の声があった．

64

る必要があると思われるが，これも財政収支の状況や従来の水準によって，その重要性が大きく異なると思われる．そこで最初に，各国の財貨・サービスの輸入と貿易に対する税の GDP 比の変化を見て，80 年代の終わり頃以降に輸入が増加した一方で，貿易に対する税が低下した諸国，つまり，外向きの貿易戦略に沿って貿易に対する税を大きく引き下げる税制改革を行ったと見られる諸国で，かつ輸入が増加した諸国を確認したい．

図 1-2，図 1-3 は分析対象の諸国の貿易に対する税と財貨・サービスの輸入の GDP 比（％）の，1995-97 年の平均から 1985-87 年の平均を差し引いた数値の分布を示したものである．輸入の GDP 比が増加したにもかかわらず，貿易に対する税の GDP 比が低下した諸国は，低所得・低位中所得国では，計 22 カ国のうち低所得国 3 カ国と低位中所得国 6 カ国の計 9 カ国に過ぎない [29]．他方，高位中所得国では 10 カ国中 9 カ国が上記条件に合致した．唯一輸入が微減したのはウルグアイであるが，そのウルグアイも貿易に対する税は 2 ポイント低下している．所得水準が高いグループほど条件に合致する割合が増え，高位中所得国では貿易に対する税の引き下げが一般的であったと言ってよいであろう．また，興味深いことに，低所得・低位中所得国の上記条件に合致した計 9 カ国のうち 6 カ国は前掲表 1-1，表 1-2 で民間資本フローの総額が 100 億ドルを超えている．本章の分析対象となっている低所得・低位中所得国で，民間資本フローの総額が 100 億ドルを超えている 7 カ国のうち南アフリカを除く 6 カ国が上記条件を満たし，それ以外の低所得国6 カ国，低位中所得国 9 カ国のうち上記条件を満たしたのは，低所得国ではケニア 1 カ国，低位中所得国ではスリランカとチュニジアの 2 カ国に過ぎない，と言うこともできる [30]．

この結果を踏まえて，高位中所得国と，民間資本フローが 100 億ドルを超える低所得・低位中所得国を，それぞれ項を分けて分析することとしたい．

---

29) 具体的には，低所得国はインド，インドネシア，ケニア，低位中所得国はコロンビア，ペルー，スリランカ，タイ，チュニジア，トルコである．

30) ケニア，スリランカ，チュニジアについては本章では分析しないが，1992 年に貿

第1章 途上国財政の全体像　　　　　　　　　　　65

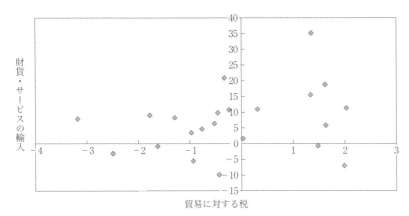

出所：*World Development Indicators 2004* より作成．
注：貿易に対する税，財貨・サービスの輸入ともに，1995-97年のGDP比（％）の平均から1985-87年のGDP比の平均を差し引いた数値．

図1-2　低所得・低位中所得国：貿易に対する税と財貨・サービスの輸入の変化

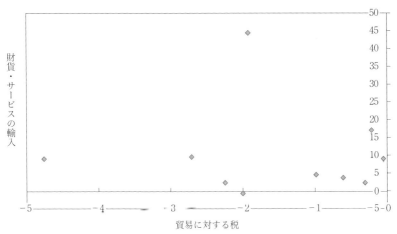

出所：*World Development Indicators 2004* より作成．
注：貿易に対する税，財貨・サービスの輸入ともに，1995-97年のGDP比（％）の平均から1985-87年のGDP比の平均を差し引いた数値．

図1-3　高位中所得国：貿易に対する税と財貨・サービスの輸入の変化

(1) 高位中所得国

まず，財政収支について確認すると（表1-4 参照）[31]，モーリシャスが
1996年，97年と約4%という高い水準の赤字を記録し，オマーンが非常に
大きく変動しつつ，全体的に高水準の赤字を記録しているが，それ以外には，
95年以降で大きな財政収支の不均衡を抱えている国はないと言える．

では，多くの国で貿易に対する税が減少した中で（表1-6 参照），どのよう
にして財政収支の均衡を維持，あるいは改善したのか．税収のGDP比の動
向を確認すると，1980年代後半と比較して，90年代に明らかに増加している
と言えるのはウルグアイのみである（表1-5 参照）．Keen & Simone［2004］
では，90年代に貿易税の税収が著しく減少し，一般的売上税の税収が大きく
増加したことが指摘されていたが，その一般的売上税が含まれる財・サービ
スに対する税の動向を見ると（表1-7 参照），80年代後半と比較して90年代
に明確な増加が確認できるのは，コスタリカ，マレーシア，モーリシャス，
ベネズエラの4カ国に過ぎない．アルゼンチン，チリ，ウルグアイは90年
前後を谷として低下傾向から上昇傾向に転じ，95年から97年の水準が85年
から87年とほぼ同じ，ハンガリーは80年代後半と比較して90年代に明ら
かに低下，メキシコは93年，94年を谷とし，95年から97年の水準が85年
から87年の水準より明らかに低く，オマーンは85年からほぼ同じ水準で推
移している．90年代に増加した国が多いとは言えるが，80年代後半の水準
より明らかに高くなったと言えるのは4カ国に過ぎないことにも留意する必

易に対する税が大きく減少し，93年に輸入額が大きく増加したケニアは93年以降，
IMF，世銀の助言を得ながら構造調整を実施している（http://www.mofa.go.jp/
mofaj/gaiko/oda/seisaku/enjyo/kenya_h.html）．また，96年，97年と貿易に対する
税が減少したチュニジアは，95年7月にEUとのパートナーシップ協定に署名し，
同協定により，2008年までにEUと自由貿易圏を形成する等，経済自由化を推進し
た（http://www.mofa.go.jp/mofaj/gaiko/oda/seisaku/enjyo/tunisia_chu.html，
http://www.mofa.go.jp/mofaj/area/tunisia/data.html）．貿易に対する税が91年から
減少したスリランカについては船津［2001］を参照．

31) World Bank［2004］の財政収支に関するデータ項目はOverall budget balance,
including grants のみのため，これを用いる．なお，これは，経常・資本収入と公的
贈与から，総支出と純貸付を減じたもので，中央政府のみを対象としている．

要がある．

　歳出に関しては，1980 年代後半と比較して 90 年代の水準が明らかに高い
のはウルグアイのみで，モーリシャス，ベネズエラはほぼ横這いで推移，他
の諸国では 85 年から 87 年の水準より 95 年から 97 年の水準の方が明らかに
低い（表 1-9 参照）．経常支出では，80 年代後半と比較して 90 年代に明ら
かに増加したのはウルグアイのみで，一方，チリ，ハンガリー，マレーシア，
メキシコ，オマーンの 5 カ国では明確な減少傾向を確認できる（表 1-10 参
照）．資本支出に関しても，チリで 90 年代を通して増加傾向が見られ，96 年，
97 年は 80 年代後半よりやや高い水準に，またマレーシアで 90 年代に 80 年
代後半より高い水準が維持されているが，他には特に増加傾向が見られる国
はない（表 1-11 参照）．

Datta-Mitra［1997］では，財政収支の改善に関しては歳入増加との関連が，
悪化では歳出増加との関連が指摘されていたが，1990 年代の高位中所得国
では，税収の削減・抑制の下で，歳出，特に経常支出を削減・抑制して財政
収支の均衡を維持・改善するという形が一般的であったと言える．86 年に
9.0% の赤字であったマレーシア，87 年に 14.2% の赤字を記録したメキシコ
の財政収支の改善も，マレーシアは経常支出の，メキシコは経常支出，資本
支出両方の削減によるところが大きい．また，財政収支の実績が良好とは言
えなかったモーリシャスとオマーンも，歳出が膨らんで財政赤字を抱えた訳
ではなく，95 年以降の税収，歳出の水準は 80 年代後半より低くなっている．
高位中所得国では全般的に，政府の規模が縮小・抑制されたと見ることがで
きる[32]．

---

32)　地方を含めた政府全体の動向については分析できていないが，世銀が推奨した途上
　　国における地方分権化改革は，政府全体の効率化を最も重要な目的とし，その規模の
　　縮小に資する改革と位置づけられていたと見ることができる（詳しくは船津［2001:
　　2001b］を参照）．

(2) 民間資本フローが100億ドルを超える低所得・低位中所得国

　低所得国，低位中所得国で民間資本フローの合計額が100億ドルを超えた11カ国のうち，本章の分析対象は，低所得国ではインド，インドネシア，低位中所得諸国では，コロンビア，ペルー，南アフリカ，タイ，トルコの7カ国である（以下，「7カ国」と記す）．前項で見た高位中所得国との違いでまず注目されるのは，財政収支の状況の悪い国が目立つことである（表1-12参照）．1997年に3%を超える赤字を記録した国が4カ国と半分を超えている．

　次に1カ国ずつ，その財政構造を見ていきたい（表1-12〜19参照）[33]．

　インドの財政収支は，1991年以降，90年までよりは改善はしたが，それでも5%前後の赤字を抱えている．そうした中，税収は93年以降，10%を切る水準に低下している．各税の動向では，貿易に対する税，財・サービスに対する税がともに減少し，所得等に対する税のみが増加傾向を示した．また，歳出では，経常支出は89年をピークに減少し，資本支出は90年代には2%を切る水準にまで低下した．

　インドネシアの1990年代の財政収支は黒字基調だが，これは歳出削減によるものと言える．税収に関して86年以降，大きな変化がない中で，91年から96年までの経常支出は90年までより明らかに低下し，資本支出は86年の11.0%から97年の5.5%まで，さらに大きく減少している．

　コロンビアは1996年，97年と3.7%の財政収支赤字を記録したが，その原因は特に歳出にあると見られ，中でも資本支出は94年以降，一貫して増加している．各税の動向では，貿易に対する税は減少したが，財・サービスに対する税，所得等に対する税はともに90年代には80年代後半より高い水準で推移した．

---

33)　なお，インドネシアとタイは1997年にはアジア通貨危機の影響が顕在化していた．ちなみにIMF主催のタイ支援国会合で支援への合意がなされたのが97年8月11日，インドネシアの外貨準備支援のためにIMFが支援を発表したのが97年10月31日である（下村・稲田編［2001]).

第1章　途上国財政の全体像　　69

表1-4　高位中所得国：財政収支（GDP比）の動向

（単位：%）

	1985	1986	1987	1988	1989	1990	1991	1992	1993	1994	1995	1996	1997
アルゼンチン	-5.5	-2.0	-2.9	-1.9	-0.4	-0.4	0.0	0.6	0.7	-0.2	-1.2	-2.2	-1.5
チ リ	-2.3	-0.9	1.9	1.0	1.5	0.8	1.5	2.3	2.0	1.7	2.6	2.3	2.0
コスタリカ	-1.2	-4.5	-2.9	0.0	-2.1	-3.1	-1.0	0.7	-0.2	-4.5	-2.2	-2.8	-1.9
ハンガリー	-1.0	-2.8	-3.3	-0.2	-1.9	0.8	-3.7	-6.6	-5.7	-6.7	0.6	-2.6	-2.3
マレーシア	-2.5	-9.0	-6.5	-2.1	-2.1	-2.0	-1.0	-0.4	1.2	4.3	2.2	2.0	2.9
モーリシャス	-3.7	-1.9	0.2	0.3	-1.5	-0.4	0.0	-0.8	0.0	-0.3	-1.2	-4.2	-4.1
メキシコ	-7.5	-13.0	-14.2	-8.9	-4.6	-2.5	2.9	4.2	0.5	0.0	-0.5	-0.2	-1.1
オマーン	-10.5	-25.0	-4.9	-11.8	-9.0	-0.8	-7.3	-13.4	-11.9	-11.2	-10.1	-4.4	-0.5
ウルグアイ	-2.4	-0.7	-0.9	-1.5	-2.8	0.8	0.9	0.6	-0.5	-2.6	-1.2	-1.5	-1.2
ベネズエラ	5.1	-2.0	-4.5	-4.8	-0.1	0.0	2.0	-3.1	-2.3	-5.6	-3.6	1.6	2.2

出所：*World Development Indicators 2004* より作成.
注：Overall budget balance,including grants（% of GDP）の数値を用いている. 表1-12 も同じ.

表1-5　高位中所得国：税収（GDP比）の動向

（単位：%）

	1985	1986	1987	1988	1989	1990	1991	1992	1993	1994	1995	1996	1997
アルゼンチン	14.1	13.8	12.7	8.5	8.8	9.4	10.0	11.4	13.6	13.6	12.9	12.1	12.4
チ リ	21.5	21.2	19.9	17.0	16.9	16.3	18.2	18.9	19.6	19.0	18.4	19.8	19.4
コスタリカ	18.8	18.7	21.4	21.5	20.9	19.7	15.9	17.1	17.6	17.4	17.3	18.0	18.3
ハンガリー	44.1	49.2	48.5	48.4	45.8	44.7	41.5	40.9	41.3	39.8	37.5	35.6	34.4
マレーシア	22.5	21.6	16.7	17.2	17.1	19.1	20.3	20.4	19.7	20.4	19.9	19.7	18.9
モーリシャス	20.2	20.2	20.5	21.7	22.4	22.2	22.5	21.6	20.6	20.2	18.2	17.2	18.0
メキシコ	14.6	14.0	15.2	13.1	13.9	13.7	13.5	13.7	13.5	13.0	12.8	12.7	13.0
オマーン	12.0	7.9	9.7	8.0	9.7	10.4	8.4	7.7	6.9	8.1	8.5	7.5	8.8
ウルグアイ	21.8	23.5	22.2	21.2	20.8	22.6	24.4	25.3	28.3	27.9	25.5	25.8	27.0
ベネズエラ	23.2	18.2	13.8	15.5	14.1	18.4	18.5	14.1	13.8	14.6	13.2	13.8	17.3

出所：*World Development Indicators 2004* より作成.

表1-6　高位中所得国：貿易に対する税（GDP比）の動向

（単位：%）

	1985	1986	1987	1988	1989	1990	1991	1992	1993	1994	1995	1996	1997
アルゼンチン	2.3	1.8	1.4	1.1	2.5	1.5	0.9	1.0	1.2	1.1	0.7	0.9	1.0
チ リ	3.1	2.4	2.6	1.9	2.2	2.4	2.3	2.2	2.3	2.0	2.1	2.2	2.0
コスタリカ	4.4	4.7	5.7	8.6	7.9	5.3	3.6	3.2	3.0	2.8	3.0	1.7	1.9
ハンガリー	3.1	3.5	3.4	3.0	2.8	3.1	2.5	3.4	3.6	3.4	4.4	3.6	1.9
マレーシア	5.8	4.7	4.1	4.2	4.5	4.7	4.7	4.2	3.6	3.6	3.0	2.9	2.9
モーリシャス	11.2	12.0	11.9	12.3	11.8	11.2	11.2	9.7	9.5	9.4	7.5	6.6	6.7
メキシコ	0.7	0.9	0.9	0.5	0.8	1.0	1.1	1.3	1.0	0.9	0.6	0.6	0.6
オマーン	1.2	1.3	0.9	1.0	0.9	0.8	1.0	1.1	1.0	1.0	1.0	0.8	0.7
ウルグアイ	2.8	3.4	2.8	2.4	2.0	2.3	2.1	1.9	1.5	1.2	1.0	1.0	1.1
ベネズエラ	3.7	5.2	2.2	2.4	1.5	1.6	1.9	2.0	1.9	1.6	1.5	1.4	1.6

出所：*World Development Indicators 2004* より作成.

表1-7　高位中所得国：財・サービスに対する税（GDP比）の動向

（単位：%）

	1985	1986	1987	1988	1989	1990	1991	1992	1993	1994	1995	1996	1997
アルゼンチン	5.8	5.7	4.9	2.1	1.5	2.1	2.8	3.5	5.1	5.0	5.1	5.1	5.5
チリ	11.2	11.7	11.0	9.4	8.7	9.0	9.7	10.3	10.6	10.4	10.1	10.8	10.8
コスタリカ	6.3	6.2	6.5	4.5	4.2	6.3	5.1	6.8	6.7	6.3	6.6	8.1	8.1
ハンガリー	16.6	16.5	16.7	22.0	17.4	16.6	12.6	12.9	13.2	12.7	12.0	11.8	12.2
マレーシア	4.8	4.8	4.3	4.5	4.9	5.3	5.5	5.6	5.8	6.1	6.3	6.3	6.1
モーリシャス	4.5	4.2	4.3	4.5	5.1	5.1	5.4	6.0	5.6	5.8	5.5	5.3	6.2
メキシコ	11.0	9.5	10.8	9.0	8.8	8.6	8.1	7.6	7.2	7.2	8.3	8.7	8.8
オマーン	0.3	0.4	0.3	0.3	0.3	0.3	0.3	0.3	0.3	0.3	0.4	0.3	0.4
ウルグアイ	10.2	10.8	9.8	9.8	9.6	8.6	9.0	9.6	8.9	8.7	8.9	9.1	11.8
ベネズエラ	1.3	2.0	1.6	1.4	0.8	0.8	0.8	1.4	2.2	3.8	5.4	5.4	7.1

出所：*World Development Indicators 2004* より作成.

表1-8　高位中所得国：所得等に対する税（GDP比）の動向 （単位：%）

	1985	1986	1987	1988	1989	1990	1991	1992	1993	1994	1995	1996	1997
アルゼンチン	0.8	0.9	1.2	0.4	0.5	0.2	0.2	0.4	1.2	1.6	1.4	1.7	1.9
チリ	3.2	3.1	2.6	2.8	2.8	2.6	4.1	4.2	4.2	4.1	3.9	4.3	4.1
コスタリカ	2.6	2.4	2.3	2.3	2.3	2.3	1.7	1.6	2.0	2.1	2.2	2.2	2.2
ハンガリー	6.8	9.0	9.5	8.6	9.7	9.5	11.0	7.7	8.2	8.0	7.2	7.5	6.9
マレーシア	11.2	11.4	7.6	7.7	6.9	8.1	9.2	9.5	9.1	8.9	9.1	8.9	8.4
モーリシャス	2.6	1.9	2.3	2.6	3.1	3.4	3.3	3.3	2.7	2.4	2.7	2.7	2.7
メキシコ	4.0	4.2	4.0	4.4	4.7	4.7	4.7	5.1	5.5	5.2	4.1	4.0	4.6
オマーン	10.3	5.9	8.2	6.4	8.2	9.1	6.8	6.1	5.3	6.5	6.6	5.8	7.1
ウルグアイ	1.8	2.0	1.8	1.9	1.6	1.6	1.5	1.8	2.2	2.1	2.6	3.7	3.5
ベネズエラ	16.8	9.6	10.2	11.1	12.1	15.1	14.9	9.7	8.9	7.4	6.2	7.5	9.2

出所：*World Development Indicators 2004* より作成.

表1-9　高位中所得国：歳出（GDP比）の動向 （単位：%）

	1985	1986	1987	1988	1989	1990	1991	1992	1993	1994	1995	1996	1997
アルゼンチン	17.7	16.0	15.2	10.8	9.4	10.6	11.4	12.0	14.6	15.2	15.8	15.4	15.3
チリ	30.4	28.3	24.9	23.2	21.4	20.4	21.0	20.8	21.4	20.9	19.9	21.2	21.2
コスタリカ	21.8	26.4	27.2	24.5	26.1	25.6	19.5	18.8	20.4	24.1	22.4	23.3	22.4
ハンガリー	53.2	58.5	57.1	55.0	55.6	52.1	53.9	56.1	56.9	55.8	51.2	46.0	46.0
マレーシア	28.5	33.4	29.2	27.5	28.2	29.3	28.0	28.5	24.9	23.3	22.0	21.6	19.7
モーリシャス	27.1	24.3	23.1	23.9	23.9	24.3	23.6	24.4	22.5	23.2	23.3	23.4	24.2
メキシコ	23.5	27.6	30.2	24.7	20.3	17.9	14.9	14.4	14.7	15.0	15.9	15.4	16.3
オマーン	50.1	56.7	44.3	46.6	44.1	39.5	40.2	43.7	43.6	44.0	42.4	32.0	30.3
ウルグアイ	24.7	25.0	24.5	24.0	24.6	23.3	24.5	26.1	30.6	32.6	28.9	29.3	30.4
ベネズエラ	20.4	21.5	20.0	21.7	17.5	20.7	20.0	20.0	18.6	19.2	18.6	16.9	20.5

出所：*World Development Indicators 2004* より作成.

第 1 章　途上国財政の全体像　　71

表 1-10　高位中所得国：経常支出（GDP 比）の動向
（単位：%）

	1985	1986	1987	1988	1989	1990	1991	1992	1993	1994	1995	1996	1997
アルゼンチン	16.2	14.7	14.0	9.7	8.9	10.1	11.1	11.7	13.6	14.3	14.6	14.1	14.1
チ リ	27.4	25.2	22.2	20.0	18.6	18.1	18.5	17.9	18.2	17.6	16.7	17.6	17.7
コスタリカ	18.7	21.8	23.7	21.2	21.9	22.7	17.6	16.7	18.1	21.4	20.5	21.1	20.1
ハンガリー	47.6	54.4	53.1	51.3	51.9	50.2	49.4	50.7	49.4	49.7	46.5	41.5	41.0
マレーシア	25.7	29.3	25.6	24.2	23.3	22.6	23.3	22.9	19.9	19.0	17.3	17.6	15.2
モーリシャス	23.2	21.0	18.7	19.7	20.1	20.2	19.5	19.6	18.2	18.8	19.3	19.6	20.3
メキシコ	20.0	24.6	26.9	22.5	18.1	15.5	12.7	12.3	12.3	12.7	13.9	13.5	14.3
オマーン	37.4	43.5	36.4	39.4	38.4	35.3	34.1	35.9	36.0	37.1	36.0	28.1	26.6
ウルグアイ	23.2	23.8	22.8	22.1	22.6	21.6	23.1	24.7	28.6	30.2	27.0	27.7	28.9
ベネズエラ	17.0	16.3	16.6	16.9	16.3	17.4	16.8	16.7	15.5	16.1	15.7	14.6	17.1

出所：*World Development Indicators 2004* より作成.

表 1-11　高位中所得国：資本支出（GDP 比）の動向
（単位：%）

	1985	1986	1987	1988	1989	1990	1991	1992	1993	1994	1995	1996	1997
アルゼンチン	1.5	1.3	1.2	1.1	0.5	0.5	0.3	0.4	1.0	1.0	1.2	1.3	1.2
チ リ	3.0	3.2	2.7	3.2	2.8	2.3	2.5	2.9	3.2	3.3	3.1	3.6	3.5
コスタリカ	3.5	5.0	3.5	3.3	4.2	2.9	1.9	2.1	2.4	2.7	1.9	2.2	2.3
ハンガリー	5.6	4.1	4.0	3.7	3.7	1.9	4.6	5.4	7.5	6.1	4.7	4.6	5.0
マレーシア	3.0	3.7	3.9	3.7	5.2	7.1	4.6	5.8	5.0	4.7	5.0	4.1	4.5
モーリシャス	3.9	3.3	4.4	4.2	3.8	4.1	4.1	4.8	4.4	4.4	3.9	3.8	3.9
メキシコ	3.7	3.4	3.4	2.2	2.4	2.5	2.3	2.1	2.2	2.5	1.9	1.9	1.9
オマーン	12.7	13.2	7.9	7.2	5.8	4.2	6.1	7.8	7.6	6.9	6.4	3.9	3.8
ウルグアイ	1.5	1.2	1.6	1.9	2.0	1.7	1.4	1.4	2.1	2.4	1.9	1.6	1.5
ベネズエラ	3.5	5.4	3.4	4.8	1.1	3.3	3.2	3.2	3.1	3.1	2.9	2.3	3.4

出所：*WorldDevelopmentIndicators2004*より作成.

表 1-12　「7 カ国」：財政収支（GDP 比）の動向
（単位：%）

	1985	1986	1987	1988	1989	1990	1991	1992	1993	1994	1995	1996	1997
イ ン ド	-8.0	-8.7	-7.9	-7.6	7.4	-7.8	-5.5	-5.3	-7.0	-5.6	-5.0	-4.9	-4.9
インドネシア	-1.0	-3.5	-0.8	-2.9	-1.9	0.4	0.4	-0.4	0.6	0.9	2.2	1.2	-0.7
コロンビア	-2.7	-0.9	-0.7	-1.3	-1.9	3.9	2.6	-1.9	-0.5	-1.4	-2.3	-3.7	-3.7
ペルー	-2.4	-4.1	-6.3	-5.0	-7.2	-8.1	-2.2	-3.7	-3.0	2.2	-1.1	2.8	0.6
南アフリカ	-3.9	-5.3	-6.9	-5.2	-0.2	-4.1	-4.1	-8.7	-9.1	-5.6	-5.3	-5.1	-3.4
タ イ	-5.2	-4.2	-2.2	0.7	2.9	4.6	4.7	2.8	2.1	1.9	2.9	2.3	-2.1
ト ル コ	-5.8	-2.5	-3.1	-3.0	-3.3	-3.0	-5.3	-4.3	-6.7	-3.9	-4.1	-8.4	-8.5

出所：*World Development Indicators 2004* より作成.
注：「7 カ国」とは，必要なデータが入手でき，本章の分析対象とした低所得国，低位中所得国のうち，表 1-1,
　　表 1-2 で民間資本フローの合計額が 100 億ドルを超えた諸国を指す．以下の表も同じ.

72

表 1-13 「7カ国」：税収（GDP比）の動向

(単位：%)

	1985	1986	1987	1988	1989	1990	1991	1992	1993	1994	1995	1996	1997
インド	10.3	10.7	10.6	10.5	10.6	10.1	10.3	10.0	8.7	9.1	9.4	9.4	9.1
インドネシア	18.3	14.6	15.1	14.3	14.9	17.8	15.6	15.8	14.4	16.3	16.0	14.7	16.5
コロンビア	10.3	10.9	11.4	11.7	11.7	10.2	12.0	12.2	12.8	10.0	9.7	10.1	10.8
ペルー	13.1	11.3	8.6	12.1	8.7	11.7	12.9	13.9	13.9	14.5	14.9	15.3	15.4
南アフリカ	23.7	23.0	22.9	24.0	26.6	24.3	24.1	21.7	22.9	22.6	23.6	24.4	24.7
タイ	13.7	13.6	13.7	14.8	15.6	17.1	17.7	15.9	16.2	16.7	16.9	17.2	16.4
トルコ	11.3	11.7	12.1	11.0	11.2	11.6	12.5	13.0	13.3	15.2	14.0	15.2	19.1

出所：*World Development Indicators 2004* より作成.

表 1-14 「7カ国」：貿易に対する税（GDP比）の動向

(単位：%)

	1985	1986	1987	1988	1989	1990	1991	1992	1993	1994	1995	1996	1997
インド	3.4	3.8	3.9	3.7	3.7	3.6	3.4	3.2	2.6	2.6	3.0	3.1	2.6
インドネシア	0.7	1.0	1.6	0.9	1.0	1.2	0.9	0.9	0.9	1.1	0.7	0.5	0.5
コロンビア	2.0	2.4	2.5	2.5	2.3	2.5	1.8	1.2	1.2	1.1	1.0	0.9	1.0
ペルー	3.3	2.6	2.0	1.9	1.7	2.1	1.3	1.4	1.7	1.7	1.7	1.7	1.5
南アフリカ	0.8	0.9	0.9	1.5	2.5	1.0	1.0	0.6	0.9	0.4	1.0	1.0	0.7
タイ	3.2	2.8	3.0	3.7	3.8	4.1	3.7	2.9	3.3	3.2	3.1	2.8	2.2
トルコ	1.0	0.9	1.0	0.9	0.9	0.8	0.7	0.7	0.8	0.6	0.7	0.4	0.5

出所：*World Development Indicators 2004* より作成.

表 1-15 「7カ国」：財・サービスに対する税（GDP比）の動向

(単位：%)

	1985	1986	1987	1988	1989	1990	1991	1992	1993	1994	1995	1996	1997
インド	4.9	4.9	4.8	4.7	4.8	4.5	4.5	4.4	3.8	3.8	3.5	3.4	3.3
インドネシア	3.4	4.8	3.6	3.9	4.1	4.4	4.5	4.6	4.5	6.1	5.9	5.0	5.1
コロンビア	3.6	3.5	3.6	3.5	3.5	3.8	4.2	4.9	6.1	4.7	4.6	5.3	5.4
ペルー	8.2	5.9	4.8	6.6	4.9	6.3	7.4	7.7	7.4	8.3	8.4	8.3	8.7
南アフリカ	8.3	7.8	8.0	8.6	9.4	8.9	8.5	7.7	9.0	9.0	8.8	8.8	9.0
タイ	7.0	7.4	7.6	7.5	7.7	7.7	8.4	7.3	7.2	7.2	7.3	7.7	7.8
トルコ	3.8	4.3	4.6	4.3	4.0	4.4	4.9	5.4	5.8	7.0	7.1	8.5	9.4

出所：*World Development Indicators 2004* より作成.

表 1-16 「7カ国」：所得等に対する税（GDP比）の動向

(単位：%)

	1985	1986	1987	1988	1989	1990	1991	1992	1993	1994	1995	1996	1997
インド	2.0	1.9	1.9	2.1	2.0	1.9	2.3	2.3	2.3	2.6	2.8	2.8	2.5
インドネシア	13.9	8.4	9.4	9.0	9.3	11.6	9.8	9.7	8.4	8.6	8.2	8.5	10.3
コロンビア	2.6	2.7	3.5	3.4	3.5	3.7	5.8	6.0	5.5	4.2	4.0	3.8	4.4
ペルー	1.4	2.7	1.8	2.8	1.5	0.7	0.9	1.7	2.0	2.6	2.9	3.6	3.6
南アフリカ	13.7	13.2	12.7	12.8	13.5	13.4	13.6	12.4	11.9	12.1	12.5	13.4	13.9
タイ	3.2	3.1	2.7	3.2	3.5	4.5	4.9	4.8	5.0	5.5	5.8	6.0	5.8
トルコ	5.2	6.0	5.9	5.4	5.9	5.9	6.4	6.4	6.3	6.4	5.6	5.9	7.9

出所：*World Development Indicators 2004* より作成.

第 1 章　途上国財政の全体像　　73

表 1-17　「7 カ国」：歳出（GDP 比）の動向

（単位：%）

	1985	1986	1987	1988	1989	1990	1991	1992	1993	1994	1995	1996	1997
インド	15.5	16.6	16.9	16.5	16.8	16.3	16.1	15.9	15.9	15.2	14.8	14.7	15.1
インドネシア	21.4	24.2	20.9	19.2	18.1	18.4	16.5	18.5	16.7	16.2	14.7	14.6	18.0
コロンビア	14.1	13.6	13.7	13.7	14.3	11.6	11.5	15.2	14.4	12.6	13.4	15.3	16.1
ペルー	17.4	16.7	15.5	18.0	16.3	20.6	15.9	18.7	18.1	18.5	19.1	18.1	17.3
南アフリカ	29.1	30.6	30.4	30.6	29.8	30.1	29.5	32.6	34.1	29.8	30.6	31.5	30.1
タイ	20.5	19.5	17.5	15.1	14.3	14.1	14.5	15.0	15.9	16.3	15.8	16.4	20.2
トルコ	19.6	16.2	17.1	16.6	17.1	17.4	21.0	20.6	24.7	23.3	22.2	26.8	29.9

出所：*World Development Indicators 2004* より作成．

表 1-18　「7 カ国」：経常支出（GDP 比）の動向

（単位：%）

	1985	1986	1987	1988	1989	1990	1991	1992	1993	1994	1995	1996	1997
インド	13.3	14.3	14.6	14.4	14.8	14.4	14.3	14.2	14.1	13.4	13.2	13.2	13.7
インドネシア	11.8	13.2	10.8	9.7	9.8	10.4	8.6	8.7	8.5	8.3	7.9	8.7	12.5
コロンビア	11.5	11.3	11.0	11.2	11.9	9.0	9.3	10.7	11.8	9.4	10.0	11.4	11.9
ペルー	14.7	13.7	13.1	15.8	13.3	18.9	14.1	15.9	15.0	15.1	15.8	15.2	14.6
南アフリカ	26.0	27.5	28.0	28.4	27.3	27.0	27.6	29.3	30.6	27.8	28.8	30.1	28.9
タイ	16.6	16.0	14.6	12.8	12.3	11.5	11.4	11.2	11.2	11.0	10.3	10.5	11.2
トルコ	16.0	13.3	14.0	13.9	14.5	15.1	17.6	18.2	21.8	21.3	20.3	24.7	26.5

出所：*World Development Indicators 2004* より作成．

表 1-19　「7 カ国」：資本支出（GDP 比）の動向

（単位：%）

	1985	1986	1987	1988	1989	1990	1991	1992	1993	1994	1995	1996	1997
インド	2.2	2.4	2.3	2.0	2.0	1.8	1.8	1.7	1.8	1.8	1.7	1.5	1.5
インドネシア	9.6	11.0	10.1	9.5	8.3	8.0	7.9	9.5	7.8	7.9	6.8	6.0	5.5
コロンビア	2.6	2.3	2.7	2.5	2.4	2.6	2.2	4.5	2.5	3.2	3.3	3.8	4.2
ペルー	2.7	3.1	2.4	2.2	2.9	1.7	1.9	2.8	3.1	3.4	3.3	2.9	2.8
南アフリカ	3.1	3.0	2.3	2.2	2.6	3.1	2.0	3.3	3.5	2.0	1.7	1.4	1.2
タイ	3.9	3.5	2.9	2.3	2.1	2.6	3.1	3.9	4.8	5.3	5.4	5.9	9.0
トルコ	3.6	3.0	3.1	2.7	2.6	2.3	3.4	2.5	2.9	2.0	1.9	2.2	3.4

出所：*World Development Indicators 2004* より作成．

　ペルーは 1991 年に財政不均衡が大きく改善したが，その背景には税収が 90 年から順調に増加していることがある．各税の動向では，貿易に対する税が減少する一方で，財・サービスに対する税，所得等に対する税がともに 80 年代後半より増加している．

　南アフリカの財政収支は 1994 年から改善に向かっているが，それでも 97 年の赤字は 3.4% に達している．94 年からの改善には，所得等に対する税の

増加と資本支出の減少が寄与していると見られる.

タイの財政収支は 1988 年から 96 年まで黒字で推移している. 90 年代の税収は 80 年代後半より高い水準で推移し, その構成では貿易に対する税が減少する一方で, 所得等に対する税が増加している. 歳出は 85 年の 20.5% から減少し, 88 年から 96 年までは 14〜16% 台で安定的に推移しているが, これは資本支出が 90 年以降, 一貫して増加する中で, 85 年には 16.6% であった経常支出が 90 年以降, 12% を切る水準にまで低下したことによる.

トルコの財政収支は 1985 年以降, 86 年を除き, 3% 以上の赤字で推移し, 特に 96 年, 97 年には 8% 台の赤字を記録している. 税収は 90 年代に大きく伸びており, その最も大きな要因は財・サービスに対する税の増加である. 歳出も大きく伸びているが, これは経常支出の増加による.

以上, 「7 カ国」の動向を整理すると, 前述した南アフリカを除く 6 カ国で貿易に対する税を大きく引き下げたと見られること以外に共通する傾向は見出し難い. 財政収支に影響した要素も様々で, 良好な実績と言える 3 カ国ではインドネシアは経常支出, 資本支出両方の削減, ペルーは税収の増加, タイでは税収の増加と経常支出の削減の両方が寄与していると見られ, 90 年代後半の悪化傾向が著しいコロンビア, トルコの 2 カ国では, 前者では資本支出, 後者では経常支出の増加によるところが大きいと見られる.

高位中所得国との違いとしては, 経常支出の明確な減少傾向を確認できる国が少なく, 1996 年までのインドネシアとタイのみであることが挙げられる. これは経常支出の水準が大きく影響していると考えられる. 経常支出の減少が明らかであった高位中所得諸国 5 カ国は全て 85 年の経常支出の GDP 比が 20% 以上であるが, 「7 カ国」で 20% 以上の国は南アフリカのみである.

また, 財・サービスに対する税に関しては, インドネシア, コロンビア, ペルー, トルコで 1980 年代後半の水準より 90 年代後半の水準の方が明らかに高くなっており, 一方で低下が明らかなのはインドのみである. 10 カ国中 4 カ国で明らかな増加傾向が確認された高位中所得諸国より高い割合を示している.

第1章　途上国財政の全体像　　　75

「7カ国」においては，歳出，中でも経常支出の水準が高位中所得国より全体的に低く，その削減の余地も相対的に小さかった一方で，税収の確保・拡充の重要性は高かったと見られ，経常支出の明確な減少が2カ国でしか確認されなかった反面，税制においては，貿易に対する税を引き下げるだけでなく，財・サービスに対する税を引き上げる「モデル改革」の方針に沿った改革が，高位中所得国より広く実行されたと見られる．

5.　外向きの貿易戦略と経常収支の動向

前述したように，「モデル改革」では，外向きの貿易戦略による経常収支赤字の縮小が目指されていた．一方で，民間外資の大規模な導入に成功し，資本収支が黒字となれば，経常収支が赤字となること自体は不自然なことではない．外向きの貿易戦略では，輸出入をともに増加させつつ，経常収支の赤字が膨らみすぎないよう，一定水準以下に抑制することが目指されていたと考えられる．そこで，まず，「7カ国」と高位中所得国の経常収支の動向を確認したい．

経常収支の高水準の赤字が継続的に見られた国を，GDPの5%前後の赤字が1993年から97年の5年間で3年以上見られたかを基準に表1-20から確認してみると[34]，「7カ国」ではコロンビア，ペルー，タイ，高位中所得国ではマレーシア，オマーンが該当する．

次に，これら5カ国の財貨・サービスの対外収支[35]のGDP比を見てみる

---

34)　財貨・サービスの輸入と貿易に対する税のGDP比から見て，南アフリカを除く「7カ国」と高位中所得国において1985年以降で最初に貿易に対する税が大きく引き下げられたと見られる時期は，ハンガリーを除いて1988年から92年と見られるため，93年以降の5年間に着目する．なお，ハンガリーは輸入のGDP比が95年の44.3%から96年48.0%，97年54.1%と増加する一方で，貿易に対する税は表1-6にあるように96年，97年に大きく低下している．

35)　財貨・サービスの輸出から財貨・サービスの輸入を差し引いたもの．World Bank［2004］では，貿易収支，サービス収支，所得収支，経常移転収支を直接確認できないため，このデータ項目（External balance on goods and services）を用いる．

76

表 1-20　「7 カ国」・高位中所得国：経常収支（GDP 比）の動向　(単位：%)

	1985	1986	1987	1988	1989	1990	1991	1992	1993	1994	1995	1996	1997
インド	-1.8	-1.9	-1.9	-2.5	-2.3	-2.2	-1.6	-1.8	-0.7	-0.5	-1.6	-1.5	-0.7
インドネシア	-2.2	-4.9	-2.8	-1.6	-1.1	-2.6	-3.3	-2.0	-1.3	-1.6	-3.2	-3.4	-2.3
コロンビア	-5.2	1.1	0.9	-0.6	-0.5	1.3	5.7	1.8	-3.8	-4.5	-4.9	-4.8	-5.4
ペルー	0.5	-7.8	-8.6	-14.7	-2.8	-5.4	-4.4	-5.2	-7.0	-6.2	-8.7	-6.5	-5.8
南アフリカ	4.0	4.3	3.9	1.6	1.4	1.9	1.9	1.5	1.2	0.1	-1.5	-1.3	-1.5
タイ	-4.0	0.6	-0.7	-2.7	-3.5	-8.5	-7.7	-5.7	-5.1	-5.6	-8.1	-8.1	-2.0
トルコ	-1.5	-1.9	-0.9	1.8	0.9	-1.7	0.2	-0.6	-3.6	2.0	-1.4	-1.3	-1.4
アルゼンチン	-1.1	-2.7	-3.9	-1.2	-1.7	3.2	-0.3	-2.5	-3.4	-4.3	-2.0	-2.5	-4.2
チリ	-8.6	-6.7	-3.6	-1.0	-2.5	-1.6	-0.3	-2.3	-5.7	-3.1	-2.1	-4.5	-4.9
コスタリカ	-3.2	-1.8	-5.7	-3.9	-7.9	-7.4	-1.0	-4.3	-6.4	-2.2	-3.1	-2.2	-3.7
ハンガリー	-2.2	-5.7	-2.6	-2.0	-2.0	1.1	1.2	0.9	-11.0	-9.8	-3.6	-2.5	-1.5
マレーシア	-1.9	-0.4	8.0	5.3	0.8	-2.0	-8.5	-3.7	-4.5	-6.1	-9.7	-4.4	-5.9
モーリシャス	-2.9	7.3	3.8	-2.7	-4.8	-5.0	-0.6	0.0	-2.8	-6.9	-0.6	0.8	-2.0
メキシコ	0.4	-1.1	3.0	-1.3	-2.6	-2.8	-4.7	-6.7	-5.8	-7.0	-0.6	-0.8	-1.9
オマーン	-0.1	-14.2	10.0	-4.1	3.6	10.5	-2.5	-5.3	-10.7	-7.1	-6.6	2.2	-0.5
ウルグアイ	-2.1	0.7	-1.9	0.3	1.5	2.0	0.4	-0.1	-1.6	-2.5	-1.1	-1.1	-1.3
ベネズエラ	5.4	-3.7	-2.9	-9.6	5.0	17.0	3.2	-6.2	-3.3	4.4	2.6	12.6	4.2

出所：*World Development Indicators 2004* より作成.

表 1-21　　財貨・サービスの対外収支（GDP 比）の動向　(単位：%)

	1985	1986	1987	1988	1989	1990	1991	1992	1993	1994	1995	1996	1997
コロンビア	1.3	6.8	4.0	2.4	4.2	5.7	7.4	2.0	-2.3	-5.9	-6.4	-5.6	-5.9
ペルー	6.5	-1.4	-1.7	-3.8	0.1	1.9	-2.3	-3.0	-3.9	-3.4	-5.7	-5.0	-4.4
タイ	-2.7	2.0	0.6	-1.4	-2.6	-7.5	-6.5	-4.0	-4.2	-4.8	-6.7	-6.3	1.4
マレーシア	5.0	6.0	13.9	10.2	6.1	2.1	-3.7	1.4	-0.1	-1.6	-3.9	1.4	0.9
オマーン	12.6	-1.7	19.8	9.5	..	22.1	9.6	10.5	5.9	9.7	9.7	14.0	11.5

出所：*World Development Indicators 2004* より作成.
注：財貨・サービスの対外収支（External balance on goods and services）とは財貨・サービスの輸出か
　ら財貨・サービスの輸入を差し引いたもの.

と（表 1-21 参照），高位中所得国のマレーシアは 1990 年代に入って大きく
黒字が減ったものの，それでもほぼ均衡しており，オマーンはほとんどの年
で黒字である．一方で「7 カ国」のコロンビア，ペルー，タイは，94 年か
95 年から 3 年以上連続で 5% 前後の赤字を記録している．これら 3 カ国の，
前掲図 1-2 の縦軸に表された財貨・サービスの輸入の GDP 比（%）の 1995-
97 年の平均から 85-87 年の平均を差し引いた数値は，コロンビアが 8.4 ポイ
ント，ペルーが 3.5 ポイント，タイが 21.0 ポイントであるが，同じ方法で算

出した財貨・サービスの輸出の数値は，コロンビアが -1.7 ポイント，ペルーが -2.7 ポイント，タイが 17.1 ポイントとなる．明らかに輸入の増加に見合う輸出の伸びを達成できていない．

つまり，高位中所得国 10 カ国のうち，経常収支の高水準の赤字が継続的に見られたのはマレーシアとオマーンのみで，その高水準の赤字の原因も貿易面での不均衡の拡大とは考えられない．一方で，低所得・低位中所得国から成る「7 カ国」の中で外向きの貿易戦略に沿った税制改革を行ったと見られる南アフリカを除く 6 カ国のうち，経常収支の高水準の赤字が継続的に確認された国は 3 カ国に及び，その原因は輸入の増大の一方で，それに見合う輸出の伸びを実現できなかったことにあると見られる．

まとめ

途上国では，1990 年代に資本面，貿易面ともに国際経済とのつながり，グローバル化が急速に深化したが，その背景には，83 年度に世銀において構造調整政策の促進と民間外資の導入を目指した政策が重視されるようになり，89 年前後から構造調整政策と連携した形で外資を含む民間投資の促進を重要な目的とし，さらに外向きの貿易戦略を指向する経済政策全般にわたる改革が途上国に強く求められるようになったことがあると考えられる．そして，この改革の中で，財政改革は非常に重要な部分を占めていた．なお，90 年代の途上国への民間資本フローの急増は，例外的とも言える少数の国に極めて大規模な民間資本の流入が生じるという構造であり，その少数の国の中には低所得国，低位中所得国も含まれていた．

そして，1980 年代末以降に生じた変化に着目しつつ 85 年から 97 年にかけての途上国の財政の動向を分析した結果，途上国財政の歳入・歳出構造は 80 年代末以降，大きく変化し，しかもその変化の内容は高位中所得国と低所得・低位中所得国の間で大きく異なることが明らかとなった．明らかになったこととして，具体的には，以下の点が挙げられる．

第1に，高位中所得国の多くは，民間資本の大規模な導入に成功したかどうかにかかわらず，外向きの貿易戦略に沿った税制改革を行ったと見られる．その一方で，低所得・低位中所得国では，貿易に対する税を大きく引き下げたと見られ，かつ輸入が増加した国は限定的であったが，そうした国の多くは1990年から97年の民間資本フローの合計額が100億ドルを超えた諸国であった．つまり，民間資本の大規模な流入に成功した低所得・低位中所得国の多くは，外向きの貿易戦略に沿った税制改革を行い，貿易面でもグローバル化を進めていったと見られる．

第2に，財政収支に関して，高位中所得国では，大きな不均衡を抱えている国は少数であったが，低所得・低位中所得国から成る「7カ国」では，1997年に3%を超える赤字を記録した国が4カ国と半分を超えていた．

第3に，高位中所得国では，全般的に，政府の規模が抑制あるいは縮小されたと言え，税収の削減・抑制の下で，歳出，特に経常支出を削減・抑制して財政収支を維持・改善する財政運営が一般的であったと見られる．

第4に，「7カ国」では，高位中所得国と比較して，経常支出の明確な減少傾向を確認できる国が少ない一方で，財・サービスに対する税が増加した国の割合が高い．「7カ国」においては，経常支出の水準が高位中所得国より全体的に低く，その削減の余地が相対的に小さかった一方で，税収の確保・拡充の重要性は高く，貿易に対する税を引き下げるだけでなく，財・サービスに対する税を引き上げる「モデル改革」の方向に沿った税制改革が高位中所得国よりも広く実行されたと見られる．

第5に，高位中所得国と「7カ国」の経常収支の動向を確認すると，1990年代中盤以降に経常収支の高水準の赤字が継続的に見られたのは高位中所得国ではマレーシアとオマーンのみで，その高水準の赤字の原因も貿易面での不均衡の拡大にあるとは考えられない一方で，「7カ国」では，高水準の赤字が継続的に見られた国が3カ国に及び，その原因は輸入の増大の一方で，それに見合う輸出の伸びを実現できなかったことにあると見られる．

これらの中でも特に注目すべき点は，低所得・低位中所得国においては民

間資本の大規模な流入に成功し，加えて貿易に対する税を大きく引き下げる税制改革を行ったと見られ，かつ輸入が増加した，すなわち資本・貿易両面での経済開放が大きく進展した諸国は限定的であり，南アフリカを除いてその限定的な諸国に当たる「7カ国」では，「モデル改革」が目指した財政収支と経常収支の不均衡の是正に関して，高位中所得国よりも大きく実績が劣ることであろう．市場メカニズムを機能させれば，対内・対外不均衡は是正されるという前提に立つと見られる「モデル改革」は，所得水準が低く，経済的な基盤が弱い諸国では，期待された成果が上げられないどころか，かえって不均衡を拡大させる恐れがあることを示唆する結果と言える．なお，Keen & Simone［2004］は1990年代に途上国において様々な租税インセンティブが導入されたことを指摘しているが，租税インセンティブの導入により，外資の導入に成功しても，税収を増加させる効果が限定的な租税構造となったことが財政収支に悪影響を与えている可能性もある．

　また，アジア通貨危機でIMFの支援を受けざるを得ない状況に陥ったインドネシアとタイは，少なくとも中・長期的な財政改革に関して，「モデル改革」の視点からは非常に望ましい動きを示した国と見られる．その財政改革が民間資本フローの急増や対外的脆弱性にどの程度影響したかは明らかではないが，1980年代末以降に資本，貿易の両面で急速にグローバル化が進展した両国の推移は，途上国における急速な経済開放が，当該国政府の政策的な努力による解決が極めて困難な，国際経済の変動に対する脆弱性を生み出す可能性があることを示唆するものと言えよう．

第2章
途上国のインフラ整備——民活と世界銀行グループ

はじめに

途上国での公私の役割分担における最も大きな変化の1つとして，民活によるインフラ整備を挙げることが出来る[1]．*World Development Indicators 2004* では，エネルギー分野のインフラだけでも 1990 年から 2002 年までに低所得国全 64 カ国中 31 カ国，低位中所得国 54 カ国中 32 カ国，高位中所得国 34 カ国中 23 カ国で民間投資が確認される．また，ピークであった 1997 年には途上国全体での民間投資額[2] は，エネルギーで約 461 億ドル，運輸で約 202 億ドル，水・衛生で約 84 億ドルに達している（図 2-1 参照）．

しかし，こうした途上国におけるインフラへの民間投資の進展には，大きな疑問が浮かぶ．投資家の側から見て，経済・社会・政治の安定が長期にわたって予想される例外的な諸国を除けば，政府と企業間の通常のビジネスとしての途上国でのインフラ投資は魅力的ではないと考えられるからである．民活インフラには，主として公的インフラ部門の民営化と，BOT に代表されるコンセッション方式とがあるが[3]，どちらの方式であっても，途上国は一般的に戦争や内乱，経済の破綻といったリスクが先進国より格段に高い．

---

1) 民活インフラが推進された理由と背景に関しては，船津［2002］を参照．
2) フィナンシャル・クローズに達したインフラ・プロジェクトへの民間投資額．
3) NGO による参加型インフラ整備も民活インフラと見なし得るが，本章では取り上げない．これに関しては，船津［2002］を参照．

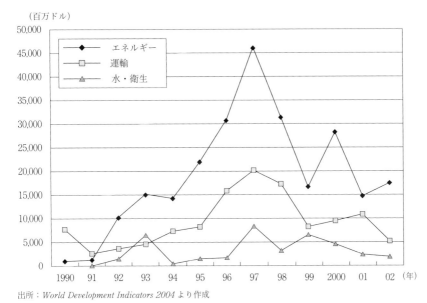

図 2-1　途上国における民間インフラ投資の動向（分野別）

また，コンセッション方式においては，多くの場合，収入は現地通貨，借入金の返済や出資者への配当は外貨であるため，為替レート・リスク，通貨交換リスクが存在する．こうしたリスクに対して途上国政府が何らかの保証を約束したとしても，政権交代等を受けて，約束が実行されない可能性もある．途上国側は，政府や利用者が財政支援や高料金等で大きな負担を負っての民活インフラ整備であれば，一般的に魅力を感じないであろう[4]．

それではなぜ，途上国で多額の民間投資が実現したのであろうか．本章では，この点を検討するために世界銀行（以下，世銀と略すことがある）グループに注目する．理由の第 1 は，世銀が IMF と並び，途上国に最も強い影響

---

4)　高成長経済での生産関連インフラならば，受入側は負担が大きくても民活インフラを歓迎する場合はあり得るであろう．特にアジア通貨危機までの高成長のアジア諸国では，そういった場合もあったと考えられる（海外経済協力基金開発援助研究所[1997]参照）．ただし，この場合も投資家側のリスクは変わらないと考えられる．

力を持つ国際機関だからである．資金提供者としてだけではなく，民間資本の投資先の判断に極めて大きな影響を与える経済政策の評価者としても絶大な力を持っている．第2に，世銀は民活インフラの最大の推進論者と言えるからである（第3章注54参照）．ここで，世銀を含む民活インフラに関する先行研究について整理しておきたい．

世銀は前述のように最も重要な民活インフラ推進論者と言ってよい．理論的研究，個別の国やプロジェクトに関する実証研究等，数多くの研究が世銀を通じて出版・発表されている．特に『世界開発報告1994 開発とインフラストラクチュア』は，民活インフラ推進論の最も代表的な文献と言える．世銀の研究は民活インフラの必要性，有用性を強く主張しているものがほとんどと言える．

日本においても多くの研究がなされており，藤原淳一郎編『アジア・インフラストラクチャー』等，特にアジアに対する関心が高い．民活インフラの総合的な研究では，旧海外経済協力基金の『民活インフラ事業の現状と課題』が特に重要と言える．そこでは，民活インフラの全般的な動向と，中国，マレーシア等の事例調査を踏まえ，望ましい民活インフラのあり方について，民活インフラのメリットだけではなく，デメリットも視野に入れたバランスの取れた提言を行っている．ただし，これらの研究では，世銀等の国際金融機関に関しては，特に焦点を当ててはいない．世銀やアジア開発銀行等の民活インフラにおける役割を具体的に取り上げている研究としては，電力部門に関して，石黒・野村［2004］があり，世銀等の民活インフラにおける方針や役割を基本的に肯定的に評価している．

民活インフラ全般に関する世銀に対する批判的研究には，Bayliss［2001］等がある．同書では，民活インフラを含む途上国でのプライバタイゼーション政策について，世銀の重要な役割を指摘した上で，主にアフリカにおけるその実態から，その政策を批判している．また，NGOやジャーナリストも重要な指摘を行っている．世銀と民活インフラの関係に関しては，特定非営利活動法人「環境・持続社会」研究センターの『アジアの民活インフラと援

助：リスクを負うのは誰か？』が，世銀グループの制度的側面から世銀グループ機関の民活インフラにおける基本的役割について明らかにした上で，世銀グループの支援が民活インフラ投資を支えていること，世銀の保証システムが途上国の貧困削減というより先進国企業の新規市場開拓のために機能していること等を指摘している．これらの批判的研究では非常に重要な指摘がなされているが，途上国での民活インフラ全体における世銀グループの役割とその重要性を具体的に明らかにしているとは言えない．

　本章では，途上国における民活インフラ，具体的には電力，運輸，水・衛生関連の民活インフラにおける世銀グループの役割とその重要性を，歴史的推移を踏まえ，かつグループ内の役割分担や連携も視野に入れて検討し，その問題点を指摘したいと考える．

1.　民活推進政策の展開

　第1章で見たように，構造調整貸付が急増した1989年前後には，2度にわたって理事会で構造調整の評価が行われた．そして，民活インフラについて考える上では，その2度目の評価で，「改革プログラムの初期段階では，公共投資が非効率または維持不可能なために，これを削減する必要がある場合が多いとしても，通常は，インフラストラクチュア及び社会部門への投資をある程度回復させる必要がある」（世界銀行［1990］p. 58）としている点に注目する必要がある．こうした見解が出された原因は，構造調整下で「財源の制約により，しばしば相対的に急激な公共投資規模の削減が求められ」（Country Economics Department［1988］p. 41）たことにある．しかし，この公共投資削減に対する警鐘は，政府による公共投資を一定水準は維持する必要があると主張したものではなかったと見られる．

　2004年度以降の世銀のインフラ政策の指針と言える[5] *Infrastructure Ac-*

---

5)　世界銀行［2004］．

tion Plan（World Bank［2003］．以降，アクション・プランと記すことがある）には，「この転換（施設への投資からインフラ・サービスのデリバリーへと世銀グループのインフラ事業の焦点を 1990 年代に転換したこと，具体的には，直接的なインフラ・プロジェクトへの投融資から，民間投資を促進する政策や規制改革，制度的能力構築重視への戦略の転換を指すと考えられる—引用者注）（石黒・野村［2004］参照）は，インフラ投資が公によるものであろうと民によるものであろうと，正しい政策環境と制度的能力が持続可能なインフラ投資の保証にとって決定的に重要であるという高まっていたコンセンサスを反映した．同じ時期に，途上国でのインフラ投資に対する民間部門の関心が増し，世銀は民間フローのテコとなることに焦点を当てるようになった」（p. 2）と記されている．これは世銀がインフラ投資の維持という課題に対して，公共投資削減を改めるのではなく，民間部門の役割を増やすことで対応するという戦略を採用したことを示している．また，この戦略転換の結果として，世銀のインフラ投資貸付は 1993 年から 2002 年の間に 50% 減少することとなった（World Bank［2003］）．つまり世銀は，自身の途上国政府への改革要求によって生じた公共投資の減少という事態を，民間部門がインフラに投資する機会の増大として捉え，それを支援する戦略を採り，さらにその戦略を実現する手段として，途上国におけるインフラ整備にとって非常に重要な財源である自身のインフラへの融資を減少させる一方で，民活インフラ投資の環境整備への融資を拡充したということである．

　歴史的推移を確認すると，1983 年の時点で，世銀が注目していた民間外資導入の方法は，民間による協調融資と見られる．具体的には，83 年 1 月に B ローン・プログラムの試験的導入が理事会で承認され，その推進策として世銀による保証スキームが打ち出された．B ローンとは，世銀貸付がなされているプロジェクトへの民間融資部分のことである．そして，この B ローン・プログラムのオプションの 1 つとして，B ローンの後年度分への世銀の保証があり，その後も世銀による保証制度は拡充される（「環境・持続社会」研究センター［1999］，世界銀行［1985; 1986］）．

第 2 章　途上国のインフラ整備　　　85

　1995 年度には世銀による保証の再活性化を目指して，新しい保証イニシ
アティブが採用された．しかし，民間金融機関の協調融資，世銀による保証
ともにその実績は大きなものとは言えなかった．前者は 1987 年度の時点で
既に「これらの協調融資手段の発展の見通しは依然として弱い」（世界銀行
[1987] p. 36）と評価された．後者の方は，世銀による保証が補完的かつ最後
の手段として扱われていることに原因があると考えられる（世界銀行 [1992;
1997; 1998; 1999]）．さらに，世銀による保証の役割自体も変化し，かつての
世銀の投融資への民間協調融資促進のための手段から民活プロジェクトを推
進するための保証へと重点が移っていったと見られる．制度的に見れば，95
年度以降の保証制度の改革は民活プロジェクトへの対応を意識したものと見
ることができる．

　民間協調融資に続いて，公企業の民営化と民活によるインフラ整備が途上
国への民間外資導入のための政策として重視されるようになった．そして世
銀が途上国全体に対してこれらの政策の実施を支援しつつ強く求めるように
なった契機として，第 1 章で紹介した 1989 年 1 月開始の民間部門開発行動プ
ログラムが挙げられる．この時期より前の公企業民営化に関しては，年次報
告で「世銀は 1983 年以降民営化を積極的に支援してきた」（世界銀行 [1990]
p. 72）とする一方で，「大半の場合，公営企業の売却は比較的小規模であっ
た」（同上，p. 72）と述べられているように，制度的に乗り出していた国は
限定的であったと見られる（Sader [1995] 参照）．

　民間部門開発行動プログラムの優先分野のうち，特に企業（事業）環境の
改善，そして，公共部門の再編・再構築の 2 つが民活インフラと直接的に結
び付いている．まず，企業（事業）環境の改善は，「開発に対する民間部門
の貢献を最大にするために最も重要」（世界銀行 [1990] p. 72）とされる．
目的は市場への参入と投資に対する障壁の廃止で，内容には法・規制制度の
整理・強化または改革を企画している政府への援助の拡大が含まれる．

　次に，公共部門の再編・再構築に関しては，「この一連の活動には，…イン
フラストラクチュアを提供するうえで民間部門の役割を拡大を図る国を支援

することも含む．また，公共部門支出見直しもこれには含まれ，民間イニシアティブに対する公的支出の効果を政府が評価することを援助し，社会サービスとインフラストラクチュアを提供するうえで民間部門の関与を増大させる機会を探求する」（同上 p. 72）との記述があり，インフラへの民間参加促進がこの分野の重要テーマであること，また民活インフラの有効性を示すための調査までが世銀の支援対象となっていることが分かる．

　他にも当時それほど実績がなかった民活インフラに関する世銀の構想をうかがえる記述が 1990 年の世銀の年次報告にある．民間参加の促進が評価される分野として「高速道路の建設と経営，教育の提供，または上水道の所有と運営など」（p. 74）を挙げ，また「世銀と IFC の研究のいくつかは，上下水道，運輸，保健及び家族計画の部門における公共サービスの民間による提供を検討し，適切な対象範囲と公平性に十分配慮しつつ，これを拡大する方法を示唆した」（p. 74）との記載もある．極めて公共性が高い水道が含まれており，この時点で既に民活インフラを利用者からの料金徴収が可能な分野全般で推進しようという意図があったことを示唆している．

　それでは，その後の動きについて，法・規制改革と直接的な民活インフラ支援とに分けて見ていきたい．

(1)　法・規制改革

　最初に世銀が法・規制の役割をどのように考え，どういった法・規制制度を目指していたのか検討しておこう．世銀の年次報告（以下，特に記さない場合，年次報告は世銀の年次報告を指す）には「競争が不十分な場合には，公益保護を図る補完的な規制を通じて効率を高めることができる」(世界銀行 [1994] p. 56)，「自然独占の要素が残っている分野については，消費者を保護し，事業効率化へのインセンティブとなる経済規制の策定を支援している」（世界銀行 [1996] p. 64）といった民活インフラに関する記述があり，世銀指導の法・規制改革が公共性を確保するための政府の規制に十分配慮した方向でなされたとの印象を与え得る．また，1997 年年次報告には「公共セクター

は民間セクターの繁栄を促す法・制度環境づくりや，生活の質を改善するセクターへの投資を奨励するような法・制度環境の整備において重要な役割を担っている」（p. 27）という記述が見られる．世銀が考える公共性の確保と規制の関係，そして「民間セクターの繁栄を促す法・制度」とは，どのようなものなのであろうか．

それを知るために，『世界開発報告1997　開発における国家の役割』を見てみたい．後述するように，世銀は2002年度頃から規制に関する姿勢を変化させることとなるが，それ以前の世銀の規制に対する考え方を最も明確に論じた文献と言えるからである．そこで示されている規制に関する主張は，以下のようにまとめられる．

最大の問題点は硬直的な規制が民間のイニシアティブを阻害していることである．そうした規制の緩和は，投資の増大や競争の創出を含む大きな利益をもたらす．かつては規制による解決が必要と考えられていた社会目的も，現在では競争や人々の発言，自己規制による達成が可能となった．規制は本来，そうした他の手段を補完するもの，あるいは最後の手段であり，その国の制度能力に適合したものとなる必要がある．制度能力の低い多くの途上国では，高い制度能力を必要とする柔軟な規制制度は採用すべきでない．公益事業における規制の根拠は，第1に競争促進のため，第2に公共機関が新たなリスクを民間投資家に押し付けることを避けるためである．

以上から世銀の考えは，規制の基本的役割は投資家に安心感を与えることによる投資の促進であり，社会目的・公共性確保のための規制は，途上国は出来る限り避けるべきであるというものと見られる[6]．また，公共性に関し，

---

6)　年次報告には「フィリピンでは，投資委員会が外国直接投資（並びに国内投資）の促進を管轄している．しかし，同委員会の内部の気風は，規制・管理機能を重視する方向に傾いていた．…外国投資助言サービス（FIAS）は同委員会の重点を規制から投資促進にシフトさせるよう図る，制度・政策改革のためのアクション・プランを政府に提供した」（世界銀行［1993］p. 55）との事例が紹介されている．FIAS とは Foreign Investment Advisory Service のことで，インベスター・フレンドリーな環境の整備と受入国における開発投資の双方の促進を目的に世銀と IFC によって共同で運営される（世界銀行［1995]）．1995年年次報告では，85カ国に助言を提供し，

88

ては，規制緩和によって生じるであろう競争によって一定程度満たし得るという考えであったと思われる．この，公共性を確保するための規制を理論的には否定しない一方で，途上国における行政能力不足を理由に，その実行に極めて慎重な姿勢をとるという世銀の論理は，先進国においては普通に行われている規制を，途上国では実行させないことを正当化するためのものと言える．さらに民営化に向けた重要な改革として，潜在的に採算が取れるであろう活動を採算が取れないであろう活動から分離させること，例えば電力分野であれば，前者に当たる発電・配電を，後者に当たる送電から分離させるという措置も取られた（世界銀行［1994］）．

　法・規制改革との関わりが明白な世銀のプロジェクトを船津［2008］の表1から確認したい．電力では，1993年度のギニア，ジャマイカ，95年度のペルー，ボリビア（運輸も含む），96年度のエルサルバドル，インド，98年度，99年度，2000年度のインド，03年度のコソボ，運輸では1998年度のエジプト，ベネズエラ，2003年度のインドネシア，水・衛生では，1999年度のアルゼンチン，ニジェール（電力も含む），2002年度のセントルシアが挙げられる．また，コストがあまりかからないという印象を持たれがちな法・規制改革だが，実際のコストは少額ではないことが分かる[7]．

　なお，世銀の民活インフラの規制における消費者保護に対する考え方は，以下の記述から，2002年度頃から変化したと考えられる．

　2002年年次報告には，「この戦略（民間セクター開発戦略―引用者注）は貧困削減におけるインフラの重要性を認めると共に，民間セクターの参加を奨励し，規制制度の強化を支持しています．…規制制度の強化に関するアプローチは，貧困とガバナンスに関する様々なアジェンダに重要な影響を与えます．…公共セクターが保健・医療や教育などの基本的サービスを安価な料金で提供する責任があることを前提にしています」（p. 70）とある．

　　その大半で助言が採用されてきたとしている．
7)　例えば，1995年度のペルーへの電力民営化プログラム及び法・規制・制度改革支援は150百万ドルである．

Harris［2003］（World Bank Working Paper No. 5）は，これまでの結果から，よくデザインされた民間参加スキームが供給の効率性同様に量と質の実質的改善を生み出し得ることが示されたとする一方で，民間部門の導入が自動的に大きな改善をもたらすとは言えないとする．そして，供給者が効率化を迫られる範囲を決める重要な要素は規制の質であり，規制は能力が限定的な諸国では難しいかもしれないが，規制の機能（価格と質の基準の設定と，それらへのコンプライアンスを監視して実践させること）は，その企業が公であろうと民であろうと存在していることを忘れるべきではないとしている．

また，2004 年度に承認されたドミニカ共和国への電力セクター技術支援融資（7.3 百万ドル）では，「規制と消費者保護の強化，政策策定とポートフォリオ管理の改善，貧困層に提供される電力の質の向上を支援」（世界銀行［2004］p. 165）するとしている．

このように，規制による消費者保護強化容認へと世銀の姿勢が変化した背景については後述することとする．

(2)　民活インフラ支援

世銀の民活インフラ支援における重点には，①公益事業体の民営化，②民間供給インフラ・サービスの価格決定，競争の奨励，及び適切な場合には参入障壁の排除を進める適切なメカニズムを提供する規制枠組みの開発，③追加的な民間資本をインフラ・プロジェクトに誘致することを目的とした世銀資金または世銀による部分保証の供与の 3 つが挙げられる (世界銀行［1993］). ③にある部分保証は民営化，コンセッション方式の双方で活用されるが，世銀自身による直接的な民活インフラ推進策の中で最も重要なのは①であろう．

まず，世銀の公企業民営化に対する姿勢を確認しておきたい．1992 年年次報告には，民営化に関する世銀の研究から，2 つの主要な教訓が紹介されている（p. 67）．教訓の第 1 は，「私有制度そのものが差を生む」である．政府所有の下で良好な実績を数年以上持続させることは稀であるとして，公有に対する私有の優越性を主張している．第 2 は，「民営化の過程は単純では

ないが，成功させることが可能であり，実際に成功している」である．後発途上国における民営化の困難を認めつつも，低所得国においてすら，民営化が極めて大きな成果を生んだケースがいくつかあるとしている．そして，「民営化のもつ潜在力が実現されるような形で，発展を可能にする環境を構築し，取引を組成することは，政府と，そして世界銀行グループを含めた援助機関の任務である」と述べている．これらの主張は，世銀が，民間所有こそが基本であり，民営化は途上国全般で適用可能かつ促進すべき政策であると考えていたことを示している．実際に，80年代末以降，民営化はインフラ関連に限らず，あらゆる公企業で，ほとんど例外なく途上国に求められる課題となったと言ってよい．

　民営化の目的としては，第1に公共部門の縮小が挙げられるが，もう1つの重要な目的は民間投資を呼び込む機会を提供することである．年次報告にも「民営化によって，民間投資家には新たな機会が開け」（世界銀行［1992］p. 66），「民間資本フローを誘致するためには，そのような民間セクターの存在が前提条件となる．例えば，アジアとラテン・アメリカの両地域では，十分に確立された企業セクターと大規模な民営化プログラムが魅力的な投資機会を提供した」（世界銀行［1993］p. 53）と記されており，特にアジアとラテン・アメリカでの外国直接投資の拡大に民営化が寄与したとしている．

　それでは，世銀は具体的にはどのようにインフラ分野の民営化を推進したのであろうか．それを知るために，1993年年次報告の囲み記事「電力セクター及びエネルギーの効率的利用と節約における世銀の役割」を取り上げたい．これは93年度に理事会から一般的な支持を受け，発行された2つの政策論文に関するもので，「世銀はそれらに従って，エネルギー分野での活動の進め方を変化させつつある」（p. 48）としている．その内容には，以下のことが含まれる．

　世銀は民間投資家の誘致を狙いとした革新的なプログラムに資金援助を与えることによって，電力セクターへの民間投資の奨励に努める．国有の電力供給事業の商業化・法人化も支援される．そして，新原則に沿って電力セクターの実績を改善することに明瞭にコミットしている国が世銀の貸付におい

て重視される．逆に，実績の芳しくない公営企業や抜本的な構造改革の実施に対して政府が難色を示しているような場合には，支援は継続されない．エネルギー利用の非効率の原因としては，価格政策の歪み，エネルギー企業の管理・規制の不適切，エネルギーを利用する産業を保護する競争制限などが指摘できる．

　つまり，民間参加の促進や商業化・法人化といった政策改革を推進するために，それを積極的に行う途上国には厚く支援をし，積極的でない途上国には支援を行わないということである．これは実行に移される．例えば，1997年年次報告には「国がエネルギー開発に民間セクターを積極的に参加させるための方策を講じている場合，世銀はその国のエネルギー開発を支援している」（p. 28）とあり，水・衛生部門でも，「それまで（5年前—引用者注）は，改革の可能性のある公共セクターによる公益事業に貸付を行っていましたが，これを改め，世銀貸付を受ける前に改革を実施して民間セクターの有能な人材を運営に参加させた公益事業に対して貸付を行うようにした」（世界銀行［2001］p. 22）と述べられている．

　そして，民活インフラ推進と世銀の援助を直接的に結び付けた手段である試験的なアウトプットベースの援助（OBA：Output Based Aid）も採用されることになる．これは公的資金によって利用者料金を補完するか代替することが正当化されるであろう基礎的サービスのデリバリーを支援するための援助ではあるが，サービスの提供義務を第三者に移転することが求められ，実際にその事業者からサービスが提供された時点で援助が実行される．提供義務が移転される第三者には公的事業体や NGO 等も含まれるが，通常は民間企業である[8]．世銀の年次報告では，2002 年版で初めて紹介され，「世銀はほとんどの地域とセクターにおける試験的 OBA の設計を支援しています」（p. 70）とする．

　②については，前項で詳述したが，「価格決定」に関しては，「商業化・法

---

8)　世界銀行［2002］, http://www.gpoba.org/oba/index.asp.

人化」と，非効率の原因とされた「価格政策の歪み」の関係について留意する必要がある．

　「価格政策の歪み」とは，具体的には低価格政策を指している．『世界開発報告 1994』によれば，低価格政策に対する世銀の批判は以下のとおりである．電気，水道等，インフラに関する価格は，政治的な配慮から低く抑えられてしまいがちである．それが供給者の赤字を不可避のものとしてしまい，その赤字は供給者の非効率を放置したまま，政府からの財政移転で補填されてしまう．消費者の方も，低価格政策による供給者の財務状態悪化の結果，投資の拡充が阻害され，アクセスが制限されるという不利益を被る．また，低価格による過剰消費は，環境に悪影響を与える．

　こうした批判が，世銀が商業化・法人化と価格のコスト回収可能な水準以上への引き上げを推進する論拠となっているが，これらの措置には民間投資導入のための極めて重要な準備という側面がある．インフラの民間供給への反発の最大の原因は価格引き上げであり，その反発を抑えるためには，予め価格を引き上げておくことが有効と考えられるからである．国際金融公社 [1996] にも「外国投資家にとって，料金補助は大きな障害である．価格が人為的に抑えられると，サービス提供コストを土台とする競争的参入はきわめて困難になる．参入する前に当該セクターの価格改革が開始されることを望む投資家は数多い」(p. 51) との記述がある[9]．電力や水道等の公共性が高いインフラ事業には確実な需要があり，価格等での規制面さえクリアできれば，民間資本にとって極めて魅力的な投資先となる．

　他に世銀の民活インフラ推進のための手段として，1992 年度に導入された民間セクター・アセスメント（PSA：Private Sector Assessment）がある．このアセスメントは国際金融公社（IFC: International Finance Corporation）と

---

9)　国際調査ジャーナリスト協会（ICIJ）[2004] では，「ICIJ の調査では，民営化の直前に政府が水道料金を急上昇させることで，民営化後に企業が料金引き下げを行なえる余地をつくり出し，民営化への人々の支持を引き出す，ということが頻繁に行なわれている」(p. 32) と指摘している．またアルゼンチンの事例も紹介されている．

共同で実施され，その内容の典型的なものの 1 つに，「インフラストラクチュア及び現在は政府によって供給されている他のサービスを民間供給で代替する可能性を高める」（世界銀行 [1994] p. 54）ことが含まれる．PSA が完了した数は，96 年度末の時点でコートジボワール，ガーナ，インドネシア，フィリピン，インド，パキスタン，ハンガリー，ポーランド，ブラジル，メキシコ，エジプト，モロッコ等，31 とされる（世界銀行 [1996]）．

2. IFC と MIGA

ここでは，世銀グループの世銀以外の機関で，民活インフラ推進に特に重要な役割を果たしていると考えられる IFC と MIGA について見ていくこととする．

IFC は世銀グループに属する国際開発機関であり，1956 年に設立された．生産的民間投資の拡大を促進し，その国の経済開発に貢献する企業を援助するために，ファイナンス，技術援助などを提供することが中心的な仕事である（世界銀行 [1986]）．IFC は，民間資金の流れを促進することを目的とし，民間資金の代替となることを目指すものではない（世界銀行 [1984]）．加えて，ファイナンスに政府保証を付けない，提供するファイナンスやサービスの価格・条件について，可能な限り市場条件に一致させ，収益を求めるといった点が，他の多くの国際機関と異なる特徴として挙げられる（世界銀行 [1995]）．

MIGA (Multilateral Investment Guarantee Agency・多国間投資保証機関) は，1983 年度に設立構想が世銀理事会に提案され（世界銀行 [1985]），88 年に設立された（World Bank [1989]）．目的は加盟国での経済開発のための投資の促進であり，そのために加盟国向けの助言・諮問サービスの提供と外国投資家向けの非商業的リスクに起因する損失に対する保証を行う（世界銀行 [1990]）．保証対象となる非商業的リスクは，①投資受入国が通貨交換及び送金に対して課す制限に起因する送金リスク，②投資の所有権，支配権，もしくは投資からの実質的な利益を外国投資家から剥奪する結果となる投資受

入国の立法または行政上の行為及び不作為に起因する損失リスク，③投資家との契約に関する政府の支払義務否認，④武力紛争及び騒乱に関するリスクの４種類である（世界銀行［1988］）[10].

(1) IFC

それではまず，IFCによる民活インフラの推進方法について，国際金融公社『民間インフラストラクチャーへの融資　経験から得た教訓』から見ていきたい．

ファイナンスに関しては，「IFCは貸付の資金源を拡大することに力を入れ，より多くの銀行とシンジケートを組んだり，非伝統的な貸し手を参加させたりしている．またIFCはPPI（インフラへの民間参加―引用者注）融資に慣れていない国際的ないし国内の融資機関と協調融資することにより，プロジェクト融資に自信を持たせるよう努めてきた」（p. 55）と述べ，「民間資金の流れを促進すること」を最重要視していることが分かる[11].

こうしたインフラ・プロジェクトへの直接的な投融資以外に，インフラ・プロジェクトへの投資を目的とする民間エクイティ・ファンドへの支援も行っている．例えば，アジアのインフラに的を絞ったファンドであるアジア・インフラストラクチャー・ファンドに対して，組織作りや投資方針等の設定に協力し，5000万ドルを投資している．

また，民間金融機関から融資を引き出すための重要な手段の１つとして，「Bローン・プログラム」がある．この制度では，IFCがプロジェクトの唯一の記録上の貸し手となって自己と参加銀行を代表して行動し，IFCが借り手から債務返済額を回収し分配する責任を負う．この制度への参加者は，公的な貸し手には開放されていない．

---

10)　その他の非商業的リスクも，投資者と受入国の共同の申請がなされ，かつMIGA理事会の特別多数によって承認された場合には，保証が可能である（世界銀行［1988］）.
11)　船津［2008］の表2からも，IFCによるファイナンスが数倍の規模のプロジェクトにつながっていることが見て取れる．

第2章 途上国のインフラ整備 95

　技術支援に関しては，アドバイザリー業務が民活インフラにおける最も重要な活動と言える．アドバイザリー業務は，大きく分けて以下の2種類がある．

　1つはプロジェクト関連型アドバイザリー業務で，プロジェクトの資金面・経済面での実現可能性の検討，契約内容の評価，融資確保のためのプロジェクト設計支援の目的で，スポンサーがIFCと委託契約を結ぶ．そして，この業務は往々にして，実際にプロジェクトを推進することになった場合にIFCの投資が行われる可能性を念頭において実施される．またIFCは，プロジェクトの規制上・契約上の枠組みについて政府と共同で検討することがある．このような場合，IFCは投資家の観点に立つこととしており，政府に対して，その旨を明確に伝える．

　もう1つはスタンド・アローン型アドバイザリー業務で，既存インフラ事業の民営化方法に関して政府への助言を行う．セクター戦略ないし適正な規制枠組みから，売却する事業のリストラに必要な措置，潜在的投資家の発掘，入札，交渉，売買契約締結等，実際の売却プロセスにおける助言までを対象とする．料金は商業ベースで，利害衝突を避けるため，このサービスの過程では投資を行わない．また，この業務は政治的に極めてデリケートな案件に集中している．

　ここで，民活インフラに対するIFCの考え方を確認したい．民活インフラ支援でIFCが特に重視しているのが「多様な途上国およびセクターにおけるパイオニア・プロジェクト」(p. 8) である．民活インフラの経験がなかった国でのプロジェクトの実現が，その国のそのセクターでの更なるプロジェクトや他のセクターでの民活インフラの実現へと波及することや，その国と比較対象となるような国での民活インフラ推進へとつながることを期待してであろう．そして，プロジェクトの実現で最も重要とされるのが政治的コミットメントであり，「政治的コミットメントがあれば，民間インフラ・プロジェクトは，たとえ比較的困難な環境下でも，また1人当たり所得が低いところでも，融資を得ることができる」(p. 83) とする．

　この「政治的コミットメント」とは，何を意味するのであろうか．先の文

章は,「ただしこれらのプロジェクトが,リスクに見合った報酬を与えるような仕組みになっていることが条件である」(p. 83) と続く.また,他にも「政府は,初期のプロジェクトのスポンサーがパイオニアとしてのコストとリスクに対するプレミアムを要求する可能性があることも同様に認識しておく必要がある」(p. 5) との記述がある.これらから,「政治的コミットメント」の意味の1つは,政府が投資家に対して「リスクに見合った報酬を与えるような仕組み」を提供することであると考えられる.加えて,「途上国の多くにおいては,インフラ・サービスの規制緩和を実施して民間の参入を認め,競争を奨励することが重要」(p. 43) と述べていることから,政府の役割として規制緩和を重視していることが分かる.ただし,「規制枠組みの完全な機能や国際競争入札の実施は,とくに PPI 推進の初期の段階では必ずしも必要とは言えず,可能でもない」(p. 43) としており,規制緩和によって競争がすぐに生じるという楽観的な見方には否定的である.

　以上から,民活インフラに関する IFC の考え方は,政府は規制緩和と投資家が十分な報酬を得られる体制を整えることで投資家を呼び込み,まずは「パイオニア・プロジェクト」を成功させるべきで,それによって投資家の信頼を得られれば,将来的に競争が生じるといったものであると見られる.

　最後に,IFC がプロジェクトを実現させる方法について見ておきたい.ここで注目すべき点は,「IFC は,政府に対してインフラ事業の売却を助言したり,投資家と協力して効果的なプロジェクトを構築したり」(p. 83) と述べているように,IFC 自らが強いイニシアティブを発揮することである[12].IFC によるプロジェクトの実現過程としては,上記国際金融公社レポート等から以下のような流れが考えられる.まず,投資家(しばしば IFC 自身の投資を念頭に置いている)からの依頼を受けてプロジェクト関連型アドバイザリー業務を行い,場合によっては「投資家の観点」に立って,プロジェクトの規制上・契約上の枠組みについて政府と検討する.規制上・契約上の枠組

---

12) 「環境・持続社会」研究センター [1999] を参照.

みとは，具体的には「リスクに見合った報酬を与えるような仕組み」を指す
と考えられる．実際に，「国際金融公社（IFC）が関与した途上国インフラ・
プロジェクトのこれまでの収益率（Internal Rate of Return）は 13〜40% で平
均 21% と高く，それ以外の民間企業が取り上げている民活インフラ・プロ
ジェクトの収益率も 15〜20% 程度である」（藤原編［1999］p. 95）とされる．
そして，資金の確保に関しては，出来る限り多くの民間融資機関が参加する
ように努める．これを可能にするのが世銀グループの一員である IFC のプ
レゼンスであり，「参加した貸し手は，IFC のプレゼンスが非商業的リスク
を軽減するのに寄与」（p. 84）することを期待している．実際に，「IFC のロー
ン（他の参加者の融資分を含む）は未だかつて借入れ国の対外債務一般リス
ケジュールの対象に合められたことがない」（p. 59）とされる．なお，既存
インフラ事業の民営化方法に関して政府に行うアドバイザリー業務が政治的
に極めてデリケートな案件に集中していることを，IFC 自身は「IFC の中立
性」（pp. 3, 24）によるものと自讃しているが，これも世銀グループの一員た
る IFC の政治的影響力によるところが大きいと考えられる．

（2）　MIGA

　ここでは，前述した非商業的リスクから投資家を保護する，MIGA の最
も重要な役割である保証について見る．保証期間は標準約款では 15 年であ
るが，20 年まで延長でき，新規プロジェクト投資，または既存プロジェク
トの拡大投資（民営化及び金融面での再編を含む）を保証できる．保証の適
格となる投資形態には，株式投資，株主によるかその保証する貸付，株式以
外の一定の形態の直接投資があり，当該プロジェクトへの株主による投資に
MIGA の保険が付されている場合には，金融機関の行う貸付についても保
険を提供できる[13]．

　MIGA は設立当初から，ホスト国政府の政策やコミットメントの変更に

13）　MIGA［1998b］，世界銀行［1990; 1991］．MIGA によるインフラ保証がなされた国
名と保証額は船津［2008］表 3 参照．

98

対して脆弱なプロジェクトの投資家に保証を提供することが期待されていた（MIGA［1998b］）[14]．そして，MIGA による保証には，そうしたリスクを低下させる上で，民間の保険会社にはない注目すべき特徴がある．それが，IFCと同じく世銀グループの一員であることから生まれる影響力である．MIGA［1998b］でも「MIGA は，先進国と途上国の加盟国，そして世銀グループの一員という地位の長所に助けられ，救済を行う上で特に有効にデザインされた．要するに，MIGA は，ホスト国政府の政策やコミットメントの変更に極めて脆弱なプロジェクトの投資家に特に貴重であろう抑止効果を持つことになった」（p. 6），「外国投資へのホスト国の適切な政策の維持に対する MIGA の影響力は，世銀グループの他の機関（特に IBRD と IDA）と MIGA の密接な関係によって強化される．… MIGA のプレゼンスから生じる契約不履行に対する保護の傘は，それ故，単にその保証が提供する補償からだけではなく，ホスト国によって真面目に結ばれた約束のあらゆる破棄を抑止するという役割からも得られる．この抑止の役割は，ホスト国の政権が違う政権へと移行しても生きる」（p. 18）と述べて，MIGA の「抑止効果」を強調している．

この「抑止効果」の大きさは，MIGA の保証に対する請求の実績にも現れている．MIGA に対する請求は 1999 年 3 月にインドネシアの電力プロジェクトに関してなされたものが初めてと（MIGA［2000］），極めて少ない．また，その請求で MIGA が支払った 15 百万ドルは，インドネシア政府が完全に補償している．インドネシア政府による MIGA への補償の開始後に，MIGA がインドネシアでの保証を再開したことから（MIGA［2001; 2003］），MIGA による保証再開のための補償であったと見られる．このインドネシア政府の対応も MIGA の「抑止効果」の大きさを示唆していると言える．

この MIGA のホスト国に対する「抑止効果」を見る上では，それが民間保険会社のビジネス・チャンスにもつながっていることに留意する必要がある．MIGA 条約（Convention）第 21 条では，MIGA は，民間保険会社が MIGA

14）　資本回収期間が長く，大規模な固定投資を行わなければならないインフラ・プロジェクトは，この脆弱性が特に大きい分野の 1 つとされる（MIGA［1998b］）．

と類似した条件で加盟途上国での非商業リスクの保険保護（coverage）を提供することを促進するとしている．また，MIGA［1998b］には，American Insurance Group（AIG），Lloyd's of London，ACE Insurance Company, Ltd（ACE），Zurich-American Political Risk 等の民間保険会社と密接に結び付きつつ業務を行っていると記されている．

　この民間保険会社との協力に関する具体的な取り組みの1つに，MIGA が1997年に開始した CUP（The Cooperative Underwriting Program）がある．CUP は，民間保険会社が，CUP がなければ引き受けたがらない可能性のあるリスクが存在する途上国でのプロジェクトに，保険を提供するよう奨励することが目的である．CUP では，MIGA が公式記録上の保険業者となるが，MIGA 自身の会計上では一部のリスクのみを引き受け，1つ以上の民間保険会社が残りの補償範囲を引き受ける．この取決めは，民間保険会社にとって，争議が生じた場合には MIGA が調停者として働き，調停が失敗した場合には解決策を得るよう努めるという安心感を提供する．CUP の下で初めて調印された契約は，97年度のインドネシアの電力プロジェクトに関するエンロンとのものであった（MIGA［1998b］）．

　また，1997年度には ACE と，99年度には XL Insurance Limited と特約再保険協定を調印した．これは MIGA の保証契約を両社が再保険するというもので（MIGA［1997; 1999］），これにより拡大される保証能力は，「インフラストラクチュア，エネルギー，そして鉱業セクターでの大規模プロジェクトを支援する上で特に有益であろう」（MIGA［1997］p. 16）としている．

3.　世銀グループの役割

　この節では，*World Development Indicators 2004* の Private investment in energy[15]，Private investment in transport，Private investment in wa-

---

15）　天然ガスに関わるインフラ・プロジェクトも含まれるが，1990年から2001年までは，エネルギー分野の約86% が電力である（Harris［2003b］）．

ter and sanitation の数値から，途上国における電力，運輸，水・衛生の３部門での民活インフラの状況を把握し，世銀グループとの関係を考察したい．以上，３項目については，1990 年から 2002 年までの数値が入手できる．前掲図 2-1 は途上国全体におけるその３項目の動向を示したものである．この図から，投資額においてエネルギー分野が運輸部門，水・衛生部門を大きく引き離していることが確認できる．そして，そのエネルギー分野で 1990 年から 2002 年の投資合計額が 10 億ドル以上であったのが，表 2-1 にある 32 カ国である．

その 32 カ国のうち，世銀グループからの電力関連民活インフラに関する直接的支援が確認できなかった国は，アルジェリア，南アフリカ，ハンガリー，マレーシア，ポーランド，スロバキアの６カ国である[16]．そして，そのうち４カ国は高位中所得国であり，うち３カ国（ハンガリー，ポーランド，スロバキア）は 2004 年に EU に加盟，残るマレーシアは，アジア通貨危機の悪影響からも早期に脱し，その後，非常に良好な経済成長を遂げた例外的な国である．低位中所得国は２カ国に過ぎず，低所得国は０であった．

この６カ国中４カ国が高位中所得国であるという結果は，自然なことと言える．特別な支援がない場合，投資家側から見て民活インフラの投資対象となるのは，基本的に，長期にわたり高成長，治安の維持，為替レートの安定が期待できる諸国であり，所得水準が高いほど，そうした条件を満たせる可

---

16) ただし，世銀の支援に関しては，モザンビークを除き，年次報告の記述から直接的に電力関連民活インフラに関連することが確認されたもののみを記してあり，世銀がこれらの国での電力関連民活インフラ推進に関与しなかったとは限らない．モザンビークに関しては，年次報告には，民活との関わりを示す記述はなかったが（世界銀行 [2004]），実際には民間参加支援が内容に含まれていた．また，ハンガリー，ポーランドは前述のように民間セクター・アセスメントを行っており，アルジェリア，ハンガリー，ポーランドは構造調整貸付を受けている．

2004 年度のモザンビークに対する当該融資の内容は，
http://web.worldbank.org/external/default/main?pagePK=64027221&piPK=6402722
0&theSitePK=382131&menuPK=382167&Projectid=P069183
http://www-wds.worldbank.org/servlet/WDS_IBank_Servlet?pcont=details&e
id=000012009_20030731111604 による．

能性が高くなると考えられるからである.

　それでは，所得水準別に見たエネルギー分野の民間投資の動向を見ても，高位中所得国が低所得国，低位中所得国以上の民間投資を集めているのだろうか．実態はそうなっていない．図2-2から，この分野の民間投資を支えていたのが，高位中所得国ではなく，低位中所得国であることが分かる．加えて，低所得国においても1996年までは極めて順調に投資額が増加し，96年には高位中所得国の額を上回っている.

　この低位中所得国の投資額が高位中所得国のそれを上回るという結果は，1カ国当たりの平均で見ても同様である．低所得国では全体（64カ国）の平均が約6億1853万ドル，投資額が確認できる国（31カ国）の平均が約12億7696万ドル，低位中所得国では前者（54カ国）が約26億853万ドル，後者（32カ国）が約44億189万ドル，高位中所得国では前者（34カ国）が約20億1495万ドル，後者（23カ国）が29億7862万ドルとなり，やはり低位中所得国の規模が特に大きい.

　これらの結果は，民活インフラ投資に何らかの外部からの支援があったことを示唆している．そこで，表2-1を見てみると，所得水準が低いグループの国ほど世銀グループからの支援が厚い傾向が確認できる．さらに，民間投資の総額が100億ドルを超える国を挙げ，世銀グループの支援を確認してみよう．この条件を満たす国は，低所得国ではインド，インドネシア，低位中所得国ではブラジル，中国，フィリピン，高位中所得国ではアルゼンチンであり，これら6カ国は例外なく世銀グループからの継続的な支援を受けていることが分かる．そして，低所得国での民間投資総額約396億ドルに占める上記2カ国の割合は58.9%，低位中所得国での総額約1409億ドルに占める上記3カ国の割合は59.3%，高位中所得国での総額約685億ドルに占めるアルゼンチンの割合は37.2%に達する．この結果は，世銀グループが様々な国の民活インフラを支援し，多くの国で民間インフラ投資が確認できる一方で，民間インフラ投資を引っ張っていたのは少数の国であり，それらの諸国では，世銀グループの支援が重要な役割を果たしていること，民活インフラの実績

102

表2-1　エネルギー分野民活主要国の民間投資総額（1990-2002年）と世銀グループの支援

（単位：百万ドル）

	総額	支援の年度と機関
低所得国		
バングラデシュ	1,040	1998 (W, I), 99 (M, I), 2000 (W, I)
インド	12,569	1989 (I), 90 (I), 91 (I), 92 (W, I), 93 (W), 94 (I), 95 (I), 96 (W, I), 97 (I), 98 (W), 99 (W), 2000 (W, I), 01 (W)
インドネシア	10,737	1994 (W), 95 (W), 96 (M), 97 (W, M)
モザンビーク	1,200	2004 (W)
パキスタン	5,937	1988 (W), 94 (W), 95 (W, I), 96 (W, I), 97 (M), 98 (M)
ベトナム	2,216	1998 (I), 99 (M), 2003 (W, M), 04 (M)
低位中所得国		
アルジェリア	2,300	
ボリビア	2,971	1995 (W), 96 (W), 98 (M), 99 (I)
ブラジル	49,245	1997 (M, I), 98 (I), 2000 (W, M), 01 (M), 02 (M), 03 (M), 04 (M)
中国	20,415	1994 (W), 96 (W, M), 97 (M), 98 (M), 99 (M)
コロンビア	7,575	1996 (W), 97 (W), 99 (M)
ドミニカ共和国	2,309	1995 (I), 96 (I), 2000 (M), 02 (M)
エジプト	1,378	1999 (I)
グアテマラ	1,433	1993 (I), 94 (I), 96 (I), 97 (W, I, M), 98 (I), 99 (M), 2000 (I, M), 01 (M)
カザフスタン	2,125	2000 (W)
モロッコ	7,120	1998 (W)
ペルー	4,304	1981 (I), 93 (W), 95 (W), 2000 (M)
フィリピン	13,844	1967 (I), 88 (I), 89 (I), 93 (W, I), 94 (W, I), 95 (I, M), 99 (I), 2004 (W)
ロシア	3,395	1998 (I)
南アフリカ	1,247	
タイ	9,041	1999 (W)
トルコ	7,645	1987 (W), 90 (I), 92 (W), 95 (I), 2002 (M), 04 (W)
高位中所得国		
アルゼンチン	25,505	1993 (W, I), 94 (I), 95 (I), 96 (I, M), 99 (W)
チリ	8,717	1991 (I), 93 (I), 94 (I)
チェコ	5,075	1997 (I), 98 (M)
ハンガリー	4,063	
マレーシア	9,041	
メキシコ	5,760	1996 (W), 98 (I), 2000 (I)
オマーン	1,203	1994 (I), 2000 (I)
パナマ	1,065	1998 (W), 2000 (I)
ポーランド	2,300	
スロバキア	3,185	

出所：World Development Indicators2004 と船津 [2008] 表1～表3より作成
注：1) 民間投資額は暦年，支援は世銀グループの会計年度.
　　2) 民活インフラ全体の基盤整備は含めているが，協調融資のみのケースは除く.
　　3) （ ）内の W は World Bank, I は IFC, M は MIGA の支援の意.

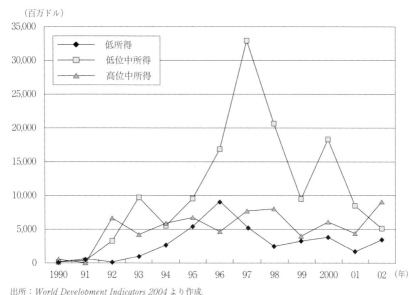

出所:*World Development Indicators 2004* より作成.

図 2-2　エネルギー分野における民間投資の動向

の蓄積が投資家の信頼感を生み，世銀グループの支援が不必要になるという連鎖は生まれ難いことを示している．

　さらに，運輸部門と水・衛生部門で，1990 年から 2002 年の投資の合計額が 10 億ドル以上の国を挙げてみると，興味深いことが分かる．運輸部門では，インド，インドネシア，ブラジル，中国，コロンビア，エジプト，フィリピン，南アフリカ，タイ，アルゼンチン，チリ，ハンガリー，マレーシア，メキシコ，パナマ，水・衛生部門ではブラジル，中国，モロッコ，フィリピン，ルーマニア，アルゼンチン，チリ，マレーシアがそうであり，これらの諸国は，水・衛生部門にあるルーマニアを除いて[17]，表 2-1 の 32 カ国に含まれている．このことは，前述した「民活インフラの経験がなかった国でのプロジェクトの実現が，その国の他のセクターでの民活インフラ実現へと波及す

---

17) ルーマニアでも，エネルギー分野で合計 100 百万ドル，運輸部門で 23.4 百万ドルの民間投資が確認できる.

る」という IFC の考えが，現実となっていることを示している[18].

4. 世銀グループによる民活インフラ政策の評価と展望

　ここまで見てきた世銀グループによる民活インフラ政策とその結果は，どのように評価されるべきであろうか.

　民活インフラに対しては様々な批判がなされ，またアジア通貨危機後は多くのプロジェクトで再交渉やキャンセルが見られた（Harris［2003］参照）.批判や再交渉・キャンセル等を生み出した理由の1つに，民活インフラが消費者や途上国政府に大きな負担を与えていることがある. 例えば「インフラ・ファイナンスのランドマーク」（Gerrard［1997］p. v）とまで評価されたハブ電力プロジェクトでさえ，民間人が訴えを起こし，ラホール高裁では1998年5月に，一旦契約済みの電気料金の50%引き下げと外貨送金停止の仮処分，その後，利益，配当の外貨送金禁止，売電契約におけるキャパシティ・ペイメント（最低稼働率保証に見合う水電力開発公社の支払分）の6割への減額という判決が下されている（藤原編［1999］）.

---

18)　途上国での民間インフラ投資の資金の出所がどこかは非常に重要ではあるが，その正確な把握は極めて難しい. ただし，MIGAのAnnual Reportのプロジェクトの概要からは，関与したのがどの国の企業・投資家であるかについて，比較的多くの情報を得ることが出来る. 参考として，そうした記述から属する国（バージン諸島，ケイマン諸島は本国と区別. また実質的にどこに属しているかで判断し，例えばケイマン諸島にあるアメリカ企業の子会社であればアメリカでカウント）が明確な企業・投資家の延べ数（ただし2003年度のAnnual Reportに2件の02年度のプロジェクトに関する追加の記述があるが，カウントしない）を示すと，以下のようになる. 電力における外国からの投融資では，アメリカ19，ケイマン諸島7，スペイン6，フランス6，オランダ5，ノルウェー4，イギリス4，イスラエル3，フィンランド2，シンガポール2，日本1，スウェーデン1，バージン諸島1，ブラジル1である. 運輸ではイタリア，ブラジル，フランス，スペイン，ポルトガル，カナダ，アメリカ，イギリスが各1，水・衛生では，オランダ，フランス，シンガポール，オーストリアが各1となっている. ジョイント・ベンチャーの形で地元企業・投資家に投資機会を提供しているケースもあるとはいえ，民活インフラが先進国を中心とする非常に多くの国の企業・投資家のビジネス・チャンスになっていることがうかがえる.

第 2 章　途上国のインフラ整備　　　　　　105

　水道に関しては，生命に直結するだけに，特に厳しい批判がなされている．例えば ICIJ［2004］では，水の民営化について各国を取材し，南アフリカでは，総コスト回収政策により，多くの人が汚染された水を使うことを余儀なくされ，コレラの大流行に至ったこと，アルゼンチンでは，世銀が水道を民営化しない限り，水道網の拡大・改善のための資金を提供できないと迫ったこと，人材交流プログラムの一環として，ある世銀職員が民営化企業に出向して料金引き上げ交渉に携わり，その後世銀に復帰して，アルゼンチン向けの融資プロジェクト・チームのチーム・リーダーを務めたこと，IFC がその株式の 5% を所有している民営化企業が料金引き上げを求め，それを政府が退けると，世銀グループの 1 つである国際紛争投資解決センターに提訴すると脅迫し，世銀の水担当部長はこの訴訟が起こされた場合，世銀の利害は対立するのかという問いに，「判断できない．コメントしない」と答えたこと，フィリピンでは，IFC が政府とコンセッション契約書の草案作り等に関する契約を結び，その契約には入札の成功報酬として最低 100 百万ドルを受け取るという条項が含まれていたこと，IFC は民間の契約企業に対して無収水（水道管からの漏水と盗水）の削減目標を約束させず，無収水のコストを利用者に転嫁することも容認したこと等を指摘している．

　こうした民活インフラ批判に対する世銀の姿勢は，「よくデザインされた民間の提供者は，公的供給者よりも本質的に優れている」ということで一貫している（世界銀行［2005］）．しかし，世銀が，自身の従来の民活インフラ推進政策で改善すべきと認めている点もある．アクション・プランからこれを確認したい．

　まず，アクション・プランでは，施設（bricks&mortar）に対する投資からインフラ・サービスのデリバリーへ，具体的には直接的なインフラ・プロジェクトへの投融資から民間投資を促進する政策・規制改革，制度的能力構築重視へという世銀の戦略転換を，「よりバランスの取れた戦略へと導いた」（p. 2）と評価している．一方で，こうした世銀の戦略転換その他の要因により，世銀自身のインフラ投資貸付が低下したことを問題視している[19]．加え

て，途上国のインフラにおける民間投資の大幅な減少，そしてミレニアム開発目標等を通して「前例のない承認」(p. 2) を受けている貧困削減等のためのインフラの必要性と実際の供給の間の大きなギャップという状況を受けて，「最近のインフラに対する民間部門の関心の減少は，民間部門のみへの依存がインフラ・サービス供給の規模拡大を保証するのに十分ではないであろうことを示している」(p. 3) としている．

　以上の見解は，消極的とはいえ，世銀自らの投融資のあり方が途上国のインフラ供給不足に結び付いたという認識を示している点で注目される．先に法・規制改革に関わる世銀の融資を列挙して明らかにしたように，民活インフラを呼び込むための環境整備にも多額の資金を必要とする．しかも，それが実際にインフラ供給の増加に結び付くとは限らない．世銀のこの認識は妥当と言えよう．

　それでは次に，この認識に基づく世銀の政策方針を確認したい．アクション・プランでは，以下のように述べられている．

　民間参加を奨励するというモデルを継続する．しかし，民間部門のみに頼ってはインフラ・サービス供給の規模拡大には不十分であろうから，パフォーマンスの良い公共事業体には貸付を継続する場合もある．加えて，大部分のプロジェクトでコスト回収は目標であり続けるが，その達成時期の設定はより柔軟にする．IDA 諸国（第 4 章注 13 参照）では，民間ファイナンスが増加しているとはいえ，インフラ・ファイナンス全体における相対的シェアは低いままであり，世銀グループが公共部門投資の重要な資金源のままであろう．中所得国では，民間ファイナンスの程度は国によって様々であり，世銀の役割の焦点は公民のパートナーシップの最適なミックスを促進することに当てられるであろう．高位中所得国では，1990 年代に多額の民間投資を受けており，世銀グループのインフラ・ファイナンスにおけるシェアは，最近の民間部門投資の減少にもかかわらず，限定的なままと予想され，世銀

---

19) 　前述したように 1993 年から 2002 年の間に世銀のインフラ投資貸付は 50% 減少し，また，構造調整政策の下，「しばしば公共投資の規模の相対的に急激な削減が求められ」た．

グループは民間ファイナンスのテコとなることに焦点を当て続けるだろう.

この方針は，以前のインフラ政策を現実に即して調整したものと見られる. 限定的とはいえ，公共事業体への貸付を容認し，IDA 諸国における公共部門投資の資金源としての自らの重要性を認めているが，これらは，特に所得水準が低い諸国での民活インフラ整備の限界と，公的インフラ供給の必要性という現実を踏まえての方針であろう. また，コスト回収を重要な目標としつつも，その実現時期に関して柔軟性を持たせる方針を示したことは，民活インフラにおける高い料金水準に対する批判を考慮した結果と見られる.

しかし，この新しい世銀の方針をインフラ整備における公民の役割分担に関して中立的なものと見ることはできない. アクション・プランでは民間参加奨励の継続を明言しているし，『世界開発報告 2005』ではインフラ供給への民間参加の利点と政府所有のインフラ担当機関の限界を強調しており，民間偏重の姿勢が明らかである. 前述した① 1997 年をピークに途上国インフラにおける民間投資が大きく減少したこと，②ミレニアム開発目標等を通してインフラの必要性が前例のない承認を受ける一方で，必要性と実際の供給の間に大きなギャップがあることという 2 つの変化した状況から，経済的に貧しい国での民活による全面的なインフラ整備が非現実的であることを認めただけで，世銀自身の民活インフラに関する認識に本質的な変化はなかったと見られる.

それでは，今後，世銀グループは，どのような方法で民活インフラを推進していくつもりなのであろうか. それを知るために，sub-sovereign（準主権）に注目したい. 準主権とは，具体的には州や地方自治体を指す. アクション・プランでも準主権レベルで運営する新しい手段として，具体的に IFC 市（Municipal）ファンド，準主権貸付ファシリティ，準主権への部分リスク・ファシリティを例示する等，その重要性が強調されている[20].

---

20) なお，国際金融公社［1996］では既に「全国レベル以下のプロジェクトが増加し，地方の当局が契約当事者となる. これはいくつかの重要な課題を伴う. 輸送，水道，廃棄物処理のセクターで民営化が進むかどうかは，地方政府の信用力に依るだろう. 最終的には，地方財政の改革が必要となる」(p. 85) と述べられていた.

世銀が，準主権とそれが提供するインフラ・サービスに対して，どのように考えているのかを，『世界開発報告2004　貧困層向けにサービスを機能させる』の第9章「飲料水，衛生，及び電気」から確認したい．その内容には，以下のことが含まれる．

都市部の水や電気のようなネットワーク型のサービスについては，提供者を規制し，貧困層が負担可能なサービスにアクセスできるようにすることが政府介入の主な理由である．しかし，貧しい市民の発言権は弱く，特に水や電気はひいき主義（政治家が票の取りまとめの見返りにある集団を過度にひいきする傾向）の政治に支配されやすい．水，電気の国有提供者は政策当局の延長となり，そうなると政策当局は提供者に説明責任を問うことができず，貧困層は無力なまま放置される．解決策は，政策当局を提供者から分離して，提供者をもっと顧客に感応的にすることであり，分権化や民間参加を通じて所有権を分散すること等がその方法となる．民間参加は政策当局と提供者を分離するための直接的な方法にもなり，潜在的には説明責任の増大に大きな効果があるだろう．また，利用者負担は提供者に運営上の自律性をもたらし，顧客パワー（顧客を最前線のサービス提供者に結び付けている説明責任）を後押しする．売り手が収入の一部であっても買い手に依存していないと，提供者には顧客に対応するインセンティブがほとんど働かない．そして，貧困層向けの補助金をうまく対象を絞り込んで設計すれば，利用者負担制を幅広く実施することが可能になるだろう．なお，民間参加の導入が政治その他の要因によって阻害される場合，戦略的変化はまず最初に公共部門内の各層間で所有権や説明責任を変える形で実施しなければならない．いくつかの先進国の歴史によれば，地方による所有は，民間部門参加に向けてより信頼できる道への第一歩となることがある．また，地方政府が存在し，水や衛生のサービスが地方政府に委譲されている場合，サービス提供を改善するためには，分権化を機能させる必要がある．

以上の主張から，準主権が管轄するインフラでの民間参加と地方分権を促進することが，世銀グループによる民活インフラ推進の新たな手法となると

考えられる．そして，準主権が管轄するインフラには，水道等，公共性が高いものが多いことに注目する必要がある．ミレニアム開発目標等を通して，貧困削減等のためのインフラの必要性が「前例のない承認」を受けているという前述の認識に基づいて世銀が活動するならば，インフラ政策において貧困削減やミレニアム開発目標等への寄与を重視する必要がある．年次報告にも，「インフラはMDGs（ミレニアム開発目標—引用者注）の達成にとって極めて重要です」（世界銀行［2002］p. 71）といった記述が見られる．これらのことから，準主権が管轄するインフラでの民間参加促進の意図は，今後その整備が一層強く求められる水道等の公共性が高い分野のインフラで民間参加を促進することにあると考えられる．

ミレニアム開発目標達成等が国際的な重要課題となり，その達成にとって重要な水道等の整備で民活を推進するために，世銀グループが準主権が管轄するインフラでの民活推進に力を入れるというこの見方は，MIGA［2003］にある「世界中での水セクターの改善がミレニアム開発目標（MDGs）達成にとって絶対的に決定的であるとますます見られている．…このセクターでのMIGAの役割は，このセクターでの民間参加が進展し，準主権リスクに関する懸念によって政治的リスク保険商品のより大きな需要が創出されるにつれて一層重要になると予想される」（p. 3）という記述からも裏付けられる．

前述した，世銀が法・規制改革で消費者保護の強化容認へと姿勢を変えたこと，そして第三者（主として民間企業）に提供義務を移転することを条件として基礎的サービスのデリバリーを支援するOBAの導入も，公共性が高い分野での民活インフラを推進するという意図に基づいてのことと考えられる．OBAの事例の1つであるカンボジアへの水・衛生融資／グラントでは，貧困ラインを下回っていると認定された世帯に民間事業者が給水設備を提供すると，政府が世銀からのグラントを元に一定額の補助金を支払うとされている（世界銀行［2004］）[21]．

21）水ビジネスに関わる民間企業も公共性を意識してか，「商業的な物言いは自粛するようになってきている」（ICIJ［2004］p. 35）との指摘もある．

ここで，アクション・プランや『世界開発報告』から予想される世銀グ
ループの民活インフラに関する新たな対応をまとめておきたい．第1に，
IDA 諸国等での民活インフラの限界を認めつつも，基本的には従来通り，
世銀グループ機関が連携して途上国のインフラに対する民間投資を促進する
と考えられる．第2に，民活インフラ促進の対象は，主として準主権が担う
水道等の公共性の高い分野であろう．役割分担としては，世銀が地方分権と，
準主権レベルで民活インフラ・プロジェクトを実現させるための制度改革や
プロジェクト自体の支援を行い，IFC が助言，投融資を通じて準主権レベル
の具体的な民活プロジェクトを，時にはイニシアティブをとりつつ推進し，
MIGA が民間投資家への保証を行うという形が考えられる．第3に，世銀は，
ミレニアム開発目標等への寄与や公共性に基づく民活インフラ批判を抑制す
るために，貧困層にターゲット化された補助金の制度化支援とそのための資
金供給を進めると考えられる．上記のカンボジアへの水・衛生融資／グラン
トもその一例であるし，2002 年6月に承認されたタジキスタンの「パミー
ル民間電力プロジェクト」では，「電力サービスの価格上の懸念を解消する
ために，市場ルールに基づいた IFC の融資を民間セクターに投入しつつ，
IDA 資金をもとに貧困層に補助金を提供することを目指して」（世界銀行
[2003] p. 73）いる．
　こうした予想される世銀グループの対応には，以下のような問題点が指摘
できる．
　まず留意すべきは，公共性の高い分野での民活インフラは，そのプロジェ
クトが不適切な場合，利用者の生活，時には生命に重大な被害をもたらす可
能性があることである．不適切なプロジェクトを生まないためには，不適切
なプロジェクトは拒否すること，料金水準やサービスの提供範囲等に関して
民間企業と適切な契約を結ぶこと，その契約を企業に順守させることが必須
の条件である．しかし，準主権は，人材面でも，行政能力，民間企業や世銀
グループとの交渉能力の面でも，一般的に中央政府より力が劣るであろう．
こうしたことから，準主権レベルでの民活推進は，不適切なプロジェクトに

より利用者が被害を受ける事例を増やす可能性がある[22].

　次に，貧困層にターゲット化された補助金に対する世銀の支援である．こうした支援自体は貧困層の生活を守る上で有用と考えられるが，公的供給の場合にも世銀が同様の支援をするのかが問題である．もししないならば，この支援は，実質的に貧困層の生活を人質にとって民活を推進するための道具となってしまう．世銀の動向に注意する必要がある．

　最後に，世銀グループによる民活インフラ推進政策の根本的な問題点について考察したい．1983年から現在に至るまで，世銀グループの実質的な最優先の政策目的は，途上国の福祉の向上ではなく，民間投資（実質的には外資）の拡大であると言える．民活インフラの推進も，そのための手段の1つと見てよい．「インフラ提供者のパフォーマンスは投資環境によって形成されているという認識が必要である．すなわち，良い投資環境がインフラの改善に役立つのである」（世界銀行［2005］p. 203）という主張が，世銀の考えを象徴している．この政策目的の背景にある思想は，民間部門は本質的に公共部門より優れている，そして途上国の開発には民間投資が不可欠であるという2つと考えられる．

　途上国の開発における民間投資の必要性，有効性を全面的に否定する主張は現実的ではない．しかし同様に，途上国における資金需要と公的資金とのギャップばかりを殊更に取り上げ，民間投資拡大を無条件に奨励する議論にも問題がある．公的資金に関しては，途上国の税制，ODA，世銀グループを含む国際機関，それぞれのあり方とそれらの連携について，現状を批判的に検討し，改革の方向を探る必要があろう．また，民間投資に関しては，その有効性と限界を明らかにした上で，有効性の最大化が目指されるべきであろう．そして，「民間部門は本質的に公共部門より優れている」という考えは，

---

22)　ICIJ［2004］では，「いったんは企業が契約を勝ち取って料金の引き下げが行なわれるが，その後，すぐに企業が料金の引き上げと達成目標の引き下げを求めて，政府と交渉を始めることも珍しくない．企業がすでに市の水道を支配下に置いているという事実は，こうした交渉において企業側を圧倒的に有利にしている」（p. 32）と述べられている．

事実に基づいて立証されたものではなく，インフラ整備においても民間部門が公共部門より優れているという保証はない（Hall and Lobina［2005］参照）．加えて，民活インフラの運営が公共部門より効率的であったとしても，民間部門による整備には，公共部門による整備では不要なコストや，収益をあげる必要があることから，公的整備よりコストが低くなるとは限らない．また，民間による整備であっても，「公共部門に民間企業並の評価能力（需要予測，事業採算性評価等）が必要」（海外経済協力基金開発援助研究所［1997］p. III-14）である．例えば中国の沙角発電所は，内貨を使わず発電所が整備できたとされる反面，①公共部門自ら建設する発電所の倍のコストがかかる，②外国機器は国産より 40% 高い，③弁護士，コンサルタント，ファイナンス・アドバイザー等各種コストがかかる[23]，④発電所に供給される燃料価格は市場価格の 3 分の 1 であり，この価格差等が消費者価格に転嫁されているといったことが指摘されている（同上書）．

　問題は，こうした普遍的ではない思想に基づく合理的とは限らない政策が，世銀グループという国際的公的金融機関により推進され，途上国に極めて大きな影響を与えていることにある．世銀グループが途上国の福祉の向上を最重要の目的として合理的に活動するようになるためには，世銀グループにおける途上国の発言権と責任の拡大が少なくとも必要であろう．

---

23)　沙角 C 発電所（198 メガワット）の場合，約 9000 万ドル．

第3章
援助・貧困削減・途上国財政

はじめに

1980年代末以降，途上国経済のグローバル化が急速に進展し，途上国の貧困問題に対する国際社会の注目も高まっていく[1]．また，それを受けて，途上国への国際援助のあり方が大きく変化するとともに，途上国に対して財政改革を求める声も強くなっていった．その途上国に求められる財政改革の中で特に重視されているのが「財政管理」であり，また，現在，途上国での貧困削減に関して，国際社会と個々の途上国との結節点となり，各国の貧困削減の取り組みを集約したものとも言えるのが PRSP（Poverty Reduction Strategy Papers：貧困削減戦略文書）である．そのため，途上国援助に関する国際社会の変化と PRSP を踏まえなければ，財政管理の目的と内容について的

---

1) 途上国の貧困問題，経済格差が，富裕国内におけるそれらよりいかに深刻であり，「貧困国の富裕層になるより富裕国の貧困層になる方がはるかにいい」（p.164）ことを示す分かりやすい説明として，ロドリック［2014］を挙げることができる．そこでは，全ての国を1人当たり平均所得でランク付けし，上位10% に入る国を「富裕国」，下位10% に入る国を「貧困国」，所得分配上国内の上位10% の所得層に入っている人々を「富裕層」，下位10% の所得層に入っている人々を「貧困層」とした上で，富裕国にいる貧困層の平均所得は貧困国にいる富裕層のそれの3倍以上であり，乳児死亡率など幸福に関するその他の点についても同様で，富裕国の貧困層は貧困国の富裕層よりはるかに望ましい状態にあること，途上国に行った際に目にする BMW を運転するような超富裕層は貧困国において実際は極めて少ないこと等を指摘している．こうした指摘からも明らかなように，国際社会全体の貧困問題に取り組む場合，主たる対象は途上国にならざるを得ない．

確に把握することはできず，さらに，財政管理を踏まえなければ，PRSP の下で途上国に推奨されている財政改革の内容を検証することはできないと考えられる．

なお，財政管理や，財政管理を踏まえた途上国財政に関する先行研究は，以下のように整理できる．まず，最も多く見られるのは，15 のアフリカ諸国の財政の透明性に焦点を当てて調査した United Nations Economic Commission for Africa［2005］や，ウズベキスタンの財政管理改革プロジェクトについて述べた World Bank［2005］等，国際機関による実証的な研究と言える．理論的な考察を含む総合的な研究は多いとは言えないが，財政管理が途上国で本格的に開始された時期に，100 年間にわたる予算改革の歴史も踏まえて財政管理の指針を示した世界銀行（以下，世銀と略すことがある）の *Public Expenditure Management Handbook*（1998 年），財政管理が重視されるに至る歴史的・理論的背景や，財政管理の手法や技術的課題について詳述している国際協力事業団編［2003］等がある[2]．また，日本においては，林［2006］をはじめ，国際援助との関係を重視した研究が多く見られる．

これらの先行研究では，PRSP を視野に入れた研究も少なくなく，多くの重要な指摘がなされている．しかし，一方で，PRSP の下で途上国に対して，どのような財政改革が推奨されているのか，その推奨されている財政改革と財政管理の関係はどうなっているのかについて十分に明らかにしているとは言い難い．

そこで，本章では，途上国援助に関する国際社会の変化を踏まえて PRSP と財政管理について先行研究の成果も含めて整理した上で，途上国の経済政策に最も強い影響力を持つ国際機関と言える世銀・IMF が推奨する PRSP のあり方を示すと見られる *PRSP Sourcebook* から，PRSP の下で途上国に

---

2) その他に，財政管理を特に強調していない，PRSP と関連した途上国財政に関する先行研究としては，世界銀行研究所（WBI：World Bank Institute）での学習プログラムを考慮して作成された文書を含み，貧困削減戦略を実施する途上国における財政に関する諸論点を，理論面を含めて論じている Moreno-Dodson and Wodon ed.［2008］等がある．

第3章 援助・貧困削減・途上国財政　　　　　115

推奨されている財政改革の内容や特徴を明らかにし，評価したい．

1.　国際社会の課題としての貧困削減

　途上国経済のグローバル化が 1980 年代末以降に大きく進展する中，90 年以降，貧困削減に関する国際的な目標が急速に整備・拡充されていき，この動きと相互に作用する形で国際社会の貧困削減に対する注目も高まっていった[3]．そして，こうした国際目標の拡充や貧困削減に対する注目の高まりは，貧困削減への取り組みのあり方にも大きな変化をもたらした．この節では，80 年代末以降を中心に，貧困削減に関する国際的な動向とその背景について整理する．

(1)　貧困削減に関する国際的な目標の推移

　1990 年以降の主な貧困削減に関する国際的な目標[4] としては，まず 90 年の「万人のための世界教育会議 1990」[5] における，2000 年までに全ての子どもが初等教育に入学し，14 歳児の 80% が初等教育終了レベルに達すること等の目標の設定が挙げられる[6]．また，95 年には，世界社会開発サミットで，各国が設定する目標期限までに絶対的貧困を根絶すること等のコミットメントを含む「コペンハーゲン宣言」が採択される[7]．96 年には，経済協力

---

3)　中尾［2005b］は，最近の国際会議では，「途上国への支援が使命となっている国連機関や世銀での議論は当然のこととして，もともと『開発』よりは『政策協調』や『国際金融』を中心的な課題とする IMF や G7 財務大臣・中央銀行総裁会議でも，先進国間のマクロ経済政策や主要通貨の問題，中国など新興市場経済国などの議論と並んで，あるいはそれ以上の時間を使って貧困削減が議論されている」（p.2）と指摘している．

4)　1990 年より前については 61 年の国連総会で採択された「国連開発の 10 年」が特に重要である．詳しくは中村修三［2007］参照．

5)　The World Conference on Education for All 1990. 世界銀行，ユネスコ，ユニセフ，UNDP の共催．

6)　米村編［2003］，中村修三［2007］．

7)　国際連合広報センター［1998］．

開発機構（OECD：Organization for Economic Co-operation and Development）
の開発援助委員会（DAC：Development Assistance Committee, 第 4 章注 2 参照）
が，一般には「DAC 新開発戦略」と呼ばれる「21 世紀に向けて：開発協力
を通じた貢献（Shaping the 21st Century：The Contribution of Development Co-
operation）」を採択し，途上国において極端な貧困下で生活している人口の割
合を 2015 年までに半減させること，2015 年までにすべての国において初等
教育を普及させること等，期限を明示した国際開発目標（IDGs：International
Development Goals）を設定する（OECD-DAC［1996］）．そして，2000 年の
国連ミレニアム・サミットで採択された国連ミレニアム宣言を基に，IDGs
等を発展的に統合し，ミレニアム開発目標（MDGs：Millennium Development
Goals）がまとめられ[8]，その達成は公式的に国際社会全体の課題とされるこ
ととなった[9]．ミレニアム開発目標の多くは 15 年を達成の実質的期限とし
たため，その年には後継の目標をまとめる必要があり，15 年 9 月にニュー
ヨーク国連本部で開催された「国連持続可能な開発サミット」において，
「我々の世界を変革する：持続可能な開発のための 2030 アジェンダ」が採択
されることになる．このアジェンダには，17 のゴールと 169 のターゲット
から成る「持続可能な開発目標（SDGs：Sustainable Development Goals）」が
掲げられており，この「持続可能な開発目標」は，「ミレニアム開発目標を

---

8) 第 56 回国連総会に向けてとりまとめられた 2001 年 9 月 6 日付の "Road map towar
ds the implementation of the United Nations Millennium Declaration"（A/56/326）
の中で公表された（詳しくは城山［2013］を参照）．具体的には「極度の飢餓と貧困
の撲滅」，「初等教育の完全普及の達成」等の 8 つのゴールの下に「1990 年から 2015
年の期間に飢餓に苦しむ人口の割合を半減させる」，「2015 年までに，全ての子ども
が男女の区別なく初等教育の全課程を修了できるようにする」等のターゲットが掲げ
られている．http://www.unmillenniumproject.org/goals/gti.htm#goal1, http://
www.mofa.go.jp/mofaj/gaiko/oda/doukou/mdgs/about.html#mdgs_list 等を参照．
9) ミレニアム開発目標に関する主だった国際会議としては，2008 年 9 月 25 日の「ミ
レニアム開発目標ハイレベル会合」（国連事務総長と国連総会議長の共催），2010 年 9
月 20 日〜22 日の「MDGs 国連首脳会合」（約 140 カ国が参加）等を挙げることがで
きる（http://www.mofa.go.jp/mofaj/gaiko/oda/doukou/mdgs/link.html#shiryo,
http://www.undp.or.jp/aboutundp/mdg/）．

基にし，それらが達成できなかったことを完遂しようとする」（国連文書A/70/L.1）もの，つまり，ミレニアム開発目標の後継と位置付けられた[10]．

（2）　背景

　貧困削減に関する国際目標の拡充と貧困削減問題に対する注目の高まりの背景として，第1に，1980年代末以降の構造調整政策の広がりと，それに対する批判の高まりを挙げることができる．構造調整政策は80年の世銀の構造調整貸付の開始により始まったと言えるが，当初は必ずしも順調に普及せず，89年前後から，この構造調整政策を柱とした経済政策全般にわたる改革が途上国に強く求められるようになり，途上国経済のグローバル化を推進することにもなる（第1章参照）．しかし，例えば『政府開発援助（ODA）白書　2003年版』が「多くの途上国で構造調整政策が順調に進まなかったのみならず，貧困の状況が悪化したことは，そうした開発手法の転換を迫るものでした．その反省から1990年代は貧困に対する関心が高まり，1995年の『世界社会開発サミット』では，人間中心の社会開発を目指し，世界の絶対的貧困を半減させるという目標が提示されました」[11]（p. 12）と指摘する

10）　なお，このアジェンダでは，ミレニアム開発目標の意義と達成状況について，「開発のための重要な枠組みを与え，多くの分野で重要な進展が見られた．しかしながら，進展にはばらつきがあり，それはアフリカ，後発開発途上国，内陸開発途上国，小島嶼開発途上国で特にそうである．いくつかの目標，特に母子保健及び性と生殖に関する健康の目標は依然として達成に向けての軌道に乗っていない」と評価している．http://www.unic.or.jp/activities/economic_social_development/sustainable_development/2030agenda/, http://www.un.org/ga/search/view_doc.asp?symbol=A/70/L.1, http://www.mofa.go.jp/mofaj/ic/gic/page3_001387.html, http://www.mofa.go.jp/mofaj/files/000101402.pdf を参照．

11）　この引用部分の前には「特に1980年代においては，世界銀行・国際通貨基金（IMF：International Monetary Fund）の主導により，多くの途上国で市場経済メカニズムに依拠する構造調整政策を通じた開発手法が採用されましたが」（p. 12）とあるが，第1章で明らかにしたように，構造調整政策の本格的な広がりは80年代終わり頃からと考えられること，そして，80年代の終わりには，世銀において公平の問題の重要性が認識され，構造調整政策においても社会的側面を重視する取り組みが既に始められていたこと（Datta-Mitra [1997]）に留意する必要がある．

ように，構造調整政策に対しては多くの批判がなされ，それが貧困問題への
関心の高まりと国際目標の拡充へとつながっていった．なお，上記の文章に
ある，転換を迫られた「そうした開発手法」とは世銀・IMF 主導により多
くの途上国で採用された「市場経済メカニズムに依拠する構造調整政策を通
じた開発手法」(p. 12) を指し，構造調整政策の，画一的な政策とその押し
付け的な実施は特に強く批判された[12]．そして，95 年の「世界社会開発サ
ミット」で採択された「コペンハーゲン宣言」には，コミットメントとして
「我々は，構造調整計画が合意される際，特に貧困の撲滅，完全で生産的な
雇用の促進，社会的統合の強化などの社会開発目標を含むことを確保するこ
とを誓約する」(国際連合広報センター [1998] p. 19) ことが含まれている．

　第 2 に，1989 年のベルリンの壁の崩壊，91 年のソ連邦崩壊に象徴される
東西冷戦の終結が挙げられる．冷戦が終結し，地球規模でヒト，モノ，カネ，
情報が自由かつ急速に行きかうようになると，その地球規模での市場から最
大限の利益を得ようと，経済・社会の結びつきを強めようという動きが急速
に高まることになる．しかし，それは同時に一地域・一国の社会不安や経済
危機が世界規模で波及するリスクも飛躍的に高め，そうしたリスクを緩和・
解消する必要性が増すことになる．そして，こうした社会的，経済的リスク
の最も重要な発生原因の 1 つと考えられる貧困問題の緩和・解消の必要性も
高まっていった[13]．

　第 3 に，2001 年 9 月 11 日のアメリカでの同時多発テロがある．後述する
「モンテレイ合意」がなされた開発資金国際会議について，『政府開発援助
(ODA) 白書　2003 年版』が「米国の同時多発テロが前年に起こったことも
あり，『貧困がテロの温床になり得る』といった認識から，会議の前及び会
議の際に米国，EU (：European Union) 諸国，そしてカナダ等は ODA の増

---

12)　白鳥 [1998] 等を参照．
13)　また，冷戦終結後のグローバル化の急速な進展は，世界全体を 1 つの経済・社会と
　　して見る意識を高め，他国での貧困も「他人ごと」ではなく，「自分の属する社会で
　　の出来事」として見ることにつながっていったことも指摘できる (船津 [2005])．

額を発表しました」（pp. 12, 13）と述べているように，9・11 同時多発テロを受けて，先進国にとっても，実効性のある貧困削減が切実な課題になったことが指摘できる．

こうした背景は，以下で述べる貧困削減へのアプローチにも大きな影響を及ぼしている．

(3) 現在の貧困削減に対するアプローチの特徴

前項で見た背景を受けて，ミレニアム開発目標の達成を含めて実効性のある貧困削減が一層強く求められるようになり，国際社会の貧困削減に対するアプローチにも大きな変化が見られるようになった．現在の貧困削減に対するアプローチの主な特徴としては，以下を挙げることができる．

第1に，政治改革要求の高まりがある．1990 年代に入ってから，多くの先進国や国際機関が援助を行うにあたって途上国の政治改革を重視する姿勢を示しだし（下村他 [1999]），現在もこの傾向は継続している．こうした動きの背景として，1 つには，構造調整政策をはじめ，途上国での経済改革が思うような成果を上げられなかった重要な原因は政治面にあり，政治改革は経済政策が成果を生むための不可欠な要素である，という認識がある[14]．そして，UN Millennium Project [2005] が，ミレニアム開発目標が達成されていない 4 つの重要な理由のうちの 1 つとして，「貧弱な統治」（poor governance）・「統治の失敗」（governance failures）を挙げ（pp. 29, 31），世界銀行 [2001] が「優れたガバナンスと機能的な公共制度は，開発の有効性にとってますます重要であると考えられています」（p. 44）と記しているように，特にグッド・ガバナンス[15] は，途上国に求められている政治改革の核とも言える存在になっている．なお，グッド・ガバナンスは，後述するように財政管理とも深い

---

14) もう 1 つの側面として，冷戦終結後，先進国政府や国際機関において，人権や民主主義が普遍的価値として扱われるようになり，一部主要援助国は，そうした価値の実現自体を援助の極めて重要な目的と認識していることが指摘できる（船津 [2005]）．

15) 詳しくは船津 [2005] を参照．

関わりがある.

　第2に，成果重視で援助資金を配分する傾向が強まっていることが挙げられる[16].このことは，実効性のある貧困削減が強く求められるようになったことを受けての当然の流れとも言えるが，第1で挙げた援助の成果を上げるためにはグッド・ガバナンスを含む政治改革が不可欠であるという認識と強く結びついている点に留意する必要がある.例えば，アメリカでは，2002年に当時のブッシュ大統領がODAの50%増額をコミットした際に，増額分をより選択的に供与する仕組みとしてミレニアム・チャレンジ・アカウントを打ち出したが，その資金供与適格国の選定基準16指標のうち6指標が「正しい統治」に関するものである（中尾[2005b]）.なお，この成果重視はPRSPのあり方にも非常に大きな影響を与えている.

　第3に，「脆弱国」への配慮がある[17].これは，第2で挙げた成果重視の資金配分と裏表の関係にある.成果重視の資金配分を進めれば，脆弱国への資金は削減されることになりかねないが[18]，それは紛争や人道的に容認し難い環境にある人々を放置することにつながる可能性がある.また，ミレニアム開発目標等の達成のためにも，こうした諸国の状況を改善することが不可欠である.そこで，世銀の場合には，国別政策／制度評価（CPIA：The Country Policy and Institutional Assessment）という各国政府の政策やその政

---

16)　OPM[2005]も，援助の配分やドナーの政策において，貧困問題を動機としたものと，過去や予想される将来の貧困削減の実績に影響されているという意味で「選択的」なものの両方が増えている形跡があること，そして前者はミレニアム開発目標へのコミットメントに関する国際的コンセンサスが増大するにつれて増えていることを指摘している.なお，こうした成果重視の援助資金の配分傾向は"selectivity"と表現されることがあり，途上国援助に関してこの語が用いられる場合，「選択的援助」や「選択的支援」と訳されることがしばしばある.

17)　「脆弱国」にあたる国に対する表現や，その厳密な定義，そしてそれら諸国に対する支援のあり方は国や機関によって異なる.詳しくは，秋山編[2008]，木原[2005]を参照.

18)　すぐ後で触れる，世銀の脆弱国の定義の基準となっているCPIAは，本来，IDAにおける成果重視の資金配分のための主要な要素である（http://go.worldbank.org/U9YV7C0CY0）.

策を実行するための制度を評価する指標[19] を主要な評価基準にして，政府の統治能力や制度能力が一定水準に満たない国を「脆弱国」とし[20]，IDA[21] は，2000 年以降，脆弱な，そして紛争による影響のある諸国に対して紛争後の再建支援で 590 億ドルを超える資金を供給している[22]．また，二国間援助でも，こうした諸国に対する援助の増加が指摘されており（OPM [2005]），イギリスの援助機関である DFID でも，05 年に発表した *Why we need to work more effectively in fragile states* において，脆弱国（fragile states）を「政府が貧困層を含む国民の大多数に対して中核的な機能を果たせないか，果たす意志がない」（p. 7）諸国であり，「脆弱国の定義を紛争によって影響を受けている諸国に限定しない」（p. 7）とした上で，それら諸国では貧困が非常に広範に及ぶこと，それら諸国が地域や世界の安全を不安定化させ得ること，危機への遅い対応はコストを高くすることから，「我々は，脆弱国でより上手に仕事をする必要がある」（p. 9）としている．

　第 4 に，債務削減の重視が挙げられる．その背景には，序章，第 1 章で述べたように，多くの途上国で重債務問題が発生し，そのような国では債務返済が財政・国際収支上の大きな負担となり，貧困削減のために使われるべき資源が先進国や国際機関への返済に充てられてしまっているとの議論が強くなっていったことがある（中尾 [2005]）．このことは，次節で述べるように，1999 年の拡大 HIPC イニシアティブへと結実し，PRSP と直接的につながっ

---

19)　http://go.worldbank.org/U9YV7C0CY0.

20)　CPIA に関しては，具体的には，3.0 未満かデータが入手不可能な国を「『中心的な』脆弱国」（"core" fragile states），3.0〜3.2 の諸国を「『周辺的な』脆弱国」（"marginal" fragile states）としている（http://web.worldbank.org/WBSITE/EXTERNAL/PROJECTS/STRATEGIES/EXTLICUS/0,,menuPK:511784~pagePK:64171540~piPK:64171528~theSitePK:511778,00.html）．

21)　IDA は，International Development Association，国際開発協会のことで，世界銀行という場合，一般的には IBRD（International Bank for Reconstruction and Development，国際復興開発銀行）と IDA の両者を指し，IDA を「第二世界銀行」と呼ぶこともある．IDA は途上国の中でも貧しい諸国を融資対象としている．第 4 章注 13 参照．

22)　http://go.worldbank.org/BNFOS8V3S0. 2011 年 9 月 25 日閲覧．

ていくこととなる.

　第5に，政策一貫性（policy coherence）の強調が挙げられる．途上国援助に関して，この語が用いられる場合，先進国の政策や国際ルールを含む途上国に影響を与える全ての政策が開発や貧困削減に寄与しているか，少なくとも悪影響を与えないことを指す．1990年代以降，これを重視する意識が高まり，2000年からはDACの対援助国審査会合においても，政策一貫性の観点からの評価が恒常的な審査項目となった（国際協力銀行［2005］）．特に問題とされているのは先進国の農業政策であり，例えば，『世界銀行年次報告2003年版』において，当時のウォルフェンソン世銀総裁は，「モンテレー会議では，MDGsの達成には貿易がきわめて重要な役割を果たすことが強調されました．…中でも，最も重要かつ難しい問題が農業です．しかし，農業分野の市場規制と補助金こそ，途上国の貧困削減を阻んでいる最大の外部要因にほかなりません．事実，先進国が自国の農業を保護するために支出している補助金は，すべての途上国がMDGsを達成するために必要な援助の総額をはるかに上回っています」（p. 3）と述べている.

　最後に，貧困削減を進める上でPro-Poor Growthが強く意識されるようになったことが指摘できる．なお，Pro-Poor Growthには厳密な定義が定まっているとは言い難い．例えばOECD［2006］においては，「貧しい男女の，成長に参加し，寄与し，そこから利益を得る能力を強化する成長のペースとパターン」（p. 10）と定義されているが，最も一般的な理解は「貧困削減に資する成長」といったものであると見られる．なお，このPro-Poor Growthの重視は，PRSPにも大きな変化をもたらしている.

（4）　途上国・先進国の役割分担とモンテレイ合意

　貧困削減が国際社会全体の課題となる中，途上国と先進国の役割分担はどうあるべきなのか．このことに関して特に重要なのが2002年にメキシコのモンテレイで開催された国連開発資金国際会議において採択されたモンテレイ合意（Monterrey Consensus）[23]である.

第 3 章　援助・貧困削減・途上国財政　　123

内容は広範であるが，以下のことを含んでいる．

　まず，目標として貧困の撲滅，持続的な成長の達成，持続可能な開発の促進を掲げている．そして，各国が自身の経済・社会開発の主たる責任を持つとして，途上国のオーナーシップを強調する一方で，ミレニアム開発目標を含む国際的に合意された開発目標の達成には，先進国と開発途上国間の新しいパートナーシップが必要として[24]，先進国の責任にも言及している．特に，ODA に関しては，その重要性を指摘し，先進国に対して，GNP の 0.7% のODA という目標に向けての具体的な努力を強く求めている．また，債務削減に関しても，拡大 HIPC イニシアティブの迅速，有効かつ完全な実施の重要性を指摘するとともに，IMF と世銀に対して，債務削減を含む政策勧告をする際には，自然災害，交易条件の過酷なショック，あるいは紛争によって引き起こされる国家の債務持続可能性の基礎的な変化を適切に考慮する必要があると強調している．

　途上国に対しては，上記目標を追求する上で決め手となるのは，国内の貯蓄を動員するために必要とされる状態を国内で保証することであり，そのための課題として，マクロ経済政策，グッド・ガバナンス，汚職との戦い，基礎的な経済・社会インフラや社会サービス・社会的保護への投資，国内金融セクターの強化・開発，財政を含む様々な分野での能力構築等を挙げている．また，財政に関しては，公的資源の動員と政府によるその運営のために有効で，効率的で，透明な，説明責任のあるシステムや，公共支出が生産的な民

---

23)　International Conference on Financing for Development ［2003］．例えば，当時のウォルフェンソン世銀総裁は，「2002 年 3 月にメキシコのモンテレーで開催された「国連開発資金国際会議」で交わされた約束は，ミレニアム開発目標（MDGs）を達成するためには国際社会の一致団結した努力が欠かせないことをあらためて強調するものでした．2015 年までに世界の貧困を半減することは，MDGs が掲げる目標の 1 つです．モンテレー合意はすべての関係者，つまり先進国と途上国の双方に行動と説明責任の枠組みを提供するものでした」（世界銀行［2003］p. 2）と評価している．

24)　パートナーシップに関しては，先進国との関係だけでなく，市民社会組織や民間セクターを含む全ての利害関係者の積極的な関与を奨励したいとしている．また，正義，公平，民主主義，参加，透明性，説明責任，包含（inclusion）といった原則に基づくことも主張されている．

124

間投資をクラウド・アウトしないための改善，公平で効率的な税制と行政とともに，財政的な持続可能性を保証することの重要性を指摘している．

　なお，各国の開発努力は，それを可能にする国際経済環境によって支援される必要があり，貿易と投資の機会の有効な利用は貧困と戦う各国を助けることが出来る，そして，グローバリゼーションは機会と挑戦を提供するとしている．また，グローバリゼーションは完全に包括的で公平であるべきであるとしており，課題はあるとしつつも，グローバル化そのものは支持している．この姿勢は，民間国際資本フロー，特に外国直接投資が各国，そして国際的な開発努力に対する必須の補完物であるとしている点にも現れている．

　以上のように，途上国自身が経済・社会開発の主たる責任を持つとするオーナーシップと，貧困の撲滅等の目標の達成には先進国にも ODA を含め協力する責任があるとするパートナーシップの双方が強調されている．このオーナーシップとパートナーシップ双方の強調は，国際社会全体のまさしくコンセンサスとなっており，PRSP や財政管理にもこの考え方が強く反映されている．

2．PRSP（貧困削減戦略文書）

　現在，経済に限らず途上国の政策全般に大きな影響を及ぼし，また後述するようにドナーにとっても援助の核となっているのが PRSP である．最初に，PRSP の誕生の経緯を確認したい．最も重要な背景と言えるのが，途上国に対する債務削減である．1996 年のリヨン・サミットで，HIPC（Heavily Indebted Poor Countries：重債務貧困国）の債務を持続可能な水準まで引き下げる国際的な債務救済措置である HIPC イニシアティブが合意された．さらに 99 年には，ケルン・サミットにおいて，HIPC イニシアティブに関し，より手厚い債務救済を実施することが合意され，拡大 HIPC イニシアティブ[25] と呼

25）　拡大 HIPC イニシアティブの詳細については，中尾［2005］を参照．

ばれることになる（外務省 ［2005］）[26]. そして，同じく 99 年の IMF・世銀
年次総会時の合同委員会及び暫定委員会において，重債務貧困国及び IDA 対
象国に対し，債務削減と IDA 資金供与の条件として，PRSP の作成を要請す
ることが決定された（外務省 ［2003］）[27]. また，World Bank ［2000］にお
いて，PRSP のことが「貧困削減の緩慢な進展に関して増大する国際的懸念
の結果である」(p. 15) と述べられているように，PRSP 誕生の背景には，途
上国の貧困削減が思うように進んでいないという国際社会の認識があったこ
とにも留意する必要がある. それでは，以下，PRSP について，さらに詳し
く見ていきたい.

(1) PRSP とは何か

PRSP は，債務削減対象国認定や IDA 融資のための判断資料とすることと，
貧困削減の推進を主たる目的とする，一般的には 3 年間の，貧困削減に焦点
を当てた経済・社会開発計画と言える[28].

その内容には，貧困の現状・要因分析，貧困削減のための目標の設定とそ
の実現のためのマクロ及びセクター・レベルの経済政策，社会政策，行政・
政治改革といった諸政策，モニタリングの方法等を含み，作成においては，
CDF（Comprehensive Development Framework：包括的開発枠組み）[29] の考

---

26) その後，2005 年には，ミレニアム開発目標の達成に向けた動きを促進するため，
G8 の合意に基づいて，マルチ債務救済イニシアティブ（MDRI：The Multilateral
Debt Relief Initiative）が発足する. ここでは，HIPC イニシアティブのプロセスを
完了しつつある国に対して，IMF，世界銀行，アフリカ開発基金による適格債務の
100％ 減免を認めている. そして，07 年には，米州開発銀行も西半球の 5 つの重債務
貧困国に対して追加的債務救済を行うことを決定した（http://www.imf.org/
external/np/exr/facts/jpn/hipcj.htm, http://www.imf.org/external/np/exr/facts/
pdf/mdri.pdf, http://www.ide.go.jp/Japanese/Research/Theme/Eco/Debt/index.
html）.
27) 国際協力事業団 ［2003］では，債務削減によって浮いた資金の使途は，債権放棄国
の意図に沿ったものであることが求められるとした上で，それを担保する計画として
PRSP を位置づけている.
28) World Bank ［2000］，牧野他 ［2001］，世界銀行東京事務所 ［2004］.
29) 1998 年に世銀のウォルフェンソン総裁によって提唱された，被援助国のマクロ経

え方に沿って，当該国政府のオーナーシップの下，幅広い関係者，具体的には，援助国，国際機関，NGO，貧困層を含む市民社会，民間セクター等が参加することが求められている．

そして，PRSP は，IMF と世銀のスタッフが共同で取りまとめる JSA（Joint Staff Assessment：共同スタッフ評価）によって評価され，世銀と IMF の理事会では，この JSA を元に PRSP の有効性や今後の援助の方向が検討されたが[30]，この JSA による評価と，世銀と IMF の理事会での検討が途上国のオーナーシップを阻害しないか，危惧する声もあった[31]．そして，2005年1月に，この JSA は JSAN（Joint Staff Advisory Note：合同スタッフ・アドバイザリー・ノート）に代えられることとなった[32]．

さらに，PRSP はミレニアム開発目標等の達成のための要としても位置づけられ[33]，途上国におけるより有効で効率的な貧困削減のための政策の策

済安定と構造的，社会的，人間的側面のバランスの取れた発展を同時に目指すアプローチのことで，①開発戦略は包括的であり，長期的なヴィジョンに基づいて形成されるべきである，②各国は，市民参加に基づいたそれ自身の開発アジェンダを考案し，管理すべきである，③政府，ドナー，市民社会，民間セクター，そして他の利害関係者は，開発戦略を実行する被援助国によってリードされるパートナーシップに基づいて，ともに取り組むべきである，④開発実績は，測定可能な結果に基づいて評価されるべきである，という4つの原則が示されている（外務省［2004］，http://go.worldbank.org/N2NDBE5QL0）．なお，CDF の意義に関しては柳原［2001］を参照．

30）牧野他［2001］，柳原［2001］，外務省［2004］，世界銀行東京事務所［2004］，中尾［2005b］，http://www.imf.org/external/np/exr/facts/jpn/prgfj.htm.

31）柳原［2001］，中尾［2005b］，第5章参照．

32）http://siteresources.worldbank.org/INTLACREGTOPPOVANA/Resources/RevisedPRSPLACclearanceprocedures02242009.doc．これにより，世銀での PRS-JSAN の過程が簡素化される等の改善があるとされている．また，世界銀行［2009］には，「理事会は世銀の貧困削減の取り組みの実施状況を引き続き厳密に監視しています．借入国が策定した貧困削減戦略文書（PRSP）を検討した上で，2009年2月，各国の貧困削減戦略への世銀の資金投入効率を改善し，借入国と機関の取引コストを減らすため，貧困削減戦略文書で求められる合同アドバイザリー・ノートの要件が簡素化・合理化されました」（p. 3）との記述がある．しかし，本文で記した PRSP と JSA の関係に関しては JSAN においても本質的に変わらないと見られる．

33）牧野［2002］は「2000年9月の国連ミレニアム・サミットおよび2002年3月のモントレイ国連開発資金国際会議を経て，世銀は PRSP を，ミレニアム開発目標（MDG）を達成するための国別の戦略と位置付けている」（p. 99）と，また，外務省［2004］は

第 3 章　援助・貧困削減・途上国財政　　127

定と実施という役割はもちろん，それに劣らず，より有効で効率的な援助に
寄与することが期待されている[34].

(2)　援助と PRSP

実効性のある貧困削減政策を進めるため，援助の有効かつ効率的な活用が
大きな課題となっている．その具体的な取り組みとして推進されているのが
援助協調であり，PRSP はその中心と位置付けられている．つまり，PRSP
を途上国のオーナーシップの下で，外部パートナーとして援助国や国際機関
も参加して作成し，完成後は，PRSP に外部パートナーの援助を連携（align）
させることが期待されているのである[35].　また，援助協調の一環として，
調達ガイドラインや入札書類等の共通化といったドナー間の手続きのハーモ
ニゼーション（harmonization）も求められている[36].　なお，この援助協調推
進の流れを受けて，援助の手法も変化を見せている．この変化は，財政管理
が強調されるようになった最も重要な背景の 1 つであるため，財政管理につ
いて述べる次節で見ることとする．

ここで，国際金融機関で行われた改革を確認したい．こうした改革には，
PRSP を援助協調の中心とする国際社会の流れを踏まえた内容が含まれるか
らである．

まず，IMF である．IMF は，最貧国への譲許的融資に関して，1986 年 3
月からは構造調整ファシリティ（SAF : Structural Adjustment Facility）を通

「特に，近年，MDGs の達成に向けて，PRSP 実施における関係各国の努力が結びつ
けられて論じられるようになってきています．例えば，2003 年 9 月に開催された世
界銀行・IMF 合同委員会コミュニケにおいても，PRSP の実施と MDGs の達成をよ
り密接に関連づける努力をする必要あることが述べられています」（p. 105）と述べ，
PRSP とミレニアム開発目標が密接に関連付けられていることを指摘している．

34)　牧野［2002］は，PRSP の主たる機能を①計画策定，②援助調整の 2 点としている．
35)　World Bank, IMF［2005］，中尾［2005b］．
36)　中尾［2005b］．モンテレイ合意でも，ODA の有効性を高めるために，多国間・二
　　国間の援助機関が特に努力を強化すべきことの 1 つとして，手続きの調和化を挙げて
　　いる．

して，87 年 12 月からは拡大構造調整ファシリティ（ESAF：Enhanced Structural Adjustment Facility）を通して提供していたが，99 年の PRSP の導入を受け，被援助国政府の努力を支援する形へと支援のあり方を変える必要があるとして，同年に貧困削減・成長ファシリティ（PRGF：Poverty Reduction and Growth Facility）を創設し，ESAF の役割を引き継がせた[37]．PRGF 創設による変化としては，PRGF に基づくプログラムは PRSP に沿って作成され，その目標と政策条件も PRSP から導き出されること，マクロ経済の安定が維持されている間は各国の状況や貧困層向けの優先課題の変化にも柔軟に対応すること等が挙げられた[38]．さらに，2010 年 1 月には拡大信用ファシリティ（ECF：Extended Credit Facility）が創設され，PRGF に取って代わる．より簡素化され，焦点を絞ったコンディショナリティ，より譲許的な融資条件，より柔軟なプログラム・デザイン等が ECF の特徴されている[39]．

　世銀においても，前述のように多くの批判を受け，それが現在の貧困削減政策のあり方にも大きな影響を与えた調整融資（Adjustment Lending）を，2004 年 8 月 10 日に開発政策融資（Development Policy Lending）に替えるという大きな改革がなされた．この開発政策融資では，調整融資での反省を踏まえて，①部門調整ローン，構造調整ローン，貧困削減支援融資（PRSC：Poverty Reduction Support Credit）といった調整融資の様々なツールを統合したこと[40]，②よりフレキシブルにすること[41]，③貧困削減や社会・制度・

---

37)　http://www.imf.org/external/np/exr/facts/jpn/prgfj.htm, http://imf.org/external/np/exr/facts/jpn/esafj.htm．なお，PRGF を導入した時期について，前者は 9 月に創設とし，後者は 11 月に導入としている．なお，外務省［2005］においては，11 月に ESAF から名称変更としている．

38)　http://www.imf.org/external/np/exr/facts/jpn/prgfj.htm, http://imf.org/external/np/exr/facts/jpn/esafj.htm．

39)　http://www.imf.org/external/np/exr/facts/pdf/ecf.pdf, http://www.imf.org/external/np/exr/facts/howlend.htm．なお，ECF は，IMF が，金融支援がより柔軟で低所得国の多様性に合わせたものになるよう 2010 年に設立した貧困削減・成長トラスト（PRGT：Poverty Reduction and Growth Trust）を構成する 3 つの融資手段のうちの 1 つである．詳しくは，IMF の低所得国向け支援（ファクトシート）（http://www.imf.org/external/japanese/np/exr/facts/pdf/poorj.pdf）を参照．

環境により重点を置くこと，④効果の分析・成果の評価・モニタリング・監査といったチェックを重視すること，⑤世銀の国別援助戦略（CAS：Country Assistance Strategy），PRSP，ミレニアム開発目標との整合性を持たせることといった変化が見られた[42]．また，世銀は，各途上国に対する支援方針や資金配分の中核となる国別援助戦略について，2002 年 7 月より，低所得国については PRSP に基づいて作成し，モニタリングにおいても PRSP の指標を採用するとともに（国際協力機構国際協力総合研修所［2004］），03 年度に結果重視型 CAS の初のパイロット・プロジェクトとしてスリランカの CAS を作成した（世界銀行［2003; 2004］）．

(3) PRSP の変化

貧困削減を進める上で Pro-Poor Growth が強く意識されるようになったことを受けて，2000 年前後に策定された第 1 世代の PRSP が社会セクター重視であったのに対し，第 2 世代 PRSP では，経済開発の重要性を意識する傾向が強くなっているとされる（上江洲他［2008］）．

現在の経済成長・経済開発重視の PRSP の内容については，財政面に特に注目しつつ，第 4 節で見ることとしたい．

3. 財政管理

オーナーシップとパートナーシップの考え方に基づいて，先進国に対して ODA の拡充や援助協調が求められる一方で，途上国に対しては，援助の有効かつ効率的な利用を含む主体的な努力が求められるようになったこと，PRSP が援助協調の中心になっていることについては既に述べたとおりであ

40） ただし貧困削減支援融資の名称は継続された．

41） 具体的には，目的を長期の政策改革や制度構築等を含む包括的な開発問題に置くこと，世銀全体の貸付のどの程度のシェアであるべきかこだわらないこと，各貸付の大きさにもこだわらないことが挙げられる．

42） 秋山［2004］，本間［2008］，World Bank website［2004］．

る．そして，この援助協調と途上国の援助の有効かつ効率的な利用のために特に重要視されている取り組みが「財政管理」（Public Financial Management）[43]である．

　財政管理は，最も広義においては公共部門全体の適切な管理手法の導入を意味し，途上国において本格的に開始されたのは 1990 年代半ば以降と見られる[44]．そして，その主として目指すところは，予算を通して，歳入や債務の返済能力を踏まえた水準に歳出を抑える「規律ある財政」，政府の目標実現のための「効率的な資源（財源）配分」，資源を効率的・効果的に利用した「能率的な事務事業やサービスの提供」の 3 つと言える[45]．ただし，財政管理においては，手続きを遵守することを通じて結果が保証されるとする「適正手続き（Due Process）」の考え方を越えて，結果（output），さらには成果（outcome）の重視を目指す点に留意する必要がある[46]．

　また，その基づくべき原則としては，説明責任（accountability），透明性（transparency），法の支配（rule of law），参加（participation）が挙げられ，

---

43)　類似の用語として，「公共支出管理」（Public Expenditure Management）があるが，両者の定義・区別は必ずしも定まっている訳ではなく，その違いは曖昧と言える．本章では，両者を特に区別せず，「財政管理」の用語を用いる．両者の使われ方等について詳しくは，林［2006］を参照．

44)　国際協力事業団編［2003］，林［2006］．また，途上国における財政管理は，先進国におけるニュー・パブリック・マネージメント（New Public Management）の深化後，その影響を受けたものであることが国際協力事業団編［2003］，国際協力機構［2004］等で指摘されている．

45)　林［2006］．なお，World Bank［1998］では，国家の諸制度（institutions）は 3 つのレベル（レベル 1 は全体としての財政規律，レベル 2 は戦略的優先順位と一致した資源（財源）配分，レベル 3 は戦略的優先順位の実行における効率的で有効な資源（財源）の利用）で予算の成果に決定的な影響力を持つとしている．

46)　国際協力事業団編［2003］．援助国や国際機関における成果重視・「援助吸収能力」のある途上国への資金の優先的な配分の傾向については，前述したとおりである．また，林［2006］は，この点について，財政管理は，開発援助による資金が①当初の目的に沿って使用されない，②正確かつ適時に報告がなされない，③成果が最小費用で達成されたことが示されないという 3 つから成る「信託（fiduciary）リスク」と，開発成果が達成できないリスクのことを指す「開発（development）リスク」という 2 つのリスクを管理しようとするものと換言できるとしている．

グッド・ガバナンスにおいて強調される原則と共通するものが多い（林[2006]）．そして，世界銀行［2001］に「ガバナンスの問題では，公共支出管理が優先分野となってきています．効果的な公共支出は貧困削減にとって極めて重要であり，また，機能的な公共支出管理システムは，開発援助が確実に当初の目的どおりに活用されるようにする上で非常に重要です」（p. 44）とあるように，財政管理は，グッド・ガバナンスを実現するための重要な手段，あるいは不可欠の要素としても重視されている．

財政管理が強調されるようになった背景としては，以下のことが挙げられる．

1つは，途上国のオーナーシップが強調されるようになったこと，そして途上国においてはドナーに対してだけでなく，国内に対しても説明責任が強く求められるようになったことである．かつては，多くの途上国政府が自国内での援助事業を含む公的事業全てを把握できていなかったとされる．また，かつての途上国での実態として，IMFや世銀によるコンディショナリティを課した支援やHIPCイニシアティブ等の影響を受けて，国内に対する説明責任よりドナーに対する説明責任が重視されてきた．こうした状況を改善し，途上国政府が援助も含めて財政を効果的，効率的に管理すること，そして国内に対しても説明責任を果たすことが重要な課題となった[47]．

説明責任に関する国際社会での具体的な動きの例としては，2005年にパリで開催されたDACのハイレベル・フォーラムにおける「援助の有効性に関するパリ宣言」[48]が挙げられる．そこでは，途上国国内での説明責任を含む援助国，被援助国双方の説明責任を重要課題の1つとして挙げ，ドナーとパートナー諸国（被援助国のことを指す）は，それぞれの国民と議会に対する，それぞれの開発政策，戦略，実績についての各々の説明責任を強化すること，パートナー諸国は，開発戦略や予算における議会の役割を強化すること，そして

---

47) 国際協力事業団編［2003］，国際協力機構［2004］，World Bank, IMF［2005b］．
48) Paris Declaration on Aid Effectiveness：Ownership, Harmonization, Alignment, Results and Mutual Accountability．

参加アプローチを強化すること，ドナーは，パートナー当局が彼らの議会や国民に包括的な予算報告書を提供できるようにするために，援助のフローに関する透明で包括的な情報を適時に提供すること等にコミットするとしている．

次に，途上国への援助として債務削減が重視されるようになったことが挙げられる．これにより，債務削減によって生じる資金の使途を管理することに対する債権放棄国の関心が高まることとなった（国際協力事業団編［2003]）．

また，アジア通貨危機以降，世銀等で汚職の防止が特に重視されるようになったことも，財政の透明性に対する要求を強めることにつながった．現在では，汚職防止は財政管理で不可欠の項目となっている（林［2006]）．

そして，特に重要と考えられるのが援助の手法（モダリティ）の中心が，プロジェクト中心のものから，より包括的な，プログラム型援助[49]へと移っていっていることである．なお，この援助手法の変化の最も重要な理由としては，この動きが援助の有効かつ効率的な利用に寄与すると考えられていることが挙げられる[50]．*PRSP Sourcebook*[51]も，プロジェクトに対する援助はしばしば効果的ではないとの批判を受け，政府のリーダーシップの下で，セクターの開発を政府とドナーが支援するというアプローチ（セクター・プ

---

49) 特定の開発事業ではなく，一般的な開発目的に支出される援助で，一般プログラム援助（国際収支支援，一般財政支援），セクター財政支援，債務救済といった形態のものが含まれる（国際協力事業団編［2003]）．

50) 柳原［2001]，中尾［2005b]，国際協力事業団編［2003]，国際協力機構［2004]，林［2006].

51) 世銀のウェブサイト（http://go.worldbank.org/3I8LYLXO80）によれば，主として世銀とIMFのスタッフによって，彼らの多様なセクターや地域での経験を反映して作成され，今後，変更されることが予想される "living document" とされている．また，この文書は「答え」を提供するものではなく，示唆（suggestive）と可能なアプローチに関する情報源として選択的に使われることのみを意図している，とされる．しかし，長田［2005]は，「PRSP作成担当者の参考に資するために作成したもので，両機関の公式見解ではないという断りはあるものの，基本的にはその見解を示したものとみなして差し支えないと思われる」(p. 9)，柳原［2001]は（同論文ではPoverty Reduction Strategy Sourcebook と記されている），「PRSP作成の手引き」(p. 5) とし，「世銀・IMF両機関による審査のポイントをあらかじめ示すものとも考えることができる」(p. 5) と述べ，その重要性を指摘している．

第3章　援助・貧困削減・途上国財政　　　133

ログラム・アプローチ）が進められていること，このアプローチの利点として，政府が財源をセクター内の優先順位の高い支出に向けることが可能になる，一般的にセクターへの長期的なコミットメントを伴うので当該セクターへの財源の流れの予測可能性が改善される，報告や管理のシステムの統合等によって取引費用が削減される，といった点があることを指摘し，「多くの国で，セクター・プログラムは，PRSP を支援する外部援助を管理するための最も有効な手段であろう」（第1巻 p. 227）と記している．

　しかし，こうした援助手法の変化は，援助国や国際援助機関といったドナーから見れば，自分たちの援助の使途が直接的には把握しづらくなることを意味し，途上国の財政全体での説明責任の重要性が増すこととなった[52]．

　なお，PRSP と予算等の連携・関連を強化することも，財政管理や説明責任を強化する上での重要な課題となっている[53]．

　援助への依存の軽重によってその影響の大きさは異なるとは考えられるが，財政管理の考え方に沿った財政改革・財政運営は，途上国にとって不可避の課題になっていると言える．そこで，次節では，この財政管理を踏まえて，途上国に対して最も大きな影響力を有する機関と言える世銀・IMF[54] が，PRSP の下で推奨している財政改革の方向性と内容を明らかにし，検討を加える．

52）　国際協力事業団編［2003］，国際協力機構［2004］，林［2006］．
53）　World Bank, IMF［2005］，World Bank, IMF［2005b］　この連携・関連の強化に関しては，MTEF（Medium Term Expenditure Framework, 中期支出枠組）も重視されている．MTEF については，国際協力事業団編［2003］，http://siteresources.worldbank.org/INTPEAM/Resources/MTEFprocess.doc 等を参照．ただし，MTEF は，*PRSP Sourcebook* にも「現在少数の国（例えば，ガーナ，ウガンダ）にしか存在しない」（第2巻 p. 10）とあり，本章の研究対象とはしない．
54）　例えば，スティグリッツ［2002］は，「今日，この2つの機関（世銀と IMF－引用者注）は世界経済に大きな支配力をもっている．彼らに援助を請う国だけでなく，国際資本市場に有利なかたちで参入するため彼らの『承認のしるし』を求める国も，自由市場至上主義にもとづく彼らの経済的処方箋にしたがわなければならないのである」（p. 38）と，また，中尾［2005b］は，世銀について，「戦後の開発理論，援助潮流の主流を築いてきた」（p. 6）と記している．

4. 途上国に推奨されている財政改革

PRSP の下で途上国に対して世銀・IMF が推奨している財政改革の内容，方向性を知るのに最も適した文献は *PRSP Sourcebook*（注 51 参照．以下，"Sourcebook" と記すことがある）であろう．これは，2 巻から成り，計 25 章，1000 ページを超える文書で，財政に限らず PRSP に関わる事柄全般について書かれており，途上国の PRSP 作成に携わる実務者が目を通している可能性が非常に高く，さらに "living document" であるため最近の状況を把握することができる．

だが，"Sourcebook" の具体的な内容について詳細に分析した先行研究はあまり見られない．重要なものとしては，マクロ経済政策と貿易政策を中心に検討した内容を含む長田［2005］が挙げられるが，財政には特に焦点を当てていない．他の先行研究においても，財政面での詳細な分析が十分に行われているとは言い難い．

"Sourcebook" で財政管理を主たるテーマとしているのは第 6 章 Public Spending であるが，財政に関する記述は他の章でも数多く見られる．本節では，章にしばられず，項目ごとに整理して，その内容を見ていくこととしたい[55]．

(1) 経済政策全体の方向性

まず，「PRSP を作成している諸国では，経済成長は，福祉の改善や貧困削減のための再分配より重要である」（第 1 巻 p. 95），「経済成長は，貧困に影響を与える，単独では最も重要な要素である」（第 2 巻 p. 4）といった形で，

---

55)　"Sourcebook" においても，"public expenditure management" と "public financial management" の両方の用語が使われているが，多くの場合，2 つの使い方に明確な区別は見られないため，前者であっても支障がない場合は「財政管理」と訳すこととする．

経済成長こそが最重要視されるべきことを繰り返し述べている点が特に注目される.

そして，経済成長のための前提として強く求められているのが，マクロ経済の安定であり[56]，後述するように財政運営に関してもマクロ経済の安定が最優先課題とされている．このマクロ経済の安定は，貧困層に悪影響を与えないため[57]，そして，長期的にはマクロ経済安定の回復から最も大きな便益を受けるのは貧困層であるという論理でも，その意義が強調されている．また，貧困削減と経済成長のために特に重要な要素として，1つには，「当該国の貧困削減戦略の主要な目的は，民間部門の投資を促進する条件を確立することであるべきである」（第2巻 p. 5）とあるように民間投資を挙げている．もう1つには「著しく輸出を増大させることなしに，著しく貧困を削減した国の例はない」（第2巻 p. 31）として輸出を挙げ，自由貿易政策を推奨している[58].

なお，このように経済成長を最重要視した上で，成長だけでは貧困削減には不十分であるとして，「土地保有改革，貧困削減に資する公共支出，貧困層の金融市場へのアクセスを高める方策といった社会の中での所得と資産の分配を改善する政策」（第2巻 p. 4）が貧困削減戦略に不可欠としている．

(2) 財政管理と PRSP の関係

まず，途上国における財政管理の現状に関して，多くの国で財政管理の技

---

56) 「マクロ経済の安定は，高く，持続可能な成長率のために必須である，それ故，マクロ経済の安定はどのような貧困削減戦略でも主要な構成要素でなければならない」（第2巻 p. 4），「マクロ経済の安定は，民間部門開発と経済成長を増加させるあらゆる成功した努力の礎である」（第2巻 p. 5）とされている.

57) 例として「低い（時にはマイナスのことさえある）成長率に加えてマクロ経済の不安定は，別の面では，貧困層に重い負担を負わせ得る」（第2巻 p. 5），「インフレーションは逆進的な税として作用し，成長を抑えるので，貧困層を傷つける」（第2巻 p. 14）といった記述が挙げられる.

58) 他に改革が推奨される政策分野として民営化，銀行・金融部門，労働市場，規制環境，司法制度等が挙げられている.

量不足が貧困削減目的達成の障害になっているとの認識が示されている．そして，「財政政策（fiscal policy）は，政府の全体的な財政スタンスを通してと，租税政策と公共支出の分配への影響を通しての両方で，貧困層に直接的なインパクトを持ち得る．予算と国庫管理，行政，統治，透明性，そして説明責任に関する構造的財政改革も，公的資源のより効率的で，より良くターゲット化された使用へと導くことを通して貧困層に便益を与え得る」（第2巻 p. 12）として，貧困削減にとっての意義を強調しつつ，財政管理の改善を求めている．

貧困削減のために有効な具体的な方法としては，多くの途上国で見られる経常予算と資本予算[59]という二元予算の統一，長期的視点でのプランニング，会計・監査・調達の改善，実績への関心を高めること，コスト意識を創出すること，外部援助を予算に統合すること，予算過程での協議を奨励すること，透明性や説明責任を強化すること等が挙げられている．また，PRSPに示されるニーズや目標に，予算・財政を適合させることも重視している．

(3) 規律ある財政

規律ある財政の基準として，最も重視されているのがマクロ経済の安定である．まず，全体としての財政政策は，経済の安定を保証し，経済成長を促進するマクロ経済の枠組みの中で具体化されることが理想であり，「当該国の貧困削減戦略を含む政府予算は，持続可能な，非インフレ的な方法で資金調達されねばならない」（第2巻 p. 4）とする．そして，基本的に緩和的な財政スタンスに警鐘を鳴らして緊縮的な財政スタンスを勧め，内閣に対してマクロ経済目標と公共サービスに対する需要との間のトレードオフを管理するよう求めている．また，実行可能で信頼できる予算には，経済成長と財源に関する正確な予測が不可欠であるとし，特に過度に楽観的な収入の見通しを戒めている．なお，支出を抑制するための方策としては，全体あるいはセク

---

59) 開発予算，投資予算といった呼び方がされている場合もある．

ターでの支出水準や，公的借入あるいは財政赤字の規模に関して立法上の制限を設けることも選択肢として紹介している．

　もう1つ，この点で特に戒められているのが，好況時の減税や支出増加といった景気循環を増幅させる財政政策である．予想外の収入があった場合には貯え，さらに理想的には，それをマイナスのショックがあった際にショックを和らげるために支出することを強く勧めている．

　また，予算編成における政策の選択は中期を通しての財源と実行の現実性によって律せられる必要があること，内閣は中期的な能力の範囲内で当該国の貧困削減戦略を作成すべきことを強調し，中期的な見通しを重視している点も特徴的である．

　最後に，"Sourcebook"における財政赤字に対するとらえ方を確認したい．まず，政府の利払費に関する不確実性を除去し，他の支出を圧迫しないようにすることが，成長と貧困削減のために有意義であるとする．しかし，適切な財政赤字の水準については，財政規律の名の下に教条主義的に，あるいは財政赤字に対する危機感をむやみに煽ることで，根拠のない特定の基準を押し付けることはしていない．具体的には，「財政と経常収支の赤字や黒字のような不均衡は，それらが持続可能な方法で資金供給され得るならば，経済の安定と完全に両立できる」（第2巻 p. 6），また，「適切な財政赤字とは何かに関する固定的で，前もって決定された制限はない；これは，代わりに，当該国が直面している特定の環境，中期的なマクロ経済見通し，そして外部からの財政支援の余地に基づいて判断されるべきである．外部支援が入手可能であるかどうかという条件も重要である」（第2巻 p. 12）と述べている．つまり，財政赤字のファイナンスがインフレ等のマクロ経済の不均衡を不適切な水準に高めてしまわないかどうかこそが問題であり，「適切な財政赤字」規模等はその国の状況・環境によって異なるという考え方である．マクロ経済の安定を最重要視することを前提とした上で，財政赤字に対する不合理な特定の基準の押し付けが貧困層や経済成長に不必要な悪影響を与え得ることを考慮すれば，適切な見解と言えよう．

（4） 効率的な資源（財源）配分

　ここで最も重視されていることの1つが実績の重視と，その実績と関連した目標の設定である．具体的には，実績を測定するために適切な指標を選択し[60]，その指標を組織や職員の責任と関連付けることを勧めている．そして，政府機関に，それらへの予算配分の正当性の根拠として指標に関する目標の提示を求めることで，指標と予算編成を関連付けることができるとする．また，目標の設定に関して，現実的であることの重要性を強調し，目標が過度に楽観的であったり，コストを過小評価することを戒めている．

　また，増分主義的予算編成を，公的機関のコストに対する貧弱な理解へとつながり，希少な財源の非効率で，効果的でない利用につながり得ると批判し，予算の決定は政策の優先順位に基づくべきであるとする．そして，この政策の優先順位に関しては，「彼ら（政策立案者—引用者注）は，その国の社会的・経済的優先順位，認定された市場の失敗／再分配の基準，そしてその国の現在の制度的・行政的制約を鑑みての吸収能力に沿って，貧困プログラムを相対的な重要性で順位付けることを試みるべきである」（第2巻 p. 12）とされている．ここにある「吸収能力」は実績によって測られると見られることから，優先順位に基づく予算配分は実績重視と結び付いていると考えられる．なお，"Sourcebook" において，「優先的分野（priority areas）は，貧困削減に極めて重要と認定された諸活動と定義」（第2巻 p. 23）されている．

　加えて，効率的な資源（財源）配分における論点として大きく取り上げられているのが，公民の役割分担である．"Sourcebook" では，公的介入を決定する上でのアプローチとして，以下の方式を示している．

　ステップ1として，公的介入の論理的根拠を決定する．そうした根拠としては，市場の失敗，社会的に受け入れられない所得分配の不平等，社会経済的グループ間での人間開発の成果の大きな不平等といったものがあり得る．ただし，公的介入の強い論理的根拠があるからといって，政府による直接的

---

60)　新しい指標を収集するためのシステムを開発するよりも，既に日常的に収集している指標を監視する方がしばしば費用対効果が高いとの指摘もされている．

第3章　援助・貧困削減・途上国財政　　　　139

な供給が最善の対応であるとは限らない．市場の失敗と同様，政府の失敗も
ありふれているのであり，ステップ2として，市場の失敗を相殺する，ある
いは分配の成果を改善する適切な手段を決定する．その中には，公と民の
サービス提供の仕組みを混合して活用すること，規制，公的補助金の供給，
利用者料金を検討することが含まれる．ステップ3として，公的に介入する
ことを決定したならば，目標を達成し得るであろう選択肢を査定する．この
査定には，入手可能なデータのレベルやタイプによって，費用効果分析や社
会的費用便益分析等の様々な手法が使われ得る．

　なお，ステップ1に関しては，公平の問題を重視し，政府の取り組みの範
囲を検討する手法として，サービスのレベルや地域間等での支出配分のパ
ターンを検討するという方法を提示している．サービスのレベルとは，例え
ば衛生サービスでは，地方の診療所から中心的病院まで様々なレベルがあり，
貧困層は基礎的サービスからより大きな便益を受ける傾向があるとする．地
域間での支出配分に関しては，貧困率や公共支出の水準は，地域間や，農村
地域と都市地域間で著しく異なる傾向があるとする．こうした相違は，政府
が「成長の柱」を創出するために意図的に生み出す場合もあるが，特に最貧
困地域での基礎的サービスに関して公共支出の分配の公平性を高めることは
貧困削減目標の達成に寄与する場合があるとしている．

　しかし，サービスを供給する際の，さらに具体的な公と民の関係に関して
は，"Sourcebook"の主張は明確さに欠けている．それは，出来る限り民間
が供給すべきという立場に立ちながらも，貧困層への配慮を踏まえて，民間
供給に対して注意を促したり，限定条件を付けざるを得ず，その結果，公的
供給も容認し，しかし，やはり出来る限り民間が供給すべきという立場から，
民間供給の効率性を強調していることが原因と考えられる[61]．

---

61)　実際に，スリランカの第2のPRSPに対するJSANでは，インフラ投資に関連して，
　　民間部門の関与に関する進展が限定的であるとの指摘や，政府が公共部門による供給
　　を目指すサービスの一部に関して，民間部門を供給者とすることを再検討するよう勧
　　告している（第6章参照）．1980年代末頃から途上国に強く求められた改革において，
　　世銀はインフラ・サービスの民間供給を強く推進し，公的規制に関しても理論的には

140

　その主張を整理すると，まず，規制に関しては，サービスの最低基準の維持や競争のために必要な場合があるとしつつ，政府は民間セクターのサービス供給に寛大な環境を提供すべきであるとする．そして，公的供給者と民間供給者が併存する場合には，民間セクターは選択的にサービスを供給し，より富裕な顧客に焦点を当てることが期待され得る一方で，公的供給者は全地域，全国民に基礎的サービスを供給することが求められ得るとしている．この主張と裏表の関係で，民間供給者では，貧困地域や遠隔地で供給不足となる一方で，富裕層や都市部等にはサービスを供給して「つまみ食い」する可能性があることを指摘して，民間サービスへの貧困層のアクセスは限定的かもしれないとする．しかし，政府の料金規制は，農村地域のような高コスト地域での民間セクターの供給を抑制する傾向があるだろうとし，さらに，補助金やサービス供給契約といった形態での公的介入が，全地域での十分な普及率を保障するために考慮可能であり，恐らく，補助金を供給される民間供給は，より高いコストの公的供給より効率的に貧困層に届くだろうとしている．なお，サービス給付の契約に関して，公的セクターは効率的な監視と監督を維持することが重要であるとしている．

(5)　能率的な事務事業やサービスの提供

　この点では，実績や成果と結び付いた明確な目標を設定し，管理者・関係者に目標達成の責任を持たせると同時に，財源（資源）使用の意思決定を分権化して，財源（資源）を管理する責任を管理者に持たせることを推奨している．

　具体的には，「予算執行の適切な管理と改善された現金管理が，予算が当初意図されたように執行されることを保証するために必須である」（第 1 巻

　否定しない一方で，途上国の行政能力不足を理由に極めて慎重な姿勢を取っていた．それが，公的規制に関しては 2002 年度頃から，公的供給に関しては 04 年度頃から，一定の理解を示すようになった．ただし，世銀の，良くデザインされた民間供給は本質的に公的供給より優れている，という認識には変化はないと見られる（第 1 章，第 2 章参照）．

p. 194）とする一方で，伝統的な予算制度は，効率性や有効性より法令等の遵守に高い価値があるとみなしてきたが，予算項目や分類が過度に細かい場合には財源使用での適切な柔軟性を妨げる恐れがあり，予算項目の数を削減することが実行不可能な場合には，資金の裁量的な再割当の余地を拡大してもよいとする．そして，「財源の使用において，全てのレベルの管理者に，より大きな柔軟性を与えることによっても，実績が改善されるかもしれない」（第 1 巻 p. 222）と述べ，管理者に財源使用に関する柔軟性を与えることの有効性を強調している．

（6）　財政管理の基づくべき原則

"Sourcebook" において，経済成長，マクロ経済の安定，実績・成果とともに，極めて重視されているのが「参加」である．そして，説明責任，透明性，法令等の遵守は，有効な参加，つまり，予算に幅広い参加者の意思を反映させることを実現するための不可欠の要素として位置づけられている．

まず，「予算は，外部援助を含め，公的機関の使用できる全ての財源に関する情報を提供すべき」（第 1 巻 p. 195）であり[62]，また，「原則として，全ての政府の収入と支出は，予算編成に先立って明らかにされるべき」（第 1 巻 p. 195）であるとともに，予算に関する情報は，何に支出されているか，適時に支払われているか，ドナーに資金提供された支出は監視可能か，支出が予算と一致していることが独立した監査に基づいて信頼できるか，主要なプログラムに関する支出は貧困削減等の目的に有効か，プロジェクトは効率的に行われているかといった疑問に対して分析して答えることが可能なように，体系化して提供されることが望ましいとしている．そして，議会による予算の精査は，公共支出の全体的水準や財源配分が，社会の開発目標や選好と一致していることを保証し得るが，実際には，情報の不十分さや議員の能力等のために不十分かもしれないと述べている．そこで，議会と公衆への情

62）　社会保障基金を含む自律的公的機関に対しても，透明性と説明責任のために財政状態や業績に関する詳細な情報を公表するよう求めるべきとしている．

142

報提供，そして，その情報の質の改善とともに，「公共支出の貧困へのインパクトは，政府のサービスから便益を受けると想定される人々が予算の編成とモニタリングに参加することによって改善され得る」（第1巻 p. 228）として，国民や個々の公共サービスの受益者等の利害関係者を予算過程に参加させることが強く求められている．

　具体的には，政府が説明責任を果たし，透明性を拡充することが参加を拡大させる前提条件になるとして，予算，会計，将来計画の文書等の適宜の公表，現地語でのラジオ番組や読みやすく理解しやすい印刷物といった，公務員や地方の政治的指導者が公衆に予算に関する情報を提供する正規のコミュニケーション・システムを多様な形で確立することを求めている．

　そして，議会以外の公衆や利害関係者，市民グループ，保護者・教員組織といった市民社会団体等の参加は，地方を含む様々なレベルの政府やセクター・レベルの予算に関して，そうした人々・グループの意向や懸念の反映，成果についてのモニタリング，腐敗の疑いの報告，非効率や浪費に対する注意の喚起等で重要な役割を果たし得るとして，参加の拡大の意義を強調している[63]．

なお，参加者にはドナーも含まれる．このことに関して "Sourcebook" は，例えば，当該国の支出と資金供給の間に不均衡がある場合の1つの選択肢として，国外からの追加的な資金供給を挙げ，「貧困削減戦略の開発では，当該国の開発パートナーを含む参加の過程が要件とされるので，ドナーへの追加的支援の申し立てが検討され得る」（第2巻 p. 10）と述べ，ドナーの参加の利点を強調している．そして，ドナーの参加の効果を高める方策として，主要な分野では重要なドナーの代表と当該国の関係省庁の参加する，セクターの作業部会を通じてより詳細な外部援助戦略を開発すること等を提案している．

---

63) 地方レベルでの情報公開を前提とした参加の拡大は，具体的には，地方の診療所や学校での有効な計画立案やサービスの提供，納税協力を高めて地方税収を増加させること等に貢献し得ると期待されている．

（7） 社会的保護

"Sourcebook" における社会的保護[64] の位置づけは，「経済成長を促進する政策は貧困削減にとって中核的であるが，社会的保護（SP）手段も，貧困層の脆弱性を減少させ，福祉を保護する上で果たすべき役割を持っている」（第2巻 p. 164）との記述に示唆されているように，経済成長と比較して高いものではない[65]．そして，当該国の財源のどれくらいを社会的保護プログラムに分配すべきか，社会的保護プログラム間でどのように財源を分けるべきかについて，国際的なコンセンサスはほとんどないとした上で，「限られた予算と行政能力という現実」（第2巻 p. 180）を踏まえることを強く求め，優先順位づけの重要性を強調している．また，社会的保護と教育等の他の貧困削減に関連する政策間や対象とするグループが異なる社会的保護プログラム間等でトレードオフが生じる可能性があることを指摘している．

しかし，マクロ経済の安定の回復等へ向けた調整や経済改革の期間中，そして経済危機に見舞われている期間中の一時的な負の影響から貧困層を守るための社会的セーフティネットに関しては，その重要性を強調し，できれば，そうしたセーフティネットは当該国の貧困削減戦略の永続的な一部として確立されることが望ましいとしている[66]．そして，そうしたセーフティネットやそれらを確立するための資源に欠ける諸国では，安定に向けた調整のペースを遅らせたり，改革を延期させることが適切な場合があることにも言及している．また，社会的セーフティネットに配分される財源は，財政緊縮が必要かもしれない時期であっても，経済危機等の期間中には守られるべきとしている．

---

[64] 社会的保護活動の例としては，社会的セーフティネットの他に，労働市場への介入，年金，児童労働縮小プログラム等が挙げられている．また，セーフティネットに関しては，例として公共事業プログラム，所得補助，教育・保健といった必需サービスのための給費等が挙げられており，加えてターゲット化の必要性が強調されている．

[65] 「社会的保護プログラムは，所得分配と良好な政策選択を，そしてそれ故に成長を改善するかもしれない」（第2巻 p. 165）との記述もある．

[66] 経済成長政策の一環として重要視されている貿易自由化に関しても，貧困層に対する負の影響があり得ることを認めた上で，効率的な社会的セーフティネットの供給を含む補完的な政策が必要であるとしている．

144

(8) 税制

"Sourcebook" では，税制の主要な目的は，可能な限り効率的かつ公平に収入を調達することであり，「租税政策は，広いベースと適度な限界税率の，容易に運営される諸税から成るシステムへ向かうことを目指すべきである」（第2巻 p. 13）としている．

ただし，税による所得再分配に対しては，貧困削減に資するように成長の質を改善させるための改革例の1つとして限界・平均税率の変更を挙げてはいるが[67]，「効率的で累進的という両方を満たす税制を持つことは，十分に発展した税務行政が欠けている諸国では特に困難である．それ故，政府は，徹底的な所得再分配を達成する税制を用いるより，幅広くから公正とみなされる税の負担の分担を達成しようと努めるべきである」（第2巻 p. 13）と述べているように基本的に否定的であり，一部の収入手段が逆進的である場合には，例えば，一時的な，よくターゲット化された食料補助金のような形で，支出システムを通して悪影響を相殺するべきとしている．

また，「最善の税制は，典型的には以下の要素のほとんどか全てを含む」（第2巻 p. 13）として，個々の税の望ましいあり方についても言及している．

具体的には，まず，「出来れば単一税率で，最低限の免税の，そして中小企業を課税から除外する課税最低限を持つ，付加価値税のような幅広いベースの消費課税」（第2巻 p. 13）を挙げている．付加価値税に関しては，一般的に，小売部門を通して拡張されるべきで，国内製品と輸入された財・サービスに等しく適用されるべきとしている．

物品税（excise tax）に関しては，石油製品，アルコール，タバコに適用すべきであること，製造か輸入の時点で徴収されるべきであること，国内製品と輸入品に等しく適用されるべきであること[68]が主張されている．

貿易に対する税は，できる限り小さな役割を果たすべきとする．輸入関税

---

67) 他に挙げられているのは，土地保有改革と貧困削減に資する社会支出の増加である．
68) このことが，「追加的行政コストを小さくし，非効率な輸入代替企業を開発するインセンティブを引き下げるだろう」（第2巻 p. 45）としている．

は，低い平均税率と，恣意的で過度の保護税率を減らすために限定的な税率のばらつきであるべきであり，免税は最小限で，非関税障壁も避けられるべきであるとする[69]．また，輸出関税は一般的に避けられるべきであるとする．

個人所得税は，ごく少数の所得区分，適度な最高限界税率，限定された人的控除等の控除，源泉徴収の広範な利用という特徴を持つべきであるとする．

法人所得税は，単一の適度な税率で課されるべきであり，減価償却引当金は諸部門間で均一にすべきで，ネットの損失の繰り越しをある程度の合理的な期間認める以外の租税優遇措置の利用は最小限にすべきであるとする．

また，小規模企業とインフォーマル・セクターのための簡素化された管理体制は，上記の主要な税を補完するかもしれないこと，不動産税は，途上国では困難かもしれないが，適切に運営され得るならば活用されてもよいこと等も主張されている．

(9) まとめ

以上の"Sourcebook"に示されるPRSPの下で世銀・IMFが推奨している途上国の財政改革の内容・方向性は，基本的に第1節で見た貧困削減に対するアプローチの特徴や途上国・先進国の役割分担，そして第3節で見た財政管理の考え方に沿ったものと言える．また，第2節(3)でPRSPの社会セクター重視から経済成長・経済開発重視への変化を指摘したが，"Sourcebook"においても，経済成長を貧困削減のための最重要の要素としている．

それでは，この，現在，途上国に推奨されている財政改革は，1980年代末頃から構造調整政策を柱として途上国に強く求められるようになった，第1章で見た改革の内容・方針と比較してどのように評価できるだろうか．

---

69) 均一税率の関税の最も重要な利点として，産業界のロビー活動が大幅に縮小するであろうことを挙げ，関連して「保護や補助金のためのロビー活動は貧困層に損害を与える腐敗と非効率を引き起こす．これらの問題は，低い均一の関税率の，簡素で透明な保護体制によって避けることができる」（第2巻p. 32）とも記している．なお，他の利点としては，税関業務等の大幅な簡素化，脱税の機会と腐敗の削減が挙げられている．

146

　まず，指摘しなければならいのは，マクロ経済の安定化を経済成長の前提とした上で，経済成長のために民間投資の促進，貿易自由化，民営化，銀行・金融部門改革等を推奨している "Sourcebook" の主張は，かつて求められた改革と基本的に一致しているということである．つまり，現在の PRSP では，貧困削減を目的としてはいるが，そのための具体的な最優先課題が経済成長の実現であることも，その経済成長を実現するための方法も，かつて求められた改革と基本的に同じである．

　しかし一方で，"Sourcebook" の主張には，改革や危機等によって生じる負の影響から貧困層を守る社会的セーフティネットの整備や，漸進的な改革の実施，財政緊縮が必要かもしれない時期でも社会的セーフティネットへの財源配分を維持することを推奨していること等，かつて求められた改革とは違いがあることにも留意する必要がある．こうした変化は，貧困層への配慮が増していることに加え，第 2 節 (2) で見た IMF，世銀の改革にも見られるように，途上国の実情に合わせた政策や改革を実施しようという姿勢の表れと見ることができる[70]．また，財政赤字に関して，特定の基準を推奨していないことや，公民の役割分担に関して，かつての改革と同じく出来る限り民間が供給すべきという立場に実質的には立ちながらも，貧困層への配慮を踏まえて，公的なサービス供給を容認していることも，途上国の実情に合った改革の実施を目指すべきという考え方が背景にあると考えられる．

　なお，"Sourcebook" の税制に関する記述を，第 1 章で紹介した 1980 年代末ごろに世銀が出版・発表した文書の中で，財政全般について最も詳細に論じた文献と見られる *World Development Report 1988* の税制に関する記述と比較すると，広い課税ベースと適度な税率の税制を推奨していること，税制を通じた所得再分配に否定的であること，個々の税の望ましいとされる形等，両者の主張は基本的に一致していると言える．違いとしては，*World*

---

70)　第 2 章で見たように，2004 年度以降の世銀のインフラ政策の指針とも言える *Infrastructure Action Plan* においても，インフラ・サービスの供給で，コスト回収を重要な目標としつつも，その実現時期に関して柔軟性を持たせる方針を示している．

Development Report 1988 では，税制改革の最重要の目的の 1 つとして，市場メカニズムを阻害しない税制への転換を掲げ，財政赤字がない場合でさえ，改革が必要な場合があると主張していたが，"Sourcebook" では，こうした主張は特に強調されていない点が挙げられる．

おわりに

本章では，途上国援助に関する国際社会の変化を踏まえて PRSP と財政管理について整理した上で，"Sourcebook" から，現在，PRSP の下で途上国に推奨されている財政改革の内容，特徴を明らかにし，評価することに取り組んだ．今後の途上国財政研究における最も重要な課題の 1 つに，途上国の PRSP と財政の実態を解明し，それが途上国の経済，社会にどのような影響を与えているのかについて明らかにすることがあると思われるが，そうした研究において，PRSP の下で途上国に推奨されている財政改革の内容，特徴を踏まえることの意義は非常に大きいと考えられるからである．そして，途上国の PRSP と財政の実態を解明する際には，"Sourcebook" が経済成長を最重要視している上に，その経済成長のために推奨されている政策の方向性が，かつて途上国に求められていた改革と基本的に一致することに特に留意する必要がある．現在の途上国援助のあり方には，かつて途上国に求められた改革が十分な成果をあげられなかったことが大きく影響していることを前述したが，成果があげられなかった原因は，オーナーシップの問題に加えて，そもそも政策としての適切さにあった可能性もある．にもかかわらず，かつて求められた改革と基本的に一致する経済成長策が推奨されていることは，公式的には途上国のオーナーシップを強調しながら，実際には PRSP の下で当該途上国の実態にそぐわない改革が推進されている事態，改革を実行しても経済成長が実現できない事態，経済成長を実現できたとしてもその成長が貧困削減に寄与しない事態につながる可能性がある．こうした事態を避け，途上国のオーナーシップを実態としても実現するためには，1980 年代末以

降に途上国で広く実施された構造調整政策を含む過去の経済・財政改革の公正な検証結果を踏まえて，現在 PRSP の下で行われている政策・改革を解明，評価する研究が大きな意義を有すると考えられる．第 II 部は，スリランカを事例に，この視点を強く意識した研究と位置づけることができる．

なお，ギリシャ危機に端を発したユーロ圏の経済的混乱を解決するための国際的な支援のあり方について，ユーロ圏を越えて国際社会で広く議論がなされたが，途上国への援助の経験がこうした国際的な支援のあり方に教訓を与え得る一方で，こうした先進諸国での混乱自体に加えて，その混乱の収束方法，収束後の国際経済・社会のありよう等が途上国援助を含む国際協力や国際協調のあり方，そして途上国の財政に大きな影響を与える可能性があることにも留意する必要がある．

第4章
途上国の貧困削減に関する国際的ミニマムとODA

はじめに

　前章で見たように，途上国経済のグローバル化が1980年代末以降に大きく進展する中，貧困削減に関する国際的な目標が90年代に急速に整備・拡充され，ミレニアム開発目標に結実することになった．そして，ミレニアム開発目標は，その達成が国際社会全体の課題とされた．つまり，ミレニアム開発目標は世界の全ての人々の生存権保障へ向けての経過的・段階的目標，あるいは，主に2015年までに達成されるべき貧困削減に関する目標から成る国際的ミニマムと位置づけることができた．現在，その国際的ミニマムは「持続可能な開発目標（SDGs）」に引き継がれている．

　本章では，国際社会においてこの国際的ミニマム実現を促進するために公式になされる最も重要な取り組みと言えるODA（Official Development Assistance・政府開発援助）の実態と課題を明らかにしたい．その際，主要な指標の全般的な動向から途上国援助の全体像を把握することに加えて，その全体像と，個々の援助国のODA実績や被援助国・地域のODA受取額の動向を有機的に結びつけて分析することで，実態をより具体的に解明することを目指す[1]．

---

1)　本章の研究目的と関連するODAや途上国援助の全般的な動向に関する重要な先行研究は2つに大別できる．1つは，統計的手法を用いて援助機関・援助国の実績等を分析し，その特徴を明らかにする研究で，Dollar and Levin［2004］等がそれに当たり，

1. 途上国への資金の流れ

　この節では，途上国への資金の流れの全体像を把握し，その傾向と特徴を明らかにしたい．まず，DAC[2] 諸国から途上国への民間資金フロー（図4-1 参照）と DAC 諸国による ODA（図 4-2 参照）の動きを確認してみよう．

　最初に，近年においては，ODA と比較して圧倒的とも言える民間資金フローの規模の大きさが目につく．2011 年では，ODA の合計が約 970 億ドルなのに対し，民間資金フローは約 3360 億ドルに達する．

　ただし，民間資金フローは，変動も極めて大きい．特にリーマン・ショックがあった 2008 年には，前年の約 3240 億ドルから一気に約 135 億ドルまで減少している．

　一方，ODA の合計には 2008 年を含めて極端な減少は見られない．しかも，アメリカで同時多発テロがあった 01 年を画期にその額は急増し，00 年代後半以降は伸びが鈍化しているものの，それでも 00 年の倍以上の水準で推移している．

　さらに図 4-2 からは，低所得国，重債務貧困国の受取額が 2001 年以降，順調に増加しているのに対し，低位中所得国では 06 年をピークにその後は

こうした先行研究の成果について整理した上で，さらに研究を進めた木原［2005］は特に重要と言える．ただし，こうした手法では，援助国・被援助国各国の具体的な動向等は把握しづらい面がある．次に，主要な指標の全般的な動向を踏まえて，途上国への援助の全体像を大局的に把握した上で，その課題を明らかにした研究が挙げられる．こうした先行研究は多いとは言い難いが，秋山・大村編［2010］等を挙げることができる．ただし，同書は，途上国の開発に必要な資金調達ついて，ODA の全体像に触れつつも，民間資金に焦点を当てている．そして，途上国の先進国政府からの資金調達には限界があると思われるとし，途上国の開発に対する先進国政府の役割は，先進国の民間の資金が途上国へ向かうように後押しすることと，途上国へそのような資金が入りやすくすることではないか，と主張している．

2)　OECD（Organisation for Economic Co-operation and Development：経済開発協力機構）の開発援助委員会（Development Assistance Committee）．2015 年 4 月現在では，いわゆる西側諸国を主とした主要な援助国 28 カ国と欧州連合で構成されている．

第4章 途上国の貧困削減に関する国際的ミニマムとODA

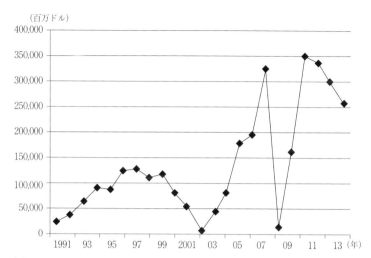

出所：http://stats.oecd.org/qwids/ より作成．
注：2014年1月時点の取得データに15年1月時点で取得できた1年分のデータを追加した（以下図4-2, 図4-3も同じ）．

図4-1　DAC諸国から途上国への民間資金フロー（ネット）

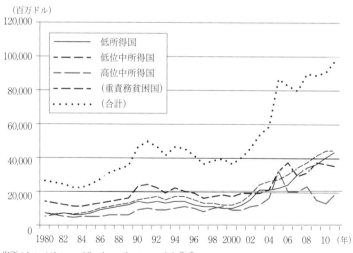

出所：http://data.worldbank.org/frontpage より作成．

図4-2　DAC諸国によるODAの所得水準別の受取額（ネット）

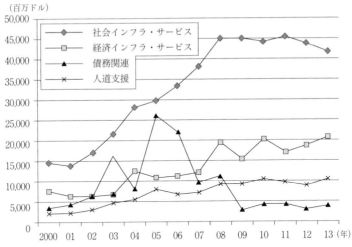

出所:http://stats.oecd.org/qwids/ より作成.
注:コミットメントの額.

図 4-3 DAC 諸国による ODA の主要分野の動向

横這いで推移し,高位中所得国では 05 年をピークに低下傾向を示していることが分かる.

それでは,その 2001 年を画期として急増した ODA は,どういった分野に充てられているのだろうか.図 4-3 を見てみよう.貧困削減と言われて真っ先に思い浮かぶであろう人道支援は,着実に増加してはいるものの,その伸びは大きいとは言い難い.02 年以降に大きく伸び,近年,圧倒的な額を示しているのは社会インフラである.ただし,社会インフラも,08 年以降は横這いで推移し,12 年,13 年は減少さえしている.01 年以降に急増したもう 1 つの分野は債務関連であるが,これも 05 年をピークに減少傾向を示している.第 3 章注 26 で紹介した MDRI 発足や米州開発銀行の動きの背景には,この減少傾向があると見られる.そして,経済インフラが,04 年以降,変動はありつつも増加傾向を示し続けている.このことは,先に見た社会インフラの動向とともに,Pro-Poor Growth の強調,第 2 世代 PRSP(貧困削減戦略文書)での社会開発重視から経済開発重視への転換に沿った動きとし

第4章　途上国の貧困削減に関する国際的ミニマムとODA

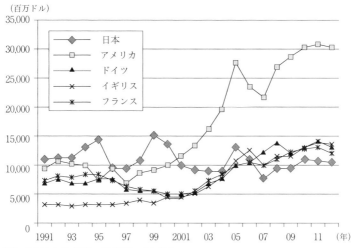

出所：『ODA白書（2001〜13年版）』より作成．
注：東欧及び卒業国向けは含まない．

図4-4　5大供与国のODA実績（支出純額ベース）

て注目される（第3章参照）．また，ここに示された社会・経済インフラに対するODAの拡充は，01年以降のODAに，持続的開発を志向する傾向が非常に強いことを表していると考えられる．

最後に，5大供与国のODAの実績の動向を図4-4から確認しよう．グラフに挙げられた5カ国のうち，日本以外の全ての諸国が2001年以降，ODAを拡充させていることが分かる．そして，中でも群を抜く伸びを示しているのがアメリカである．00年の99億55百万ドルから11年には309億24百万ドルに，約210億ドルも増加している．図4-4と同じく『ODA白書』からDAC諸国のODA合計額を確認すると，00年の537億37百万ドルから11年には1340億38百万ドルに，約803億ドルの増加となっている．アメリカの増加額は，このDAC諸国合計の増加額の26.1%に相当する．01年以降のODAの画期的な伸びの相当部分はアメリカによるものと言える．

表 4-1　ODA 受取額が 10 億ドル以上増加した国・地域の特徴

アメリカの安全保障戦略上重要	アフガニスタン（低，重），パキスタン（低中），ヨルダン川西岸・ガザ（低中），イラク（高中）
国際安全保障上重要	エチオピア（低，重），ケニア（低），タンザニア（低，重），ナイジェリア（低中），スーダン（低中，重），トルコ（高中）
資源（有望）	コンゴ民主共和国（低，重），モザンビーク（低，重），ガーナ（低中，重），ナイジェリア（低中）
投資先（有望）	インド（低中），ベトナム（低中），トルコ（高中）
天災からの復興	ハイチ（低，重）
国際社会との関係改善	コートジボワール（低中，重）

出所：外務省ウェブサイトの「国・地域」（http://www.mofa.go.jp/mofaj/area/index.html）に基づいて作成.
注：1）「低」は低所得国・地域，「低中」は低位中所得国・地域，「高中」は高位中所得国・地域，「重」は重債務貧困国（表 4-2 も同じ）.
　　2）ナイジェリアとトルコは 2 項目に該当している.

2.　被援助国・地域個々の ODA 受取額の動向とその背景

　この節では，世界銀行（以下，世銀と略すことがある）のウェブサイトから得られる ODA ネット受取額のデータ[3] を基に分析を行う．分析対象は，1998年から 2012 年の期間に，データの欠落がない低・中所得国・地域 129 である．このうち，低所得国・地域は 35，低位中所得国・地域は 46，高位中所得国・地域は 48 であった[4]．そして，1998 年から 2000 年の 3 年間と 2010 年から12 年の 3 年間という 2 つの期間のそれぞれの 1 年当たりの ODA ネット受取額の平均額を算出して比較した．これにより，ODA 急増の画期である 01 年の直前と近年の ODA 受取額の違いを確認することができる．

　まず，2010 年から 12 年の平均額が 1998 年から 2000 年の平均額を 10 億ドル以上上回る国・地域を見てみよう．この条件を満たすのは，低所得が 7，低位中所得が 8，高位中所得が 2 の計 17 カ国・地域である．このうち重債

---

3)　http://data.worldbank.org/frontpage．2014 年 1 月に取得したデータに，15 年 1 月に取得できた 2012 年分のデータを追加した．

4)　http://data.worldbank.org/frontpage の分類に基づく．

務貧困国[5] は，低所得 6，低位中所得 3 の計 9 カ国であった．

　それでは，これらの国・地域の ODA 増加には，どのような背景があるのだろうか．ODA 増加に有利と考えられる特徴から表 4-1 のように整理できるだろう．

　ナイジェリアとトルコが 2 項目に該当しているが，アメリカの安全保障戦略上の重要国・地域が 4，国際安全保障上の重要国・地域が 6，資源（有望）国・地域が 4，投資先（有望）国・地域が 3，天災からの復興に取り組んだ国・地域が 1，国際社会との関係が改善した国・地域が 1 となっている．

　ここで，若干分かりづらいと思われる「国際安全保障上重要」，「天災からの復興」，「国際社会との関係改善」に挙げた国・地域について説明を加えたい[6]．

　「国際安全保障上重要」として挙げた，まずエチオピアはアフリカ地域の外交の中心地の 1 つであり，「アフリカの角」地域の安定勢力として，ソマリアの安定化やスーダン和平に積極的に関与している．次にケニアは東アフリカにおける重要な安定勢力であり，周辺国から多数の難民を受け入れていることに加え，エチオピア・エリトリア紛争，そしてスーダンやソマリアの内戦の和平調停等に積極的に関与している．タンザニアは地域の平和と安定を目指してスーダンへの PKO 派遣や海賊対策等に尽力している．ナイジェリアはアフリカ，特に西アフリカでの指導的責務を自認し，アフリカ連合等を通じて積極的なアフリカ外交を展開していることに加え，国連 PKO にも積極的に貢献し，国連安全保障理事会非常任理事国を 5 度務めている．スーダンはアメリカからテロ支援国家に指定されている一方で，ダルフール紛争や南スーダンの独立といったアフリカの安定における主要な障害の舞台となっている．トルコはエネルギー輸送を含む地政学的な要衝に位置するだけで

　5）　http://www.imf.org/external/np/exr/facts/jpn/hipcj.htm の「HIPC イニシアティブに基づく支援を受けている国と，支援の適格国ないし潜在的な適格国で支援を望む国のリスト（2009 年 5 月 15 日時点）」に挙げられた 40 カ国．
　6）　外務省ウェブサイトの「国・地域」（http://www.mofa.go.jp/mofaj/area/index.html）に基づく．

表 4-2 ODA 受取額が減少した国・地域の特徴

国際的な制裁	北朝鮮（低），イラン（高中）
援助吸収能力の低さ	エリトリア（低，重）
経済の好調による ODA の必要性の減少	エジプト（低中），インドネシア（低中），フィリピン（低中），アンゴラ（高中），中国（高中），アルジェリア（高中），マレーシア（高中），ペルー（高中），タイ（高中），カザフスタン（高中）
EU 加盟を目指す諸国	アルバニア（高中），ボスニア・ヘルツェゴビナ（高中），マケドニア（高中）
対米関係の悪化	エクアドル（高中），ベネズエラ（高中）
特定援助国との特別な関係	パラオ（高中）

出所：外務省ウェブサイトの「国・地域」（http://www.mofa.go.jp/mofaj/area/index.html）に基づいて作成.

なく，シリア情勢や，アフガニスタン，ソマリアの復興支援にも積極的に関与している．

「天災からの復興」に挙げたハイチでは，2008 年に被災者が約 80 万人にのぼるハリケーンの連続通過，10 年に死者約 31 万人を含む，被災者が約 370 万人にも達する大規模地震があった．なお，かつては，00 年の選挙結果に起因して民主化プロセスが停滞した結果，アメリカをはじめとする主要援助国によって援助の見直しが行われたこともある．

「国際社会との関係改善」として挙げたコートジボワールは，クーデター等の内政の混乱や反政府勢力との紛争が続いていたが，2011 年 5 月にウワラタ大統領が就任し，同年 12 月には国民議会選挙を平和裡に実施した．同大統領は，国際社会への回帰を標榜し，周辺諸国との関係改善に努力しているほか，幅広く，フランスをはじめとする友好国との二国間関係強化の姿勢を見せている[7]．

次に，2010 年から 12 年の平均額が 1998 年から 2000 年の平均額を下回った国・地域を確認してみよう．該当するのは，低所得が 2，低位中所得が 3，

---

7) ちなみに，2010 年から 12 年に代えて 09 年から 11 年を対象とした場合には，ここに挙げた国・地域のうち，コートジボワールのみが 10 億ドル以上上回る国・地域から外れることになる．

第 4 章　途上国の貧困削減に関する国際的ミニマムと ODA　　157

高位中所得が 14 の計 19 カ国・地域である．このうち重債務貧困国は低所得の 1 カ国のみであった．

　これらの国・地域は表 4-2 のように整理することが可能と考えられる．具体的には，国際的な制裁を受けている国・地域が 2，援助吸収能力が低いと見られる国・地域が 1，経済の好調によって ODA の必要性が減少したと見られる国・地域が 10，EU 加盟を目指す諸国が 3，対米関係が悪化した国・地域が 2，特定援助国と特別な関係を持つ国が 1 となった．

　ここでも，若干分かりづらいと思われる諸国について説明を加えたい[8]．

　「援助吸収能力の低さ」で挙げたエリトリアであるが，1998 年にエチオピアとの間で武力紛争が発生した．2000 年には和平合意が成立し，停戦監視のための国連エチオピア・エリトリア・ミッション（UNMEE）が展開したものの，UNMEE は，08 年 2 月には停戦監視活動を行っていた暫定安全保障地帯から一時移転し，同年 7 月には任務を終了するに至った．この任務終了は問題解決によるものではなかった[9]．現在もエチオピアとの国境紛争により破壊されたインフラの復興，兵士の動員解除及び退役後の社会復帰，難民・国内避難民の復帰等，多くの課題を抱えている．

　「特定援助国との特別な関係」で挙げたパラオは，1994 年にアメリカの国連信託統治から独立する際に，アメリカとの間でコンパクトと呼ばれる自由連合盟約を発効させた．このコンパクトに基づいて，国防と安全保障の権限をアメリカに委ねる一方で，財政支援をアメリカから受けている．

　以上，個々の国・地域の ODA 受取額について，1998 年から 2000 年と 10 年から 12 年という 2 つの期間を比較し，変化を見てきた．10 億ドル以上増加した国・地域 17 のうち高位中所得国・地域は 2 つしかなく，低所得ある

---

8)　外務省ウェブサイトの「国・地域」（http://www.mofa.go.jp/mofaj/area/index.html）に基づく．

9)　法務省［2010］によれば，この任務終了と関連して，2008 年 7 月 30 日発表の国連安全保障理事会ニュースでは，「エリトリアの UNMEE に対する障害は国連軍の任務を削ぐ段階に発展し，エリトリアから一時的にも強制的に移動させられたことが残念である」（p. 11）と述べられている．

いは低位中所得国・地域がほとんどの一方で，減少したのは高位中所得国が中心であった．この結果は，所得水準が低い諸国・地域や重債務貧困国へODAの比重が移っているという前節で見た全体的動向と一致している．

　しかし，10億ドル以上増加した国・地域に高位中所得国・地域が，減少した国・地域に低所得国・地域が含まれていることは注目に値する．そして，それらの国・地域をピックアップしてみると，後者は国連安保理決議に基づく制裁が課されている北朝鮮であり[10]，前者はアメリカにおいて安全保障戦略上，特に重視されているイラクと，NATO加盟国で，欧米と協調しつつ国際安全保障において重要な役割を担っているトルコである．この結果は，アメリカを含む主要援助国が政治・安全保障上の手段としてODAを積極的に活用していることを示すものと言えるだろう．また，10億ドル以上増加した国・地域17のうち，「資源（有望）」国が4，そして「投資先（有望）」国が，いわゆる「新興国」として経済面でも注目されている高位中所得国のトルコを含む3あることは，主要援助国が経済面でも自国の国益に沿ってODAを積極的に活用していることを示唆していると考えられる．ちなみに，本章の分析対象とした国・地域のうち，低所得に分類される重債務貧困国は27に及ぶ[11]．

---

10) ちなみに，2010年から12年に代えて09年から11年を対象とした場合には，低所得国のギニアも減少した国・地域に入っていた．ギニアは08年にクーデターがあり，国際社会から非難を受けていたが，10年の大統領選挙等，民主化のプロセスが進展し，国際社会から評価されていた．

11) 表4-1，表4-2に挙げられていない分析対象国・地域は以下である．低所得は，ブルンジ，ベナン，ブルキナファソ，バングラデシュ，中央アフリカ共和国，コモロ，ギニア，ガンビア，ギニアビサウ，キルギス，カンボジア，リベリア，マダガスカル，マリ，ミャンマー，マラウィ，ニジェール，ネパール，ルワンダ，シエラレオネ，ソマリア，チャド，トーゴ，タジキスタン，ウガンダ，ジンバブエ．低位中所得は，アルメニア，ボリビア，ブータン，カメルーン，コンゴ共和国，カーボベルデ，ジブチ，ミクロネシア，ジョージア，グアテマラ，ガイアナ，ホンジュラス，キリバス，ラオス，スリランカ，レソト，モロッコ，モルドバ，モンゴル，モーリタニア，ニカラグア，パプアニューギニア，パラグアイ，セネガル，ソロモン諸島，エルサルバドル，サントメ・プリンシペ，シリア，スワジランド，東ティモール，ウズベキスタン，バヌアツ，サモア，イエメン，ザンビア．高位中所得は，アルゼンチン，アゼルバイジ

なお，「経済の好調による ODA の必要性の減少」として挙げた国・地域の中には，2011 年のムバラク大統領の辞任に至る政変後，内政の混乱が収まらないエジプト，14 年にクーデターが起こったタイ等，分析対象期間中やその後に大きな情勢の変化があった諸国が含まれる．途上国においては，程度の差はあれ，政治・経済の基盤が安定的とは言い難く，「経済の好調による ODA の必要性の減少」が持続的なものとは限らないことに留意する必要がある．

まとめ

ミレニアム開発目標等による援助国・被援助国での貧困削減に関する目標の共有，2001 年を画期とした ODA の急増，そして，その配分における低所得国・地域の比率増大は，途上国の貧困削減という視点からは望ましい動きと言える．

そして，ODA に取って代わり，途上国の貧困削減で主たる役割を担うことを期待する声もある民間資金は，その規模が大きい反面，変動も極めて大きい．規模の大きさだけではなく，安定的・持続的な資金の供給が求められる途上国の貧困削減において，民間資金は，その有効な活用が不可欠であるとはいえ，問題点にも十分に留意する必要がある．加えて，2008 年のリーマン・ショックに端を発するグローバル金融危機以降，金融当局と金融業界，あるいは各国政府間等で綱引きがありつつも，バーゼル 3 やボルカー・ルールに見られるように，国際社会は全体的には金融規制強化の方向で進んでいると言える[12]．こうした金融規制の強化は，途上国への民間資金の変動性

ャン，ベリーズ，ブラジル，ボツワナ，コロンビア，コスタリカ，キューバ，ドミニカ，ドミニカ共和国，エクアドル，フィジー，ガボン，グレナダ，ジャマイカ，ヨルダン，レバノン，セントルシア，モルディブ，メキシコ，マーシャル諸島，モーリシャス，ナミビア，パナマ，セルビア，スリナム，セーシェル，トルクメニスタン，トンガ，チュニジア，ツバル，セントビンセント及びグレナディーン諸島，南アフリカ．

12) 例えば，金融安定理事会（FSB：Financial Stability Board）が，2015 年 11 月 9 日に，

160

とともに規模も縮小させる可能性がある.

　一方, ODA の推移を見ると, 民間資金と異なり, 2008 年を含め, 急激な減少は確認できない. 経過的・段階的目標であるミレニアム開発目標でさえ未達成な中（第 3 章注 10 参照）, 途上国の貧困削減において, 安定性が高く, 譲許的な条件で供給される ODA の重要性が今後低下するとは考え難い. とはいえ, ODA の現状・実態には, 大きな課題や懸念が残る. これまでの分析を踏まえて, 以下のことが言えるだろう.

　個々の援助国, 被援助国・地域の ODA の動向を見てみると, やはり所得水準が低い諸国・地域や重債務貧困国に ODA が急増したところが多い. そして, 第 3 章で見たように重債務貧困国と IDA 対象国[13] は PRSP の作成が要請されている. こうした動きは, 援助国, 被援助国双方で PRSP の影響の増大につながっていると見られる. また, ODA の分野別動向では, 経済インフラ・サービスが 2004 年以降, 変動しつつも増加傾向にあるが, これも第 2 世代の PRSP からの Pro-Poor Growth 重視の流れを反映していると見られる. ミレニアム開発目標等の達成を含む途上国の貧困削減において, PRSP の実態と妥当性・課題を明らかにすることの重要性が増していると考えられる[14].

　「グローバルなシステム上重要な銀行の破綻時の損失吸収及び資本再構築に係る原則」（原題：Principles on Loss Absorbing and Recapitalisation Capacity of G-SIBs in Resolution）とこれに関わる「影響度調査の結果の要旨」を公表している（http://www.fsa.go.jp/inter/fsf/20151110-2.html）. なお, FSB には, 主要 25 カ国・地域の中央銀行, 金融監督当局, 財務省, 主要な基準策定主体, IMF, 世銀, 国際決済銀行, OECD 等の代表が参加し, 金融システムの脆弱性への対応や金融システムの安定を担う当局間の協調の促進に向けた活動等を行っている（https://www.boj.or.jp/announcements/education/oshiete/intl/g06.htm/）.

13)　IDA（国際開発協会）は, 「もっとも貧しい人々のための世界銀行の基金である. 世界でもっとも大きな援助機関の 1 つで, 加盟国は 170 カ国である. 世界の 79 カ国の最貧国を対象に健康と教育, インフラと農業, 経済開発と組織開発のための支援を提供する. IDA の財政的支援の 5 分の 1 は贈与として提供され, 残りは無利子の長期貸し付けの形で行われる」（国連広報センター, http://www.unic.or.jp/info/un/unsystem/specialized_agencies/ida/）とされ, IDA 対象国は, 途上国の中でも貧しい諸国から成る.

14)　第 3 章と第 II 部は, この点を特に強く意識している.

第4章　途上国の貧困削減に関する国際的ミニマムとODA　　　161

　さらに，個々のODAに関する動向からは，援助国にとってODAの最大
の目的が途上国の貧困削減とは限らないという現実が見えてくる．むしろ，
政治・安全保障上の利益や資源の確保や投資といった経済的な利益を得るた
めの手段として援助国がODAを積極的に活用しているのが現状と言える．
中でもアメリカは，ODA受取額が10億ドル以上増加した国・地域のうち4
つがアメリカの安全保障戦略上の重要国・地域であったことに示されるよう
に，特に政治・安全保障のための手段としてODAを積極的に活用している
と言える．2001年以降のODAの画期的な伸びの相当部分がアメリカによ
るものであることは既に指摘したが，そもそも，アメリカのODA増額は同
時多発テロを受けてのテロ対策が最も重要な目的と考えられ（第3章参照），
アメリカを含め，この現状は容易に変わらないと見られる[15]．

　見方を変えて，援助国がODAを通してその影響力を政治・経済両面で積
極的に活用できるのはなぜなのか．重要な理由の1つとして，途上国の貧困
削減における援助国の責任が必ずしも明確ではなく，それが被援助国の交渉
力の弱さにつながっていることが指摘できる．オーナーシップとともにパー
トナーシップについても強調したモンテレイ合意や国連等からも援助国に
ODAに関するものを含む具体的な行動を要求する声が上がってはいる[16]．

---

15)　2015年11月14日（現地時間13日）に発生したフランスのパリにおける連続テロ
　　事件も，この流れに拍車をかける可能性がある．
16)　例えば，UN Millennium Project［2005］の "Ten key recommendations"，中でも
　　ODAに関して具体的な目標数値を示した "Recommendation 7" が挙げられる．なお，
　　ロドリック［2014］は，「ワシントン・コンセンサス」を強く批判した上で，「世界銀
　　行とほとんどの開発経済学者がワシントン・コンセンサスの増強と拡大に力を入れる
　　　方で，国連を中心とした別の勢力は，異なる政策に取り組んでいた．ジェフリ
　　サックスが主導した国連ミレニアム・プロジェクトは，ワシントン・コンセンサスを
　　明らかに否定し，外国からの援助を資金源とするアフリカの保健やインフラに対する
　　大規模な公共投資を推奨した」（p. 204）と述べ，国連ミレニアム・プロジェクトを高
　　く評価している．ただし，国連ミレニアム・プロジェクトが示した10の勧告は「ワ
　　シントン・コンセンサス」を否定しているとは見られない（この「ワシントン・コン
　　センサス」にあたると考えられる，世銀等が途上国に求めている政策内容については
　　第1章，第3章を参照）．そもそも「ワシントン・コンセンサス」が直接的に「保健
　　や大規模な公共投資」を否定しているとは言い難い．「ワシントン・コンセンサス」は，

162

しかし，それらは公式的，形式的には尊重されてはいても，具体的な拘束力を発揮しているとは言い難い．さらに，構造調整政策に対する批判を踏まえて生まれた被援助国のオーナーシップという理念も，実態を伴ったものになっていない恐れが指摘されている[17]．

こうした現状は，ODA の配分が，援助国の経済的・政治的な思惑によって国際的ミニマムの達成・途上国全体の貧困削減という基準から見て不合理なものになるリスク[18]，ドナーが ODA を通して被援助国に，被援助国の実態から見て不合理な経済政策・安全保障政策を実質的に押し付けるリスク，そして，ODA を通して実現された不合理な政策が途上国の経済・社会に悪影響を与え，それが国際経済・社会に波及するリスクを高める恐れがある．

こうしたリスクを低下させ，途上国の貧困をより効果的・効率的に削減するためには，少なくとも，ODA の各国への配分に関する公正で透明性の高い国際的な調整，そして，オーナーシップとパートナーシップという理念をともに実態が伴ったものにすることが求められるだろう[19]．

最後に，本章では，これまで DAC 諸国による ODA を中心に論じてきたが，ここで「新興ドナー」について取り上げたい．例えば外務省［2012］が，「近

マクロ経済の安定を最優先課題とし，そのために規律ある財政を強く求め，その結果，保健や公共投資が十分に行えない，行おうとすれば，「外国からの援助を資金源」とせざるを得ないが，国際援助の規模が十分とは言えないことに加え，被援助国のニーズよりドナーが支持する事業かどうかが重視されることになってしまうというのが現状の重要な背景であろう．

17) スリランカの事例は第 II 部を参照．

18) 例えば，被援助国間格差の拡大等が考えられる．

19) ミレニアム開発目標の後継たる「持続可能な開発目標」では，その目標 17 に「持続可能な開発のための実施手段を強化し，グローバル・パートナーシップを活性化する」と掲げ，そのターゲットの 1 つとして，「先進国は，開発途上国に対する ODA を GNI 比 0.7% に，後発開発途上国に対する ODA を GNI 比 0.15〜0.20% にするという目標を達成するとの多くの国によるコミットメントを含む ODA に係るコミットメントを完全に実施する．ODA 供与国が，少なくとも GNI 比 0.20% の ODA を後発開発途上国に供与するという目標の設定を検討することを奨励する」としており（http://www.mofa.go.jp/mofaj/files/000101402.pdf），今後の先進国・主要援助国の動向が注目される．

年,『新興ドナー（援助国)』と呼ばれる国々の影響力がますます大きくなってきています」(p. 22) と記しているように,「新興ドナー」への注目が高まっている.

それでは, 非 DAC 諸国による ODA の総額を確認してみよう[20]. 2011 年は 88 億 59.05 百万ドル, 12 年は 64 億 48.44 百万ドル, 13 年は 163 億 40.52 百万ドルであった. これらの額は, 同じ年の DAC 諸国による ODA の総額の, それぞれ 7%, 5%, 12% に相当する. 現時点では, 規模は大きいとは言えず, また, 変動が激しいという問題点を指摘できる.

とはいえ, これらの指摘は新興ドナーによる ODA の意義を否定するものではない. 外務省 [2012] は,「新興ドナーを中心に, 開発に携わる国が増えると, 被援助国にとっては, 開発資金と援助の選択肢の増加や多様化につながります. これは国際社会全体として開発を促進していくためには歓迎すべきことです」(p. 23) と, その意義を強調している. そしてさらに,「新興ドナーによる援助がそれぞれ独自のやり方で行われるのではなく, これまで国際社会により, 実践されてきた援助実施の手続きやルール等に沿って行われることが, 援助を受ける側の途上国に過剰な負担をかけないためにも重要になります. そのため, 新興ドナーに対し, 協力を働きかけていく必要があります. 伝統的ドナーと新興ドナーが自らの知識と経験を共有し, 協力して援助を実施していくことが, 途上国の開発には不可欠です」(p. 23) と, 新興ドナーが伝統的ドナーと協調する必要性を強く訴えている.

しかし, この外務省 [2012] の訴えかけとは裏腹に, 新興ドナーによる ODA は, むしろ, 本章で見てきた伝統的ドナーの ODA による政治, 経済両面での影響力行使の積極化への対抗措置として機能している面がある. すなわち, 新興ドナーによる ODA は, 伝統的ドナーから見れば「抜け道」, 伝統的ドナーと対立している被援助国から見れば「避難路」, 新興ドナーから見れば伝統的ドナーに対抗して影響力を拡大するための重要な「外交手

---

20)　http://stats.oecd.org/qwids/ より.

164

段」として機能しているということである.

　例えば，第 6 章で詳しく見るように，スリランカ政府は，タミル人武装組織との民族紛争終盤[21] における人道・人権問題に対するアメリカや EU 等の批判・圧力を受けて，いわゆる「真珠の首飾り」[22] に基づいてスリランカとの関係強化を図る中国への依存を高めた. このスリランカの動きは隣国インドとの波風の高まりにつがなり，さらには 2015 年 1 月の大統領選挙での最も重要な争点の 1 つともなった[23]. つまり，伝統的ドナーと新興ドナーとの綱引きが被援助国の国内政治の攪乱要因になったことに加え，国際社会における安全保障上の葛藤の焦点にもなったと言える.

　また，伝統的ドナーの被援助国に対する影響力行使に関しては，中村尚司［2005］の指摘が示唆に富んでいる. そこでは，スリランカの貧困削減事業において，当時の与党が関連職員を自党の支持者に切り替えなかったことが，2004 年 4 月の総選挙での与党の敗北の主たる原因の 1 つとされているとする. そして，その背景には，貧困削減事業の政治的利用に対して IMF 等の国際機関が脱政治化を強く要請し[24]，当時の政権がその要請に基づく改革を進めたことがあり，それについて，「1940 年代から今日に至るまで，農村住民の生活向上をもたらす政策手段が乏しかった社会的な背景を考慮すれば，脱

---

21)　ラジャパクサ大統領の下，スリランカ政府は，2009 年 5 月にタミル人武装組織「タミル・イーラム解放の虎」との民族紛争を事実上終結させた. 経緯等は第 II 部，『アジア動向年報』の各年版を参照.

22)　例えば，吉川［2011］は「中国はインド洋方面において，利益誘導も含むあらゆる手段を用いて友好国等に港湾，パイプライン等を建設している. これは，影響力確保のための戦略拠点の構築と考えられており，一般的に『真珠の首飾り』と称されている」(p. 33) と説明している.

23)　結果は中国依存の見直しを掲げたシリセナ氏が現職のラジャパクサ氏を破り，新大統領となった. 第 6 章，時事通信「スリランカ新大統領が就任＝10 年ぶり政権交代―親中路線見直しへ」(2015 年 1 月 9 日) 等を参照.

24)　貧困削減に対するアプローチで，途上国に対して，政治改革，中でも「グッド・ガバナンス」が強く求められていることは第 3 章で述べた通りである. なお，表 4-1 で「国際社会との関係改善」として挙げたコートジボワール，本章の注 10 で挙げたギニアは，伝統的ドナーからの「グッド・ガバナンス」の要求に応えたことが ODA 受取額増加につながったと見られる.

政治化のみを強調することは，意図せずに政権交代を促進する役割を果たすことになる．逆説的ではあるが，国際社会が脱政治化を求めれば求めるほど，貧困削減計画の枠組みを超えて全国的な政治変動の引き金を引く行為と重なるのである」（p. 164）と指摘している．ドナーによる要求自体が合理的で妥当な場合でさえ，タイミングや要求実現までの期限等によっては，大きな負の影響が生じ得る．

　新興ドナーと伝統的ドナーの国際協調の前提としても，伝統的ドナーによるODAを通した被援助国への政治・経済両面における積極的な影響力行使の功罪を十分に検証し，改めるべき点は改める必要があるだろう．

第 II 部　途上国財政の実相

「世界システム」を踏まえたスリランカ財政

第5章
スリランカ初の PRSP の検証

はじめに

　本章では，2002 年に発表されたスリランカの最初の PRSP（貧困削減戦略文書）[1] とそれに対する JSA[2] について，1990 年代を中心とした構造調整政策期を含むスリランカの財政改革[3] と，第3章で分析した *PRSP Sourcebook*（以下，"Sourcebook" と記すことがある）の内容を踏まえて検証する．これにより，世界銀行（以下，世銀と略すことがある）・IMF の推奨する政策から成ると考えられる "Sourcebook" の PRSP への影響や JSA の実態を含め，PRSP の実相と課題を明らかに出来ると考えられる[4]．なお，世銀は，2003 年度に，

---

1)　2002 年 12 月に発表された "Regaining Sri Lanka：Vision and Strategy for Accelerated Development" のパート II "Connecting to Growth：Sri Lanka's Poverty Reduction Strategy" がスリランカ最初の貧困削減戦略である．パート II が貧困削減戦略であることは，"Regaining Sri Lanka：Vision and Strategy for Accelerated Development" の首相による序文に明記されている．

2)　PRSP と JSA については第 3 章を参照．

3)　スリランカ政府は 1985 年に IMF，世銀に構造調整借款の供与を要請し，IMF，世銀との交渉を基に，88 年から 90 年をカバーする政策枠組み文書を作成する．その後，89 年 1 月に就任したプレマダサ大統領の下で，構造調整政策は改めて作成しなおされ，90 年 5 月の世銀の経済再建貸付によって，その一層の推進が図られた．1994 年には政権交代が起こり，人民連合政権が誕生するが，この政権は，結局，かつては批判していた前政権以上に急進的な市場化，自由化，公共部門の縮小を行った．詳しくは船津［2001］参照．

4)　スリランカの最初の PRSP に関する先行研究としては，この PRSP 成立の過程について詳述している Jafferjee & Senanayake［2004］等がある．しかし，スリランカの

170

結果重視型の国別援助戦略の初のパイロット・プロジェクトとしてスリランカのそれを作成した（世銀［2003; 2004b］）. 2003 年 7 月に発表されたスリランカの JSA の研究は，現在につながる結果重視，経済成長重視という世銀の PRSP に対する姿勢が途上国に与える影響を検証する上でも有意義であろう.

1. スリランカ情勢

自由党を中心とした人民連合を率いるクマラトゥンガは，1994 年に大統領となり，99 年の選挙でも再選される. 2000 年 10 月には総選挙が行われ，人民連合はムスリム政党やタミル政党の一部と連立して過半数を確保した. しかし，その後，人民連合からの離脱が相次ぎ，不信任動議の成立が避けられない状況になったことを受けて，大統領は 2001 年 10 月に議会の解散を宣言した. 同年 12 月に行われた総選挙の結果，人民連合が敗れて，統一国民党を中心とした統一国民戦線が勝利し，統一国民党のウィクラマシンハが首相に就任する. つまり，大統領と首相の所属政党連合が異なるねじれ状態が生じたことになる. その後，04 年に大統領は議会を解散し，同年 4 月に総選挙が行われる. ここで，人民連合は人民解放戦線と連合して統一人民自由連合を結成し，勝利を収め，自由党のラジャパクサが首相に就任した. さらに，翌 05 年 11 月にはクマラトゥンガの任期満了に伴う大統領選挙が行われ，ラジャパクサが，統一国民戦線政権の首相であったウィクラマシンハを破って新大統領となり，自由党のウィクラマナヤケが首相に就任する[5].

つまり，本章の研究対象となる PRSP は，ねじれ状態にあった中，統一国

PRSP の内容そのものに関する研究はあまり見られず，本章の研究対象である JSA が最も詳細な分析を行っていると言える. スリランカの PRSP に関する記述のある日本語の文献としては，『スリランカ国別評価調査』があるが，第 2 の PRSP を含むスリランカの PRSP の内容の紹介にとどまっている. なお，JSA の検証に関しては，スリランカに限らず，十分な先行研究があるとは言い難い.

5）アジア経済研究所［2001; 2006］, 三輪［2007］.

民戦線のウィクラマシンハ政権が発表したもので，この政権は2004年4月の総選挙に敗れて終わる．

なお，こうした複雑な政治情勢には，民族紛争[6] とそれに対する国際社会のアプローチが大きく影響している．そこで，国際社会のアプローチを含む2000年から05年頃までの民族紛争に関する動向を以下に整理する．

民族紛争に対するノルウェーの仲介が2000年に開始される[7]．加えて，同年7月に，イギリスでテロ規制法が制定され，タミル・イーラム解放の虎（LTTE）[8] の海外支部の中でも中心的な役割を担ってきたロンドン支部が国内活動禁止組織に指定される可能性が浮上してくると[9]，LTTEは軟化姿勢を示すようになり，12月24日から1カ月間の停戦を宣言する．しかし，スリランカ政府は，LTTEを信頼せず，攻勢を緩めることはなかった（アジア経済研究所［2001］）．

とはいえ，ノルウェーの政治家エリック・ソルヘイムを仲介役とした両者の交渉は徐々に進み，2001年4月には，政府もLTTE支配地域の経済封鎖を一部解除し始め，和平交渉開始が目前と思われた．しかし，LTTEが経済封鎖のさらなる解除と国内活動禁止措置の解除という新たな条件をつけたり，政府軍が要衝エレファントパスの奪還を目指した作戦に失敗するといった事態が発生する．さらに，政府は6月に，ソルヘイムがLTTE寄りであると判断して，仲介の中心から外した．その後も和平交渉に関する動きはあ

---

6) スリランカ国内における多数派のシンハラ人と少数派のタミル人の対立が1983年に激化して以降，スリランカ政府とタミル・イーラム解放の虎（注8参照）との間で長く内戦状態にあった．この民族紛争は2009年5月に事実上終結するが，その経緯は第6章を参照．なお，スリランカの民族構成については，第6章注72を参照．

7) クマラトゥンガ大統領とLTTEの指導者であるプラバカランが和平交渉の公平な仲介者を務めるよう依頼したことによる（"Tokyo Declaration on Reconstruction and Development of Sri Lanka"（「スリランカ復興開発に関する東京宣言」））．

8) Liberation Tigers of Tamil Eelam. タミル人国家「タミル・イーラム」の樹立を目的に設立され，スリランカ北東部の広範囲にわたる地域を支配下に置いて政府と対立していた武装組織．詳しくは http://www.moj.go.jp/psia/ITH/organizations/SW_S-asia/LTTE.html 等を参照．

9) その後，2001年2月に指定された（アジア経済研究所［2001］）．

ったものの，国内政治も混乱し，実態としては，12月の総選挙まで，和平プロセスは棚上げされることになる（アジア経済研究所［2002］）．

そして，この12月の総選挙で統一国民戦線が勝利した．その中心である統一国民党は和平交渉開始に積極的で，LTTEの国内活動禁止に関し，クマラトゥンガ大統領と異なり，交渉開始のために譲歩する可能性を示唆していた（アジア経済研究所［2002］）．

実際に，統一国民戦線政権誕生後，和平交渉は大きく動き出す．ノルウェーの仲介も再開され，2002年2月には，政府とLTTEの停戦合意が締結された．大統領が，この合意を批判するといった事態も生じたが，アメリカ等，海外から停戦合意に対する賛辞が贈られたこともあり，大きな混乱にはつながらなかった（アジア経済研究所［2003］）．

その後，和平交渉は進み，2003年6月には，51カ国，22の国際機関の閣僚・代表者が参加した「スリランカ復興開発に関する東京会議」が開催された．日本，ノルウェー，アメリカ，EU（議長国と欧州委員会）が会議の共同議長を務めたが，LTTEは欠席した．この会議で採択された「スリランカ復興開発に関する東京宣言」[10]には，以下の内容が含まれる．

LTTEの欠席に対して，遺憾の意が表明された．ただし，交渉による和平プロセスに対するLTTEのコミットメントに歓迎の意を示し，LTTEが可能な限り早急に和平交渉に戻ることを強く求めた．

また，"Regaining Sri Lanka" イニシアティブへの支持が表明され，特に健全なマクロ経済政策の実行が緊要であること，貧困削減を目指した経済政策の必要性，持続可能な開発は民間企業の振興・経済成長・雇用創出によることが強調された．

そして，参加した援助国と国際機関は，国全体に支援を拡張し，2003年から06年の4年間に，見積額累計で45億ドルを超える支援を行う意思を表

---

10)　http://www.mofa.go.jp/region/asia-paci/srilanka/conf0306/declaration.html．日本語仮訳は http://www.mofa.go.jp/mofaj/area/srilanka/f_kaihatu/tky_z.html．なお，日本語仮訳には欠落している部分も見られる．

明した．ただし，一部の国・国際機関は，そのコミットメントが，和平プロセスが実行可能であるという前提に基づくと指摘した．

　加えて，一部の国・国際機関は，彼らの支援の大部分が北・東部に対してであると明示し，また，彼らの多くは，和平プロセスの満足のいく進展と歩調を合わせて支援の支払いを行うと指摘した．

　以上の内容からは，スリランカの民族紛争の解決に対する国際社会の関心の強さに加えて，途上国での「平和の構築」[11]において国際援助を積極的に活用しようという日本を含むドナーの意図とその手法が見て取れる．しかし，この会議が和平プロセスのピークとも言えた．

　その後，様々な動きがあったが[12]，2005年の大統領選挙において，それまでの交渉の経緯を尊重した和平の推進を主張するウィクラマシンハを破り，交渉の変更・見直しを主張するラジャパクサが勝利する（アジア経済研究所[2006]）．そして，停戦は，事実上，崩壊していくことになる．

2. PRSPの内容

　それでは，スリランカ最初のPRSPの内容を確認してみよう．

(1)　全体的枠組み

　第1に強調されているのが，経済成長である．しかも，「独立以来の平均4～5%のGDPの成長は，許容し得る所得での完全雇用を我が国民に提供するには十分ではない．…この政府は10%の成長率を目標に設定している．これは，貧困を大幅に削減するためだけでなく，北東部での紛争を永続的に終わらせることを保証するために必要な再建と復興を実現するためにも必要

---

11)　「平和の構築」は，2003年に改定された日本の「政府開発援助大綱」の重点課題の1つともされていた．「政府開発援助大綱」は15年に改定され，名称も「開発援助大綱」に改められるが，そこでも「平和構築」を含む平和への貢献が重視されている．
12)　『アジア動向年報』の各年版を参照．

であろう」（p. 21）と，10％という非常に高いGDP成長率を目標に掲げている．この実現性に関しては，「北東部における紛争の重い負担，重要部門での大規模で非効率な国有企業による資源の大きな消耗，そしてあまりにも大規模な公共部門による過度の介入と規制にもかかわらず，4〜6％の実質経済成長率が実現されている．これを考慮して考察すれば，より一層の経済成長の達成というゴール―10％というターゲット―は，一層達成可能と評価され得る」（pp. 21, 22）と述べる等，民族紛争の和平と経済成長の相乗効果を強調しつつ，規制緩和・公共部門の縮小等の「包括的な経済改革」（p. 22）によって可能としている．また，政府の役割・課題として，安定的で，持続可能なマクロ経済環境の維持も強調されている．

　そして，鍵となる分野としては，雇用・教育・人的資源開発，投資・新ビジネス開発・公民パートナーシップ，土地・天然資源利用・農業開発，貿易と地域・国際経済関係の強化，金融部門といったものが挙げられ，核となる原則としては，平和・救済・復興・和解，経済成長率を著しく高めること，貧しい共同体をダイナミックな市場経済の主流に持ってくること，社会的資本の改善に関して民間部門とより密接なパートナーシップを築いて社会サービスを貧困層により有効に給付することに公的資源を集中すること，統治を改革して貧困層へのエンパワーメントを進めることが掲げられている．

　これらと関連して一部に説明を加えると，まず，雇用に関しては，制限の多い労働規制が新しい職の創出を妨げていると批判し，反面，効率的で柔軟な労働市場が開発されるならば，労働者を守る必要があると主張している．投資の促進に関しては，投資促進ための過去の頻繁で非効率な方法での公共政策・介入を，貧困層・消費者の負担になっていると批判している．

　一方で，「スリランカの経済開発は，輸出区（export zone）にある輸出産業の投資の促進から大いに便益を受けている．これは，輸出指向製造業部門，最も顕著なのは衣類産業であるが，その大部分の礎となっている」（p. 22）と，輸出区の成果を高く評価している．この輸出産業に注目する姿勢は，「今まで国際貿易に成功することなしに，その国民の経済的福利を著しく増大させ

ることができた国はない」(p. 23) として貿易を重視することとつながって
おり，開放的で効率的な貿易システムの確立，プランテーション部門と衣類
産業の拡張と海外市場へのアクセス強化，中小企業の貿易を通した市場の拡
大，一層の貿易自由化の必要性を強調している．

次に，貧困削減のための枠組み（The Framework of Poverty Reduction）に
ついては，以下のように記されている．

まず，政府の役割について，「この枠組みは，貧困削減に関する政府の役
割の根本的な転換を具体化している．政府のこの新しい役割は，公共支出あ
るいは民間経済活動に対する制限を通して直接的に貧困を解決することを試
みるのではなく，貧困削減が可能な環境を創出することに向けて仕事をする
よう政府に求めている．このアプローチの転換は，政府の経済改革プログラ
ムとともに継続している」(p. 24) と述べ，直接的な貧困削減から，それが
可能な環境の創出に転換することを掲げている．また，この転換が経済改革
プログラムと同じ方向性であることを強調している．

そして，具体的な戦略的アプローチとしては，利害関係者間のパートナー
シップや協議の重視，部門別計画アプローチからより統合的な計画アプロー
チへの移行等とともに，前述の政府の役割における環境創出と関連して，貧
困削減の責任を政府単独で負うという考えから社会全体として責任を負うと
いう考えへの移行が挙げられている．

また，「貧困の主要な原因は緩慢な経済成長である」(p. 29) とし，さらに，
「1990 年代では，1 人当たり GDP の成長が平均で 3.9% であった　方で，
GDP の成長は平均で 5.1% であった．同じ期間に，所得分配の指標であるジ
ニ係数は，支出単位（0.46 から 0.45 に）でと同様に，所得者でも（0.52 か
ら 0.50 に）わずかに低下した．大きな所得再分配のない（年 8-10% の）高
い経済成長率は，かなりの所得再分配を伴うより低い経済成長率と，貧困に
対して同じようなインパクトを持ち得るだろう．しかし，これらの 2 つのシ
ナリオのどちらも，控えめな成長率でほとんどか全く所得再分配を伴ってい
なかった 1990 年代のスリランカのケースに合致しているようには見えない．

それ故，GDP の成長も，その分配効果も，この国の貧困水準の著しい低下をもたらすには不十分であることは明白である．言い換えれば，経済成長の利益は，貧困層に自動的にトリックル・ダウンはしない」（p. 29）と述べている．繰り返し述べられている経済成長の重要性に加え，成長の分配を強調しているが，これは，ここまで見てきたように，政府による直接的な所得再分配の重要性を指摘している訳ではないことに留意する必要がある．

加えて，他の貧困削減の障害としては，大きな財政赤字による利払負担と民間部門の金融システムからのクラウド・アウト，公的土地所有[13]，不完全な地方分権等が挙げられている．

(2) 財政

財政では，まず，大規模な財政赤字がマクロ経済環境の最大の問題点とされている．一方で，財政赤字が大規模であるからこそ，政府がその責任を果たすのであれば，大規模な財政赤字が継続するだろうとして，この年（2002年予算）の赤字の GDP 比の目標は 8.9% という控えめなものになっている．

この大規模な財政赤字に関して，「乱費的な支出の 10 年間の後，政府の債務は，近年，劇的に拡大し，今日，公的債務の規模がこの国の GDP より大きいという所にまで至っている．結果として，公的債務の元利償還のために必要とされる毎年の収入は，今や政府の総収入を超えた」（p. 31），「予算に関する管理は，拡大する赤字や弱まる収入実績に反映されているように，1990 年代全体で貧弱であった」（p. 33）と，90 年代の財政運営が非常に強く批判された．そして，具体的な批判としては，選挙目当ての場当たり的な政策，低収入，高い防衛支出，予想された民営化収入を実現できなかったことによる拡張的な財政政策，利子率が景気後退の影響を相殺するように調整されなかったこと，管理価格改革が実行されなかったこと，赤字公企業のリストラクチャリングが着手されなかったこと，歪みのある複数の税の漸進

---

13) 土地の約 80% が国家所有で，農村の貧困の主たる原因である低い労働生産性の重要な原因の 1 つになっているとされた．

的・段階的な廃止が試みられなかったこと，規模縮小が必要な時に公共サービスが拡張されたこと等が挙げられている．

　こうした認識を踏まえて，政府は，持続可能な財政収支の回復を目指した一連の財政手段を「密接に相互に結合」(p. 34) している 2002 年，03 年予算として発表したとする．その内容には，以下のことが含まれる．

　まず，経済安定化を重視している．そして，これは，貧困削減に資する急速な成長を可能にする環境を創出し，持続可能な収入ベースを構築するための基礎的な改革を通して達成されるとする．

　そのため，税制改革に非常に力を入れている．財・サービス税，国家安全保障賦課金等を統合し，代わって幅広いベースの付加価値税が導入された[14]．また，印紙税とキャピタルゲイン税の撤廃，タバコとスピリットに対する税の徴収を改善するための合理化，家計所得と事業所得の最高限界税率の引き下げ，収入増大のための利子所得と配当金に対する低くて均一の源泉徴収税や預金税（debit tax）の導入等が実行された．そして，2003 年には付加価値税の下に小売部門を含めること等が予定された．加えて，法人税率の 35% から 30% への引き下げが，幅広いベースの社会・経済開発を刺激し，マクロ経済のファンダメンタルズを強化するためのさらなるイニシアティブの 1 つとして掲げられている．

　租税インセンティブの合理化にも積極的な姿勢を示し，場当たり的な租税インセンティブと歪みのある租税手段を削減して課税ベースを拡大し，税務行政を合理化することを目的に，投資委員会（BOI：Board of Investment）によって与えられているものを含む全ての租税インセンティブを内国歳入法の下に統合すること[15]，発電・送電・配電，高速道路・港湾・空港の開発，鉄道や水道サービスといった，指定地域での先駆的投資に対するインセンテ

---

14)　10% と 20% の 2 つの税率から成り，2002 年に導入された（World Bank [2004c], http://www.ird.gov.lk/vat.html）.

15)　BOI の様々な租税コンセッションからの収入損失を GDP 比で年 2～3% と推定した．また，中期的な目的は，BOI を税負担の軽減を施す組織から，より投資促進的・奨励的な組織に変えることとしている．

ィブに関しては，投資の規模によって5〜10年間のタックス・ホリデー期間を与えるものの，非伝統的農業や製造業，IT の輸出を促進するためのインセンティブは3年後に漸進的に税率を引き上げ，6年目までに現在の法人税制に完全に組み入れることを目指すとした．

そして，こうした税制改革は，2003/04 年の収入を著しく増加させ，中期的には政府が持続可能な財源を開発することを可能にするだろうとしている．

歳出面では，優先順位の明確化，公企業赤字の削減策，後述する肥料補助金スキームやサムルディ・プログラムの改革を進めているとする．また，技術職と一定の専門部門を除く全ての政府部局・機関で採用凍結を継続するとした．

最後に，より長期的な財政改革の展望として記された内容には，以下が含まれる．

支出を整理し，収入を高めることで，2005 年までに財政赤字を GDP 比で5% にまで削減する．公共部門の債務の GDP 比は，より高い成長，より低い利子率，財政再建の着実な進展によって，02 年の 103% から 06 年までに81% に低下すると予想される．

支出の抑制手段には，防衛支出[16] や補助金，公共部門の雇用の削減が含まれるだろう．中期的には，政府の局・機関の整理統合，選ばれた公企業の商業化と売却等が，予算にかかる圧力を低下させるだろう．歳出の GDP 比は，2002 年の 25.7%（予測）から 06 年の 23.4% におよそ 2.3 ポイント低下すると予想される．また，賃金と年金の決定を非政治化するために，憲法評議会の下の給与委員会が，財務省・中央銀行と協議して，賃金と年金の変更（adjustments）を勧告するようにすることを提案する．

収入面では，課税ベースの拡大，税制の簡素化，税率引き下げを方針とした改革を継続するだろう．租税コンセッションの合理化は，より弾力性があり，中立的な課税ベースを持つための政府の戦略の重要部分であり，全ての

---

16)　防衛支出に関しては，民族紛争の和平の効果を強調しており，平和の継続とともに，GDP 比で 2〜3% に削減されるだろうとしている．

租税譲許の内国歳入法への統合は，グローバルに競争的な企業税制に向けた最初のステップとみなされる．法人税率に関しては，2005 年までに 20% に引き下げることを目指す．

　政府は，公的債務の持続可能な水準への復帰の重要性を強調する財政責任法を導入するだろう．この財政責任法は，2006 年までに達成されねばならない一連の目標を伴う 3 年間の財政予測を含み，目標 GDP の 5% を超えない赤字での財政運営を政府に求めるだろう．また，この法律の下で，中期の財政枠組みが提示され，政府は，6 カ月ごとに支出実績と予算執行に関して報告することが義務づけられるだろう．この法律は，選挙前の大衆迎合的な支出衝動から公共支出を引き離す条項を含み，政府は，選挙に先立って，導入された全ての新政策の財政的結果に関して報告するよう義務づけられるだろう．

　以上である．

(3)　経済開発

　経済開発に関しては，民族紛争の和平を必須としつつ，それだけでは不十分として，企業への規制緩和と公民パートナーシップを特に重視している．

　企業への規制緩和は，その効果が経済全体に及ぶと高く評価した上で，中小企業に対する規制負担を緩和することに特別な注意を割くことや，規制緩和委員会が企業開発に対する政策の障壁を査定し，政府が定期的に委員会の勧告を精査して実行することに意欲を示している．

　公民パートナーシップに関しては，取り組みの方向性を具体的に示し，さらに強い意気込みを見せている．その中には，インフラ等での供給・運営・管理における民間参加の奨励や，土地等の政府資産の運営・利用を改善するための国営企業と民間部門の協力の奨励が含まれる．

　前者に関しては，「長年，政府は，経済インフラストラクチャーや公益事業の供給において，民間部門の関与と競争し，クラウド・アウトさえしている」(p. 39) とし，また，これらのサービスの価格は合理的利潤で運営され

180

る場合の水準より低く設定されていて，品質の問題や政府の赤字の累積につながっているとする．そこで，民間部門の公益事業への投資を奨励するために，多部門公益事業規制官（multi-sector utility regulator）を創設し，ここが，初期には電力，水，港湾分野で運営者に免許を与え，料金を規制するだろうとしている[17]．

国営企業と民間部門の協力の奨励に関しては，選ばれた分野で両者のジョイント・ベンチャーが形成され，効率性の改善を通して大きな便益が生まれるだろうとする[18]．また，国営企業に関して，存続できないものの閉鎖と営利志向のものの売却を追求するとし，こうした民間参加から，政府は今後3年間でかなりの収入をあげると予測している．加えて，インフラ・公益事業投資でのBOOやBOT等での民間部門参加に関して，過程と承認手続きを簡素化することも掲げられている．なお，これ以外の公企業改革ついては，次項で見る．

他に，外国からの援助に関して，時代遅れの調達手続き・過程のために，多額の未執行があるとして，民間参加の増加，簡素化された調達・プロジェクト管理手続きの採用等の対策を提起している．また，民族紛争の持続的な解決に成功すれば，ドナーによって主に資金供給される北東部の復興や保健，教育，その他のインフラに焦点を当てた格段に野心的な公共支出プログラムが開始されるだろうとしている．

(4) 公企業改革

公企業に関する問題点としては，民営化のかなりの進展にもかかわらず，いまだに法定機関と完全な政府所有の企業が150を超え，加えて，政府が大きな出資者である営利会社が少なくとも40あること，1999年から2001年

---

17) 他には，結果ベース契約や実績ベース契約の活用等の対策が挙げられている．また，特に電力部門では，水力発電への依存が大きいことによって過去に生じた電力危機が二度とないようにするために，民間部門の一層の参加，合理的な料金構造，一層の競争が必要であるとしている．

18) 具体的には，鉄道や郵便サービスでの成果が期待されている．

に赤字国有企業の金融負担がかなり増加したこと，2000 年に国有企業が創出した赤字は全体で GDP の 2% に相当すること，公企業の債務残高は 01 年末で 410 億ルピーに達したこと[19]，特に主要な 3 つの赤字企業，セイロン石油公社，セイロン電力委員会，協同卸売機構の債務残高は各々 190 億ルピー，100 億ルピー，80 億ルピーに達したこと，長年，政府は国有企業の国営銀行に対するローンを保証していること等が指摘されている．

　そして，こうした状況の改善は，財政を守るために極めて重要であり，3～5 年の期間を通して行われるだろうとし，いくつかの方策が示されている．その中には，国営企業に対する厳しい予算制約を 2002 年に開始したことや電力・エネルギー部門の国有企業が金融安定性を回復するよう監督するためにエネルギー供給委員会を設立したこと等の公企業に対する監督強化，そして，セイロン石油公社等での価格の引き上げが含まれる．

　とはいえ，最も強調されているのは，民間活力の導入である．まず，基本的な方針として，全ての国有企業が民間部門の代表者がいる独立委員会を持つだろうこと，成長できない国有企業は解体されるだろうこと等を掲げている．そして，短期的には，現在主として国有企業の領域となっている分野への一層の民間部門参加を奨励するために，コロンボ港の企業化（corporatization）プログラムに取り掛かるだろう，また，空港・航空サービスを再構築し，空港内で行われる商業活動は民営化されるだろうとしている．さらに，国営の宿泊所の経営は，売却への序幕として，民営化（privatize）されるだろうとしている．

(5)　貧困削減

　貧困削減には経済成長が必要とした上で，「政府は，貧困層が成長過程に参加する機会を拡大することを目指した多くの戦略を遂行するであろう」(p.

---

19) 「準財政損失をくい止めるために殆ど何もなされず，それが公企業の債務残高を 2001 年には 410 億ルピーに膨らませた」(p. 33) として，この件に関しても過去の政府の政策を強く批判している．

54) としている．そして，民間部門主導の開発とスリランカのグローバル市場への統合を促進する環境を保証することによって貧困削減に資する成長を促進するという方針に加えて，運輸と情報における分断を埋めて貧しいコミュニティとダイナミックな市場の間の接続性を強化すること，農村開発に新しい活力を与えること，中小企業の開発を促進すること，セクター開発戦略における雇用の増加と貧困削減目的の主流化，貧困地域を直接的に支援することを目指すアプローチに参加とエンパワーメントを組み入れることを掲げている．

　こうした方針に沿った具体的な政策として，1つには，道路，港湾等のインフラ投資があり，そのために公的調達管理システムの強化やBOOタイプのプロジェクト等を通しての民間部門参加の奨励を目指したいくつかのプログラムを実行したとしている．また，将来的には，公民ともに著しいインフラ投資の増加が必要とされるだろうとし，道路に関しては，例えば，政府は今後10年間に約600kmの高速道路を民間部門とのパートナーシップの下で開発するだろうとしている．

　農村開発に関連して農業の戦略についても述べられているが，そこでは，競争の重要性が強調されている．食用作物に対する高い保護率は貧困層を不利にしている，農産品の高く，変わりやすい貿易保護率はアグリビジネスの投資を抑え，国内生産者を国内市場に閉じ込めている，といった認識が示され，政府は，農業部門での市場指向的な価格設定やインセンティブ環境の開発にコミットしており，主要な食料商品に関する農業貿易政策は2005年までに，より安定的で透明になるだろうとしている．また，肥料補助金の簡素化とターゲット化の改善，農業投入財等の購入のための貧困農家に対するバウチャー制度の導入も掲げている．

　雇用の増加・貧困削減目的の主流化に関しては，労働集約的工業化を可能にする環境の提供等の政策が掲げられている．具体的に提示された手段には，新しい企業の設立や拡張に対する財政インセンティブ，工業団地や輸出加工区設立の支援，工業の中小企業に対する長期融資，規制緩和や租税改革によ

って企業のコストを低下させること，より貧しい地域に工業化の便益を広げるための地方市街での工業地域設立のための公民パートナーシップ形成の奨励が含まれる.

参加とエンパワーメントに関しては，非常に貧しいコミュニティに対する支援が含まれる．そこでの政府の役割としては，コミュニティ・ベースのイニシアティブに直接的に当初投入資本やマッチング補助金を供給することが挙げられている．また，コミュニティ・ベースの組織や，プロジェクトのデザインと執行の全ての段階において，ターゲットである受益世帯が十分に参加することの重要性を強調している．なお，十分な参加の中には，「プロジェクトの全ての段階での費用の共同負担」(p. 72) も含まれる.

(6) 水道

まず，利用者に対して，投資への寄与と経常的経費の負担を求めている．そして，水部門での投資需要を 2001 年度からの 10 年間で 500 億ルピーほどと推定し，公共投資はこのほぼ半分を満たすには十分かもしれない程度であるとして，民間投資の重要性を強調している．料金政策でも，完全なコスト回収を求めるとし，こうした料金政策は，民間投資を引き付けるための「必要前提条件」(p. 78) とされている.

農村地域においては，「政府の戦略は，水道システムの建設に寄与し，その後，コミュニティ・ベースでそれらのシステムを管理するよう，農村コミュニティを奨励すること」(p. 79) とする．そして，地域コミュニティは水道システムの運営・維持に対して完全に責任を持ち，また，資金供給することが求められるだろうとしている.

一方で，大規模な市町では異なる戦略を取るとする．投資の必要額が非常に大きく，民間部門が主要な役割を果たさなければならないだろうとし，そのために，潜在的に収益性のある地域を画定し，BOO 等を通して政府とのパートナーシップに参入するよう民間部門に勧めること，そうした民間部門の関与を促進するために，料金を設定し，配水の質を規制する独立した規制

機関を設立することを掲げている.

(7) 社会的保護

この分野は，サムルディ・プログラムを中心に論じられている.

まず，サムルディ・プログラムの現状，問題点等は，以下のように説明されている.

サムルディ・プログラムは，この国最大の福祉プログラムであり，210万世帯に現金支援を提供し[20]，乳幼児栄養プログラムの下で8万2000世帯に別個の現金支援を提供している．また，様々な強制貯蓄プログラムやサムルディ銀行ソサエティ[21]，全国青年雇用創出・村落開発活動を運営している．2000年の総支出は，117億ルピーを超え，GDPのほぼ1%に当たる．サムルディの費用は，現金移転のインフレ調整で2000年に22%増加し，予算を圧迫した．また，受給者の数は，主に，審査と退出の有効な仕組みの欠如により，1995年の150万世帯から絶えず増加している．加えて，最近の調査では，5つの所得区分のうち最も貧しい区分の約40%がこのプログラムで全く支援されていないこと，支援の分配でいくらかの民族的偏りがあることが明らかになっている.

こうした状況を受けて，政府は，予算超過のリスクを考慮して，サムルディ・プログラムのための資金供給を2001年から02年の間に約25%削減した．なお，この25%削減については，「社会的支援の一層限られた財源をより良くターゲット化する誘因に既になっている」(p. 82) と評価している．これは，ターゲット化を約束しない支出削減を，ターゲット化の誘因として肯定する考えと言える.

---

20) サムルディ・プログラムに移った約40万3000のジャナサヴィヤ世帯を含む．サムルディ・プログラム，ジャナサヴィヤ・プログラム，及び両プログラムの関係については船津 [2001] を参照.

21) 約7万のサムルディ世帯グループと1000を超えるサムルディ銀行ソサエティを通して貯蓄が奨励されている．2000年末時点で，サムルディ銀行ソサエティの総貯蓄は15億88百万ルピー，供与されたローンは27億45百万ルピー相当とされる.

将来的な対策も掲げられており，その１つが社会福祉給付法[22] である．これによって全ての福祉スキームの加入と退出の基準を明文化し，それを法的な裏付けとしてターゲット化を進めるとしている．

コミュニティ開発を目指した一連の活動に関しては，場当たり的な計画・執行が目立つとして，将来的には，よくデザインされ，地元のコミュニティによって全面的に承認されたコミュニティ開発プロジェクトのみが資金供給されるとしている．

金融関連の活動に関しては，信用プログラムの返済率はかなり高く，貧困層のニーズを満たすために十分に柔軟であり，貧困層への緊急の信用供給で重要な役割を果たしていると評価しつつ，金融面での健全性の確保とコミュニティの選好や健全な金融市場の慣行と一致した財源活用に関して，一層の努力を求めている．また，貧困層の貯蓄を守るために，より大きな銀行やノンバンクに，サムルディ金融機関と公式の提携を結ぶよう奨励することを政府の戦略として掲げ，加えて，サムルディ金融機関に対して，規模の拡張に応じて会計監査に着手するよう求めるだろうとしている．

さらに，政府の戦略として，サムルディと様々な非政府組織による，商業・競争ベースの社会保険の開発を奨励することを掲げ，そのための対策として，規制環境の提供や最貧困グループへの保険料負担の一部支援を提示している．政府は，社会的保護手段の主眼を現金移転から，社会保険のアクセス可能性の強化・適用範囲の拡大に転換するだろうとしているため，この戦略は，社会的保護の抜本的改革の第一歩と見ることもできる．また，こうした転換がサムルディ・プログラムに対する政府支出の着実な削減につながることにも期待を示している．

(8) その他

上記以外にも，以下を含む様々な方針，政策が提示されている．

---

22) この PRSP では，「立案している（has prepared）」（p. 82）としているが 2002 年に可決される．

186

貿易・投資の自由化に対して積極的な姿勢を示し，2002 年予算に，外国直接投資に関する制限の一部の除去が含まれること，既に自由貿易協定が成立しているインドや自由貿易協定の交渉が進んでいるパキスタン以外の南アジア諸国とも自由貿易協定を追求し続けること等が記されている．

金融部門改革に関しては，2 つの国営商業銀行の改革に加えて，外国人による証券会社の完全な所有や外国人投資家の国内ミューチュアル・ファンドへの投資の許可を含む保険・証券部門での外国人の投資と所有の機会の強化等を掲げている．また，年金において，民間年金やプロビデント基金に保有され得る投資を自由化するための年金改革プログラムの着手や，従業員準備基金と従業員信託基金という国が運営する年金スキームの運営改善に努めることが提示されている．

海外での雇用については，大部分が低所得世帯出身の女性である 70 万人近くのスリランカ人にとって所得を増やす主要経路の 1 つであり，年 10 億ドルを超える公式海外送金を生み出しているとし，海外での雇用の促進において貧困削減を主流化することを掲げ，政府は出稼ぎ労働者を酷使から守ると同時に，海外での雇用を促進することを目指すとしている．

青年の失業問題[23] では，多くの原因があるものの，青年層内での起業文化・態度の欠如によってこの問題が深刻化しているとし，政府は，17 歳から 22 歳の失業している青年に職業訓練やキャリア指導を提供すると同時に，指導力を植え付ける国家青年団を新しく始めるだろうとしている．

人への投資に関しては，貧困層へのターゲット化と公民パートナーシップの重要性を強調している．例えば教育では，貧困層によって利用される農村の学校等に支出を集中することや民間による中等後教育への貧困層のアクセスを保障するためのバウチャー制度の導入，相対的に富裕な人々の需要を満たす上で民間教育がより大きな役割を果たすことの必要性が主張されている．

地方分権化については，貧困削減や貧困層へのエンパワーメントのために

---

23) 「中央銀行は，失業者の 70% 超が青年と推定している」（p. 72）とされる．

も重要であるとしている．そして，ほとんどの州政府で，学校・病院の質の改善と増加，道路の修復，小規模企業の育成，農業開発の奨励が，2002年から05年の開発計画の共通テーマとなっている一方で，それぞれの州は貧困の束縛に取り組むために異なるアプローチを開発しているとする[24]．今後の政策に関しては，ニーズ・ベースの収入調整公式に基づく中央政府による財政調整手段の運用，透明で参加的な計画立案・財源配分・モニタリング・評価の過程の確立の第一歩としての地方政府の収入と支出の定期的公表，単一の地方政府法の整備等が掲げられているが，抽象的な内容の構想か，基礎的な政策にとどまっているように見受けられる．

3. JSAの内容と評価

それでは，このPRSPは，JSAでどのように評価されているのだろうか．

まず，このスリランカ最初のPRSPに対するJSAは，スリランカでは，民族紛争以外に，貧弱なインフラ，大規模で非効率な公共部門，そして過度に制限的な規制環境によって民間投資のインセンティブが抑えつけられているとの認識を示している．

そして，民間部門主導の開発を通して成長を加速し，貧困を削減することによって「スリランカを取り戻す」という考え方のこのPRSPを，貧困を削減するための「再分配と移転」（p. 3）というかつての持続不可能な政策からの明確な離脱を示すものとして高く評価している．

財政に関しては，このPRSPが成長とマクロ経済安定達成のために財政再建を必須であると認識していること，「課税ベースの拡大と税務行政の改善による収入の増加，防衛支出の削減を含む支出の合理化と新たな方向付け，そして高くつく国内債務から譲許的な外国資金への資金供給における転換の組み合わせを通して」（p. 4），赤字の著しい削減を企図していることを指摘し，

---

24) 例として，中央州では，貧困層の適切な病院へのアクセスを改善するために，病院を建設する代わりに，救急車の供給を拡大するだろうこと等が挙げられている．

肯定的に評価しつつも，特に，市場の状態や他の構成要素の変化に対する利払費の敏感さを所与として強調し，財政赤字削減目標達成ための戦略を定期的に更新する必要があるとしている．また，PRSPで中小企業を重要な戦略的部門としていることを評価した上で，財政再建・債務削減は，中小企業への貸付に利用可能な財源を増加させるはずとしている．加えて，法人税改革に対して特に歓迎の意向を示している．

"structural reforms"（構造改革）に関しては，それが決定的に重要であるとして，リストラクチャリング・民営化を通した経済における国の支配の削減，銀行部門の強化，労働市場の柔軟性を高めるための労働法改革がPRSPで強調されていることを歓迎している．

社会的保護に関しては，社会福祉法に基づいて，全ての社会福祉プログラムの合理化，特にサムルディ（主に現金移転プログラム）のターゲット化を非政治化し，改善することに対する政府のコミットメントを強く支持するとし，サムルディの受給者選びのための客観的基準の設定を含む一連の改革がより良いターゲット化につながることに期待を示している．

このようなPRSPに対する肯定的な評価，支持，期待の一方で，課題や疑問も提起されている．

まず，PRSPが提示している「成長を加速し，マクロ経済の安定を維持する野心的な枠組み」(p. 3) の展望が和平に決定的に依存していること，繊維クォータの来るべき廃止[25] の経済成長や貧困層への影響の査定が欠如していること等を指摘した上で，政府が代替的で，より低い成長率のシナリオを開発し，予想されるリスクを十分に反映した不測の事態に対応する計画を作ることを奨励している．

財政に関しては，1つには，このPRSPは，主にドナーによって資金供給されると期待される優先順位の高い投資プロジェクトの資本費用の見積もりのみを提示して，ドナーによる資金供給が予想されていないプロジェクトの

---

25)　2004年末．第6章注52を参照．

費用や経常支出の詳細が示されておらず，費用の見積もりが不完全であることを指摘し，スリランカ政府は作成していない中期支出枠組（第3章注53参照）がより綿密な費用見積もりにおいて有効であることを強調している．

また，特に，行政改革，透明性・説明責任，分権化の分野における統治の協議事項（agenda）の中の重大な諸問題に取り組むことを強く勧めている．

貿易政策との関連では，世銀とIMFのスタッフは関税改革のスケジュールの公表を強く迫るだろうとし，特に強い関心が示されている[26]．

セクター別政策や農業政策に関しては，優先順位づけの必要性や，中小企業工業団地等の一部の政策に対して，効率性と持続可能性の観点から疑問が提示されている．

労働市場に関しては，前述したように労働法の改革を評価し，その実行と過度に制限的な労働法の体系的な精査が長期の高成長と雇用を保証する鍵になるという見解を示した上で，このPRSPには，この分野で時間的拘束のある政策のセットが提示されていないとしている．

社会的保護に関しては，未解決の挑戦として，年金改革の発展・実行が挙げられている．

政策の実施後と関連しては，広範な支出追跡システム，様々なグループ間で多様であろう貧困層に対する政策のインパクトを監視・査定することの必要性が指摘されている．

こうした課題や疑問の提起がありつつも，全体に関しては，「IMFと世界銀行のスタッフは，スリランカのPRSPで提示された貧困削減戦略が世界銀行とIMFの譲許的援助のための十分な基礎を提供しているとみなす．スタッフは，世界銀行とIMFのそれぞれの理事会が同じ結論に達するよう勧告する」（p. 10）としている．

最後に，民族紛争の和平に関して取り上げたい．

まず，このJSAでは，ノルウェーの仲介による和平交渉の効果を，「国内

---

26) 貿易政策に関しては，農業の貿易自由化が土地改革と関連づけられるべきであるにもかかわらず，PRSPにはこの点が抜け落ちているとの指摘もなされている．

経済活動に途方もなく大きな弾みを与えている」（p. 1）と非常に高く評価している．そして，ポスト紛争における復興ニーズには重大な挑戦があり，十分な財源を復興ニーズのために利用可能にすることを保証すると同時に，民間部門主導の成長のために，財政再建と構造改革に政府がコミットメントを示しているという状況（context）で，この PRSP は公表されたとしている．

次に，PRSP を失敗させ得るリスクのうち，「第一の，そして最も重要なリスクは和平プロセスと関連する」（p. 9）としている．さらに，停戦の前例のない長さに非常に勇気づけられるとしながらも，なおリスクがあるかもしれないとして，そのうちの1つに政権を解散し，選挙を求める権限を持つ大統領と政権のねじれから生じる政治的不確実性を挙げている．これが，予測可能性と継続性を含む改革実行の政治的実現可能性の脅威になるとまで述べ，大統領への警戒感と当時の政権への期待を示唆している．

そして，「和平プロセスでは，両陣営のコミットメントの兆候が十分すぎるほどあり，これを支える最善の展望は，平和の利益の実演である」（p. 9）とし，それ故，世銀等は，この貧困削減戦略の一部としての復興の取り組みに早期の支援を提供するだろうと記している．

加えて，復興関連の輸入で，経常収支赤字が中期的に拡大すると予想され得るが，対外ポジションは，かなり強力な資本の流入と譲許的な資金供給の結果，強化されるだろうとしている．

これらの和平と関連する JSA の記述は，世銀・IMF の支援には，第1節で見たドナーが求める和平の推進の事実上の見返りの面があることを示唆するものと言える．そして，ウィクラマシンハ政権は，和平に関してドナーの意向に沿うことで，さらには後述するように，PRSP の政策内容においてもドナーの意向に沿うことで，世銀・IMF を含む国際的な支援を引き出して高成長を実現し，世論の支持を得ようとしていたと考えられる．

なお，2003年7月の JSA 発表直前とも言える03年4月には IMF から貧困削減・成長ファシリティ（PRGF）[27] 及び拡大信用供与措置（EFF：Extended Fund Facility）[28] として5億67百万ドルの融資が[29]，同年6月には世銀（IDA：

国際開発協会）から1億25百万ドルの貧困削減支援融資[30]が承認されている．また，世銀は，03年度に対スリランカ・ポートフォリオの再構築を行い，北東部の復興を支援する4600万ドルの緊急パッケージを承認している（世銀［2003］）．

4.　検証

(1)　"Sourcebook"を踏まえて

"Sourcebook"の内容を踏まえれば，このPRSPは，どのように評価できるだろうか．そして，このPRSPに対するJSAと"Sourcebook"の関係はどのようなものであろうか．

まず，このPRSPには，経済成長を最重要視し，マクロ経済の安定をその前提とする，そして，その経済成長のためには特に民間投資と自由貿易政策の推進による輸出の促進を重視する"Sourcebook"の主張が全面的に反映されていると指摘できる．また，このPRSPは民営化や民間参加，民間活力の

---

27)　詳しくは第3章を参照．

28)　抜本的な経済改革を必要とするような大きな歪みに起因する，中・長期的な国際収支上の問題の解決に取り組む加盟国への支援を目的とした融資制度（https://www.imf.org/external/japanese/np/exr/facts/howlendj.htm）．

29)　https://www.imf.org/external/np/sec/pr/2003/pr0354.htm．ここでは，PRGF支援プログラムはPRSPに基づくことを予定しているとしている．また，IMF理事の声明も紹介され，そこには，長期の民族紛争を踏まえて，スリランカが「歴史的に極めて重要な岐路」（pivotal point in its history）にあるとの認識が示されている．

30)　世銀［2003］．PRSC，詳しくは第3章を参照．なお，世銀は2003年度に他にも大学教育の妥当性と質の改善融資（40.3百万ドル），第2次地域社会給水・衛生グラント（39.8百万ドル），経済改革技術支援融資（15百万ドル），国家HIV/エイズ予防グラント（12.6百万ドル）をスリランカに対して承認している．そして，貧困削減支援融資と経済改革技術支援融資に関しては，それぞれに「本プロジェクトはスリランカ政府の貧困削減戦略『スリランカの回復』を支えるものである」（前者はp.155，後者はp.156）と全く同文で明記されている．また，前者では「安全な投資環境を構築して民間セクターの参入を促し」（p.155），後者では「技術支援を通して経済を近代化・活性化し，民間セクターの役割を拡大することにより」（p.156）と，民間セクターの役割拡大を強調している点でも両者は共通している．

導入に非常に積極的だが，これも "Sourcebook" の方針と一致している．

　加えて，この PRSP は，大規模な財政赤字をマクロ経済における最大の問題点とし，中長期的な削減を目指す姿勢を打ち出しているが，これも，規律ある財政の基準としてマクロ経済の安定を最重要視する "Sourcebook" の主張と合致している．また，"Sourcebook" は，財政赤字の規模について立法上の制限を設けることを選択肢として紹介しているが，PRSP で将来的な導入が掲げられている財政責任法は，その実践を目指す動きと言える[31]．

　税制改革の内容も，「租税政策は，広いベースと適度な限界税率の，容易に運営される諸税から成るシステムへ向かうことを目指すべき」（第 2 巻 p. 13）とし，付加価値税のような広い課税ベースの消費課税の導入，所得税における適度な最高限界税率や控除・租税優遇措置の限定，源泉徴収税の利用等から成る "Sourcebook" の推奨する方向と全面的に一致している．なお，関税に関して，"Sourcebook" は貿易に対する税の役割をできる限り小さくし，輸入関税の平均税率を低くし，税率のばらつきを小さくすること，免税を最小限にすること等を推奨し，JSA では関税改革のスケジュールの公表を強く迫る旨が明記され，実行への圧力がかけられていることは前述した通りである．

　支出の抑制・削減に関しては，この PRSP は税制改革ほど積極的，具体的ではないが，中長期的な政策としては，優先順位の明確化，公企業改革，和平の効果による防衛支出の削減，補助金の削減，非政治化を含む行政の効率化等を挙げている．スリランカ独自の事情を強く反映した防衛支出の削減を除けば，その方向性は "Sourcebook" と一致している．

　そして，短期的に大きな歳出削減を見込んでいる唯一の政策とも言えるのが，サムルディ・プログラムの改革である．

　サムルディ・プログラムが含まれる社会的保護に対して "Sourcebook" は

31）　実際に，スリランカ中央銀行からの借入に対する厳格な制限，2006 年末までに債務残高を GDP の 85% に引き下げることと調和する中期の赤字の道筋を示すこと，「選挙前予算報告」を求めることを含む財政運営（責任）法（Fiscal Management (Responsibility) Act）が 2002 年 12 月に制定された（https://www.imf.org/external/pubs/ft/scr/2003/cr03107.pdf）．

高い関心を示していない．「経済成長を促進する政策は貧困削減にとって中核的であるが，社会的保護（SP）手段も，貧困層の脆弱性を減少させ，福祉を保護する上で果たすべき役割を持っている」（第2巻 p. 164）との記述に示唆されるように，社会的保護は成長を通しての貧困削減を補完するものとしてとらえられている．また，社会的保護に関する政策的な提言も，「限られた予算と行政能力という現実」（第2巻 p. 180）を踏まえて過大にならないよう強く求め，優先順位づけの重要性を強調している程度である．見方を変えれば，この分野に関しては，"Sourcebook" の抽象的で限られた記述からは見えづらい世銀・IMF の実際の姿勢を，この PRSP に対する JSA の評価を通して見て取ることが出来ると考えられる．そして，この PRSP の，サムルディ・プログラムのための資金供給を 2001 年から 02 年の間に約 25% 削減するという内容やこのターゲット化を約束しない支出削減をターゲット化の誘因として肯定する考えは議論の余地が大きいと思われるが，JSA は社会福祉給付法に基づく改革への期待を前面に打ち出して，全く問題視していない．支出が過大にならないことこそが，世銀・IMF の社会的保護に対するほぼ唯一の具体的な要求ということであろう．また，"Sourcebook" では，「土地保有改革，貧困削減に資する公共支出，貧困層の金融市場へのアクセスを高める方策といった社会の中での所得と資産の分配を改善する政策」（第2巻 p. 4）が貧困削減戦略に不可欠としているが，「貧困削減に資する公共支出」の中でサムルディ・プログラムのような貧困層への現金給付は重視されていないと見ることが出来る．

　つづいて，サービスの提供における公民の役割分担に関しては，"Sourcebook" は，公と民のサービス提供の仕組みを混合して活用することを紹介し，民間供給者は選択的にサービスを供給し，より富裕な顧客に焦点を当てることが期待され得る一方で，公的供給者は全地域，全国民に基礎的サービスを供給することが求められ得るとしている．また，"Sourcebook" は，参加を非常に重視し，地方レベルでの参加の拡大は，地方の診療所や学校での有効な計画立案やサービスの提供等に貢献し得るとしている．PRSP の水道に関

する，大規模な市町では民間部門が主要な役割を果たし，農村地域において
は，政府がシステムの建設に寄与し，その後，コミュニティ・ベースでその
システムを管理するという方針は，この "Sourcebook" の内容に沿ったもの
と言える．そして，非常に貧しいコミュニティに対する支援において，受益
世帯が十分に参加することの重要性を強調していることも，"Sourcebook"
の示す方針と合致している．なお，PRSP では，水道に関しては地方コミュ
ニティに資金供給を求め，コミュニティ支援では，十分な参加の中に「プロ
ジェクトの全ての段階での費用の共同負担」（p. 72）を含んでいるが，
"Sourcebook" も，貧困問題とのバランスに留意すべきとしつつ，費用の共
同負担の重要性を提起している．

　最後に，前節で見た JSA が提起した課題や疑問について確認すると，例え
ば，JSA が強く推奨している MTEF が，"Sourcebook" において普及が進ん
でいないことを認めつつ強く推奨されていることを含め，ほぼ全て "Source-
book" に示された基準やそこで推奨された政策に基づいていると言える．

　以上，見てきたように，スリランカ最初の PRSP は，全面的に "Source-
book" に沿った内容になっていると評価することが出来る．そして，この
PRSP に対する JSA の内容から，第3章注51で紹介した，"Sourcebook" を
「PRSP 作成の手引き」，そして，世銀・IMF のチェック・ポイントを予め示
すものとする柳原［2001］の評価は妥当と考えられる．

(2)　経済・財政の実績を踏まえて

　ここでは，実績のデータ[32] が入手出来た経済・財政の重要と考えられる
事項に関して，PRSP の見通し・目標と比較することで，このスリランカ初
の PRSP を検証したい．

　まず，実質 GDP 成長率は，PRSP の2002年3.0%，03年5.5%，04年6.5%
という見通しに対し[33]，実績はそれぞれ4.0%，6.0%，5.4% である．年平均

---

32) Central Bank of Sri Lanka［2005］, Central Bank of Sri Lanka［2006］とこれらか
　ら算出したデータから成る．

で見れば，見通しの5.0% に対し，実績は5.1% と若干上回っている．しかし，その予想を上回る経済成長にもかかわらず，失業率は，PRSP の見通しが02年8.0%，03年6.0%，04年5.7% であったのに対し，実績はそれぞれ8.8%，8.4%，8.3% と，見通しを超える高い水準で推移した．

　財政では，歳入の GDP 比は，PRSP が 2002 年 16.8%，03年 17.1%，04年17.9% と年々増加する見通しであったのに対し，実績は02年 16.6%，03年15.7%，04年15.4% と，逆に年々低下した．歳出の GDP 比は，見通しが02年25.7%，03年24.6%，04年24.2% であったのに対し，実績はそれぞれ25.5%，23.7%，23.5% と，見通しを超える低下となった．その結果，財政赤字の GDP 比[34]は，見通しがそれぞれ8.9%，7.5%，6.3% であったのに対し，実績は8.9%，8.0%，8.2% となった．歳入の増加と歳出の削減を通して改善が目指された財政赤字は，実際は歳入・歳出がともに減少し，悪化は回避できたものの，目指された改善からは程遠い結果となった．

　ここで，まず，歳入が減少した理由を確認したい．PRSP では，前述のように税制改革による税収強化が目指された．その中で短期的な成果が最も期待されたのは付加価値税の導入と言える．しかし，見通しを上回る経済成長を実現したにもかかわらず，その税収の GDP 比は，見通しが 2002 年 6.4%，03年 6.8%，04年 7.7% であったのに対し，実績はそれぞれ 6.1%，5.5%，5.9%にとどまった．

　この原因に関連して，World Bank［2004c］は，付加価値税は，税率12.5% の財・サービス税と，財・サービス税より幅広い課税ベースを持つ7.5%の国家安全保障賦課金に代えて 2002 年に導入されたものの，10% と 20% の2税率となったことが税務行政の複雑さと収入の漏れにつながり，03年の貧弱な収入実績の理由の1つになったと指摘し，加えて，04年予算における2

33）　PRSP には「実質」と記されていないが，2001 年の PRSP の暫定値が −1.4% であるのに対し，実際の実質成長率は −1.5%，名目成長率はプラスであることから実質GDP 成長率と考えられる．

34）　2001 年の暫定値（10.9%）と財政赤字（贈与前）の実績の数値（10.8%）が極めて近いことから贈与前の財政赤字の GDP 比と見られる．

税率の 15% 税率への統一は肯定的なステップであり，次の主要なステップは，免税の削減に加え，付加価値税の適用範囲を，医薬品，生命保険契約，保健医療サービスの供給，小売業に拡張することであるべきであると主張している．ただし，15% への税率統一について，当面のインパクトとしては収入減少であったともしている．

World Bank［2004c］は，幅広い課税ベースを持ち，さらなる課税ベースの拡大も可能な付加価値税を税収拡充の手段として未だに強く期待している．一方で，課税ベースが広いからこそ，逆進性が高いこの税の急速であからさまな増税は極めて難しいことを認識できていない．船津［2001］が，スリランカにおける 1990 年代後半の税制改革に関して，輸出品を除く全ての財とサービスに課される国家安全保障賦課金のさらなる税率引き上げや財・サービス税の課税ベースの拡大は，逆進性を高めるため，例えば貧困層への所得補完スキームの強化といった何らかの対策が取られないならば，社会不安の原因となりかねず，困難であることを指摘しているように，このことはスリランカの税制改革の歴史を見れば明らかなことである．付加価値税に対する PRSP の見通しは，民主的な選挙による政権交代が可能なスリランカにおいては特に現実的ではなく，この結果は本来予想できたことと言える[35]．

　歳出の見通しを超える低下についても問題点が指摘できる．PRSP の経済的分類に基づく歳出の GDP 比の見通しは，経常支出が 2002 年 21.1%，03 年 19.3%，04 年 18.0%，資本支出が 02 年 3.8%，03 年 4.6%，04 年 5.4% であった．低水準の資本支出がスリランカの中・長期的経済開発に悪影響を与え

---

35)　歳入減少の付加価値税に次ぐ理由としては所得税が挙げられる．税収 GDP 比の見通しが 2002 年 2.5%，03 年 2.7%，04 年 2.9% であったのに対し，実績はそれぞれ 2.4%，2.2%，2.0% に過ぎなかった．World Bank［2004c］では，長期のタックス・ホリデーの提供等をその原因として挙げている．しかし，租税優遇措置の整理は，かつての構造調整政策とその後の人民連合政権の下でも試みられながら，十分な成果を上げられなかった（船津［2001］を参照）．この政策に短期的な成果を期待することは，少なくともスリランカでは現実的でないと言える．なお，2003 年に，BOI 承認企業に与えられる租税コンセッションを内国歳入法に規定されたものに限定するよう BOI 法が修正された（World Bank［2004c］）．

ることに対しては1990年代後半に中央銀行も複数回懸念を示しており（船津［2001］参照），そうした懸念が現実にならないよう，資本支出を拡充させつつ，それ以上に経常支出を削減することを意図していたと考えられる．しかし，実績を見ると，経常支出は2002年20.9%，03年19.0%，04年19.2%で，02年，03年は見通しより低い水準に抑えられたものの04年は削減が進まず，資本支出は2002年3.7%，03年4.3%，04年4.1%で意図したほどの拡充は実現できなかった[36]．

なお，経常支出の削減で特に注目されるのはサムルディ・プログラムである．PRSPでは，210万世帯に現金支援を提供している状況を問題視し，その支出削減と将来的なターゲット化を重要課題として挙げていた．具体的には，その支出のGDP比を2001年の0.9%（暫定値）から02年0.6%，03年0.5%，04年には01年の半分を切る0.4%へと一貫して低下させるという見通しを示していた．実際のGDP比と受益世帯数は，02年0.6%，188万6737世帯，03年0.5%，187万6031世帯，04年0.4%，186万4058世帯となっている．つまり，受益世帯数を大幅に削減するターゲット化を伴う形で支出のGDP比は完全に見通し通りになったことになる．背景には，前政権時に既に行われていたターゲット化によらない支出削減の継続が，政治的，社会的に困難であったことがあると思われるが[37]，社会福祉法に基づく改革の成果，そしてPRSPの「社会的支援の一層限られた財源をより良くターゲット化する誘因に既になっている」(p. 82)との記述の実現が，少なくとも一定程度はあったと見られる．ただし，家計への移転支出のGDP比の動向を見てみると，02年3.4%，03年3.2%，03年2.9%の見通しに対し，実績はそれぞれ3.4%，3.0%，4.1%と04年に大きく膨らんでいる．詳細は不明だが，サムルディ・プログラム以外の形での家計への所得移転が拡大されたと見られる[38]．

---

36) ちなみにネットの貸付のGDP比は，見通しが2002年0.8%，03年0.7%，04年0.8%に対し，実績は0.9%，0.4%，0.2%であった．

37) 船津［2001］を参照．

38) 中村尚司［2005］は，サムルディ・プログラムについて，約3万5000名の関連職員を人民連合支持者から採用し，受給者や融資を受ける対象も人民連合支持者を優先

つづいて，公企業の民営化について見てみたい．ただし，公企業への移転支出に関しては，PRSP の見通しに対応するデータを Central Bank of Sri Lanka［2005］から得ることは出来ない[39]．しかし，Central Bank of Sri Lanka［2005］からも「公企業」への経常移転，資本移転の GDP 比は入手できるため，PRSP との大小の比較には意味がなくとも，その時系列的な動向に政府の想定と乖離がないか検証することは可能と考えられる．また，民営化収入の GDP 比は PRSP の見通しに対応するデータを Central Bank of Sri Lanka［2005］から入手できる．さらに，「公企業」への経常・資本移転と民営化収入の実績の GDP 比を，PRSP の対象期間前である 2000 年から確認することで検証を補強したい．

まず，PRSP の見通しについて確認すると，民営化収入の GDP 比は 2002 年 0.4%，03 年 1.5%，04 年 0.2% となっている．そして，経常支出の公企業に対する補助金・移転支出の GDP 比は，02-04 年まで各 0.3%，公企業に対する資本移転の GDP 比は 02 年 0.3%，03 年 0.4%，04 年 0.5% である．この見通しから，政府は，03 年に公企業の民営化を大きく進展させて一段落させる一方で，そのための移転支出の増額といった特別なコストは想定していなかったと考えられる．ちなみに，PRSP に記された 01 年の GDP 比（暫定

していたとした上で，早期の総選挙を予想していなかったウィクラマシンハ政権が，前政権が任命したサムルディ関連職員を自分たちの支持者に切り替えなかったことが 2004 年 4 月の総選挙で敗北した主たる原因に挙げられていることを指摘している．そして，「1940 年代から今日に至るまで，農村住民の生活向上をもたらす政策手段が乏しかった社会的な背景を考慮すれば，脱政治化のみを強調することは，意図せずに政権交代を促進する役割を果たすことになる．逆説的ではあるが，国際社会が脱政治化を求めれば求めるほど，貧困削減計画の枠組みを超えて全国的な政治変動の引き金を引く行為と重なるのである」（p. 164）との見解を述べている．

39) 当該データに関して PRSP には "Public Corporations" とあり，Central Bank of Sri Lanka［2005］の Table95 では，経常移転に関しては "Public Enterprises"，資本移転に関しては "Public Corporations" のデータが入手可能である．しかし，2001 年の GDP 比の数値を比較すると，経常移転の数値が大きく異なるため（PRSP の暫定値が 0.3%，Central Bank of Sri Lanka［2005］の実績は 0.6%），少なくとも経常移転に関しては，PRSP と Central Bank of Sri Lanka［2005］で「公企業」の適用範囲が異なっていると見られる．

値）は，民営化収入が 0.6%，公企業に対する経常移転が 0.3%，資本移転が 0.6% である．

　次に，実績を確認しよう．民営化収入の GDP 比は，2000 年が 0.0%，01 年 0.6%，02 年 0.4%，03 年 0.6%，04 年 0.1% である．公企業への経常移転の GDP 比は 00 年 0.6%，01 年 0.6%，02 年 1.1%，03 年 0.8%，04 年 1.0%，資本移転は 00 年 1.0%，01 年 0.5%，02 年 0.7%，03 年 0.8%，04 年 0.9% であった．

　以上から次のことが言える．1 つには，2003 年に公企業民営化を大きく進展させ，GDP 比で 1.5% の収入を得るとの政府の目論見は外れ，実際の収入の GDP 比は 03 年でも 01 年と同じ 0.6%，02 年から 04 年の 1 年当たりの平均を見ても見通しの 0.7% に対して約 0.4% に過ぎなかった．次に，公企業への移転支出も，経常支出に関しては，PRSP では 04 年まで 01 年（暫定値）と同じ水準を想定していたにもかかわらず，実績を見ると 02 年から 04 年は，00 年，01 年の数値から大きく膨らんだ水準で推移した．資本支出に関しても，PRSP では 02 年から 04 年にかけて微増しつつも 01 年より低い水準を想定していたにもかかわらず，実際には 02 年から 04 年全てで 01 年の水準を上回り，しかも一貫して増加した．

　PRSP に，「財政赤字目標の達成，2002 年では 8.9% に設定，は，好調な成長と，かなりの民営化収入を含む下半期の収入の徴収次第で決まるだろう」（p. 36）とあるように，政府は民営化収入を財政赤字削減の重要な手段とみなしていたと考えられる．しかし，その目論みは外れ，歳出面での負担も想定を超えて増加したと見られる．とはいえ，これは本来予想できた結果と言えよう．民営化では一般的に収益のあがる企業にしか買い手が見つからず，赤字企業に買い手がつくようにするためには多額の出費が必要となる．実際に，1990 年代のスリランカ政府も民営化を積極的に推進しようとしたが，収入獲得においても，歳出削減においても十分な成果を上げるには至らなかった（船津［2001］参照）．

おわりに

　途上国援助での被援助国のオーナーシップの尊重は今や国際社会のコンセンサスになっている．そして，このオーナーシップの尊重は，構造調整政策に対する批判，特に画一的な政策とその押しつけ的な実施に対する批判を踏まえた，被援助国の実態に合った政策を，被援助国の意思に基づいて実施してこそ成果が期待できるという考えに基づくものと見ることが出来る（第3章参照）．そうであれば，スリランカのPRSPも，現状に至っている理由や過去の取り組みの結果等に対して真摯な分析を行い，それを踏まえた政策を提示したものでなければならない．しかし，スリランカ初のPRSPを検証した結果からは以下のことが指摘できる．

　まず，世銀・IMFを含むドナーは，民族紛争の和平に関して，推奨する政策をスリランカ政府が実行するよう，国際援助を積極的に活用した．加えて，ドナーが支持する政策の中には，スリランカ初のPRSPがパートIIとして重要部分をなす "Regaining Sri Lanka" が含まれる．そして，スリランカ初のPRSPは，税制改革や公企業民営化，サムルディ・プログラム等で特に顕著であるが，過去の貴重な経験は活かされず，同じような失敗が繰り返されている．一方で，"Sourcebook" の内容は全面的に反映されている．

　また，スリランカ初のPRSPに対するJSAは，政策の有効性・実現可能性を検証する役割は果たせておらず，PRSPの内容が世銀・IMFの基準に合致しているかどうかを評価しているにすぎないと言える．

　それでは，このPRSPが過去の失敗も含めた貴重な経験から得られるはずの教訓を活かせなかった理由はスリランカ政府の不勉強にあり，スリランカ政府は不勉強故に "Sourcebook" に依存したのであろうか．結論から言えば，その可能性は低いと考えられる．PRSPは，「経済改革の過程は1977年以降，多くの分野で進行中であり，なされる必要があることの大部分は結果的に，以前に始められたイニシアティブを仕上げ，整理統合することになる」（p.

22）と記し，過去に同様の取り組みがあったことを指摘している．そして，中村尚司［2005］は，かつての構造調整政策について「スリランカ経済に関心を持つものの目には，IMF が期待するような構造調整政策を整合的に行うことは，ジャナサヴィヤ計画の実施よりもはるかに非現実的であった．もともとできないことを承知の上で，スリランカ政府は外圧をしのぐためやむをえないジェスチャとして受け入れているようにみえたものである」(p. 162) と述べている．JSA の，「この PRSP は，強力な国のオーナーシップと広範な協議過程の結果である」(p. 9) という記述とは裏腹に，実際にはスリランカのオーナーシップは十分に機能していなかったと考えられる．そして，この構図は構造調整政策の時代から変わっていないと見られる．

　スリランカ初の PRSP の検証を通して，民族紛争の和平や経済政策においてドナーがその影響力を積極的に行使した実態が明らかになったが，こうしたドナーの積極的な影響力の行使は対スリランカに限らない，一般的な傾向となっている可能性が高い（第 4 章参照）．その場合，被援助国の過去の経験を含めた経済・政治の実態に対する理解の低いドナーが現実的でない経済政策や政治に対する意向を被援助国に押し付け，それが被援助国の経済・社会に打撃を与えるリスクが高まると考えられる．さらに，時には，その悪影響が国際経済・社会に波及することさえあり得るだろう．被援助国のオーナーシップが実態として機能する国際援助は，国際社会全体の課題と言える．

第6章
ラジャパクサ政権下の第2のPRSP

はじめに

　前章で見たように，ウィクラマシンハ政権が2004年4月の総選挙に敗れて倒れ，ラジャパクサが首相に就任する．つづいてラジャパクサは05年11月の大統領選挙に勝利して大統領となった．その大統領選でのラジャパクサの公約で（永瀬［2011］），公式文書としては06年11月作成とされる『マヒンダ・チンタナ：新しいスリランカのためのビジョン——10年の開発枠組みの展望2006-2016』が，スリランカ第2のPRSP（貧困削減戦略文書）として『財政運営報告2008』等とともに08年に提出された[1]．ちなみに，「マヒンダ」とは，ラジャパクサのファースト・ネームで，「チンタナ」はビジョンを意味する（アジア経済研究所［2011］）．

　加えて，2009年5月，ラジャパクサ大統領の下でLTTEとの民族紛争が事実上終結した．このことは，ラジャパクサに対する国内での非常に強い支持につながった反面[2]，特に民族紛争終盤における人道・人権問題がスリラン

---

[1] "Mahinda Chintana：Vision For A New Sri Lanka A Ten Years Horizon-Development Framework 2006-2016 Discussion Paper"（http://documents.worldbank.org/curated/en/2008/05/9464148/sri-lanka-second-poverty-reduction-strategy-paper-prsp-joint-ida-imf-staff-advisory-note）.

[2] 2010年1月に行われた大統領選挙では，民族紛争終結の功労者であったフォンセカ前国防参謀長を大差（得票率はラジャパクサ大統領が57.9％，フォンセカ氏が40.2％）で破り，再選を果たしている（アジア経済研究所［2010］）.

カ政府とアメリカやイギリス，EU，国連等との軋轢を生むことにもなった[3].

　本章では，『マヒンダ・チンタナ』と，2008 年に出された，この第 2 の
PRSP に対する JSAN（Joint Staff Advisory Note：合同スタッフ・アドバイザ
リー・ノート）[4] について概観した上で，05 年から，ラジャパクサが 15 年
1 月の大統領選挙に敗れて下野するため 14 年までのスリランカ財政の動向を，
ウィクラマシンハ政権下でのスリランカ最初の PRSP とその実績との比較，
そしてアメリカ，イギリス，EU 等の伝統的ドナーとの軋轢の影響を踏まえ
て分析する[5].

1. 『マヒンダ・チンタナ』と関連文書の内容

（1）『マヒンダ・チンタナ』

　最初に，第 2 の PRSP『マヒンダ・チンタナ』の内容を前章で見た最初の
PRSP との比較も踏まえて確認してみよう.

　第 1 に強調しているのは，最初の PRSP と同様に経済成長である. 過去
25 年間の平均約 5％ という年間 GDP 成長率を 2008 年には 8.0％，2016 年に
は 10.6％ に引き上げるとしている. ただし，過去の経済成長に関して，所得
稼得者間，地域間の両方で所得格差が永続していることを指摘し，新しい開
発戦略では，過去の政策の肯定的な面に基礎を置くとしつつ，公平な開発，
特に遅れている地域のニーズを重視することを掲げている. そして，経済成
長を加速する上で投資と，海外からの公民両方の資金供給の重要性を強調し
ている. 加えて，最初の PRSP と同様に，成長の潜在能力強化のために，二

　3）　『アジア動向年報』の各年版を参照.
　4）　JSAN に関しては第 3 章を参照.
　5）　『マヒンダ・チンタナ』に関する邦文の文献としては，外務省［2008］があり，簡
　　略的にではあるが，分かりやすく，その要点をまとめている. ただし，その内容の分
　　析に関しては英文も含めて十分な先行研究があるとは言い難く，最も詳細な分析を行
　　っているのは本章で後に取り上げる JSAN と見られる. 加えて，『マヒンダ・チンタ
　　ナ』をスリランカ最初の PRSP と比較しつつ，主要なドナーとの関係を踏まえて詳細
　　に分析した先行研究は極めて不十分と言える.

国間・地域の貿易・投資関係の強化を含むグローバル統合を重視している.

さらに，特に力点を置いている，あるいは，この PRSP の特徴を知る上で有意義と考えられるいくつかの分野について見てみよう.

まず，産業開発では，政府の役割について，それを可能とする環境の創出とインフラ施設の供給を挙げている．前者に関しては，競争を促進し，国際的な品質基準と環境条項に適合することを保証するための規制機能を強調している．また，インフラ投資については，農村地域における基礎インフラ等[6] の割合を拡大する構想を示している[7].

水部門の開発に関しては，スリランカ最初の PRSP では民間投資の重要性が最も強調されていたのに対し，この PRSP は，ミレニアム開発目標達成との関連性を強調しつつ，公共部門が鍵となる役割を果たすとし，特に投資において「3 つのレベルの機関，すなわち中央政府，州評議会，そして地方機関が飲料水・衛生プロジェクトでの投資に携わる」(p. 84) と，政府の役割を前面に打ち出している点が特徴的と言える[8]．消費者料金に関しても，最初の PRSP が民間投資を引き付けるための必要条件として完全な費用回収を強調していたのに対して，費用回収原則の実行とそうした水準の料金を支払えない人々のニーズとの調節のための「生命線あるいは社会的料金」(p. 85) を含む料金スキームを提示している.

社会的保護と関連しては，最初の PRSP は，貧困削減のための枠組みに関して，「この枠組みは，貧困削減に関する政府の役割の根本的な転換を具体化している．政府のこの新しい役割は，公共支出あるいは民間経済活動に対

---

6) 具体的には，電力供給，通信サービス，飲料水・灌漑用水の供給，アクセス道路，農業用の倉庫，保健・教育施設が挙げられている.

7) 農業は，食料安全保障と小規模農家の所得向上のために特に重要とし，政府の役割としては，マーケティングや信用に対する支援，補助金等による生産インセンティブの提供等が挙げられている.

8) ただし，「政府の寄与は飲料水・衛生プロジェクトでの投資に限られ，運営・維持の費用は実施機関によって負担されるだろう」(p. 84) と，政府負担の拡大に対しては予防線を張っている．なお，民間投資に関連しては「水供給プロジェクトにおける投資のための公民パートナーシップが奨励される」(p. 84) と記すにとどまっている.

する制限を通して直接的に貧困を解決することを試みるのではなく，貧困削減が可能な環境を創出することに向けて仕事をするよう政府に求めている」（p. 24）とし，さらに，貧困削減の責任を政府単独で負うという考えから社会全体として責任を負うという考えへの移行を掲げていた．そして，この第2のPRSPでも，「政府は，直接的な現金支援の支払いを通した，経済的・社会的弱者を対象とする救済支援を継続するだろう」（p. 125）としつつ，「政府は，現金支援の供給が，人々を貧困の罠から抜け出させる助けにならないと信じる」（p. 124）と述べ，現金支給に否定的な姿勢を示している．一方，貧困層が生計を立てる機会を開発するのに資する環境を，譲許的な資金，改善されたインフラ等の供給を通して政府によって創出することや，地域間格差に取り組むために貧しい農村地域での特別な貧困削減プロジェクト・プログラムに投資すること等の政策を掲げ，政府の積極的な役割を前面に打ち出している面もある．

　マクロ経済枠組みに関しては，持続可能なマクロ経済環境の維持を非常に強調していた最初のPRSPに対して，このPRSPでは，需要を煽ることによるインフレを回避することを含む物価と金融市場の安定性や国際収支の持続可能性を支える慎重な金融政策と柔軟な為替レート政策の維持を掲げてはいるものの，国内経済環境の想定の1番目に「政府は，インフラ開発に関する公共投資を加速することに最高の優先順位を与えている」（p. 225）と記し，マクロ経済の安定以上に公共投資の加速を優先していることが特徴的である[9]．

　なお，財政政策と関連しては，資本市場開発を強化するための自由化政策として，国内市場から資金を調達するために政府によって発行される中・長期債券であるルピー建て財務省債券市場を外国人投資家に開放する意向を示している．

---

　9)　具体的な道筋としては，慎重な債務政策，課税ベースの拡張，国営企業からのより高い税外収入努力，譲許的な外国財源からの資金供給等を通して公共投資を増加させることを掲げている．

206

　以上のように,『マヒンダ・チンタナ』は,公共投資を通じた地域間格差の是正を重視するとともに,最初の PRSP と比較して政府の主導的役割を強調した内容になっている.なお,『財政運営報告 2008』では,2007 年 9 月までの経済・財政指標の実績や経済の動向に対する綿密な分析を踏まえて 10 年までの中期的な財政戦略が提示されているが,その戦略は『マヒンダ・チンタナ』に沿ったものである.

(2)　JSAN

　上で見た第 2 の PRSP『マヒンダ・チンタナ』に対する JSAN の内容は,以下のようになっている.

　まず,『マヒンダ・チンタナ』の作成過程について,主に政府内の協議に基づいていて,「より広範な公的協議は一層限定的であったが,政府内の高度なオーナーシップを持つ」(p. 1) としている.また,現政府が軍事オペレーションの必要性を支持していることを指摘している.これらは,初の PRSP を発表したウィクラマシンハ政権が,世界銀行(以下,世銀と略すことがある)・IMF を含むドナーの意向に沿った PRSP の内容と民族紛争における和平の推進で国際的な支援を引き出そうとしたのに対して,ラジャパクサ政権が PRSP においても,民族紛争への対応においても,ドナーの意向に沿わなかったことを示唆していると見られる.

　『マヒンダ・チンタナ』の財政政策を含むマクロ経済枠組み[10],そして開発戦略に関しては,非常に否定的である.インフレの主要な原因の 1 つとして拡張的な金融・財政政策を挙げ,現在の政策傾向では成長を含むマクロ経済目標は達成されそうにないとし,財政,金融,対外セクターに関する諸政策でかなりの変化を求めている.具体的には,投資家友好的市場環境を創出する構造改革,インフレ抑制のためのより慎重なマクロ経済政策,財政再建

---

10)　第 3 章で見たように,世銀・IMF は経済成長を最重要視し,経済成長の前提としてマクロ経済の安定を強く求め,財政運営に関してもマクロ経済の安定を最優先課題としている.

といった政策が挙げられているが，特に財政再建はインフレ抑制のためにも
その必要性が強調されている．

　その財政再建関連では特に現状を厳しく批判している．例えば，公共部門
が国内銀行システムからの借入を削減する一方で，対外商業借入を増加させ
る政策を講じていることを，リスクを伴うとし，また，石油価格の上昇を緩
和するために取られたガソリンに対する付加価値税率の引き下げを例示して，
これが「既に改革の必要性が差し迫っている付加価値税制度の包括性と効率
性を一層傷つけ」（p. 4）た，と具体的な批判も行っている．そして，政府の
更新されたマクロ経済枠組みで示された[11] 財政赤字削減目標は，「MC（マ
ヒンダ・チンタナ―引用者注）の成長戦略の核である野心的な公共投資計画の
規模を政府が著しく縮小しないならば，危険に曝されることになり得るだろ
う」（p. 4）と，「成長戦略の核」とわざわざ明記して，「野心的な公共投資計
画」を否定的に論じている．その上で，「歳出の増大を抑制し，現在ある租
税インセンティブ，租税譲許，そして免税の再検討を含む課税ベースを拡大
するといった緊急手段の必要性」（p. 4）を強調し，加えて費用効果的な公共
支出管理システムを確立するための具体的なプランが必要とされるとも指摘
している．

　また，著しく高く，より公平な成長というビジョン実現のために決定的に
重要な分野として，1つには投資環境と国有企業の効率性の改善，もう1つ
に民族紛争の影響を受けた地域の開発を挙げ，特に前者における『マヒン
ダ・チンタナ』の不十分さを強調している．

　これと関連して，政府の主導的役割を強調した『マヒンダ・チンタナ』の
姿勢にも否定的で，インフラ投資に関連して民間部門の関与に関する進展が
限定的であることを指摘したり，政府が公共部門による供給を目指すサービ
スの一部に関して，民間部門を供給者とすることを再検討するよう勧告して
いる．

---

11)　『財政運営報告2008』に記載されている．

「議論の結論と論点」の節では，政府の限られた財源と実行能力を踏まえた一層の優先順位づけを勧告している．そして，主要なリスクの源として第1に民族紛争，第2にマクロ経済の不均衡，中でも財政赤字，第3に潜在的な外的ショックを挙げている．

全体を通して見ても，この JSAN の中に，『マヒンダ・チンタナ』全般を明確に支持する文言は確認できない．

2. 財政・経済政策の動向[12]

本節では 2005 年から 14 年までの財政と経済の動向を分析するが，まず，04 年の総選挙における統一人民自由連合の勝利の理由と総選挙後に発表された 05 年予算について，『アジア動向年報 2005 年版』の記述に基づいて簡単に整理すると，以下のように言える．

ウィクラマシンハ率いる統一国民戦線が統一人民自由連合に敗れた理由としては，農村経済を無視したことが挙げられる．インフレ抑制等のマクロ経済指標の安定は達成したものの，2 年間にわたって行われた肥料価格の引き上げや補助金削減等が統一国民戦線に対する不満を募らせる原因になったと見られる．対して，統一人民自由連合は統一国民戦線の経済政策を弱者切り捨てとして，補助金の復活を主張した．また，2005 年予算は，04 年 11 月にラジャパクサ首相の下で提出されたが，その作成過程において，世銀や IMF 等のアドバイザーの介入は拒否された．加えて，経済団体等は統一国民戦線寄りで，統一人民自由連合政権に懐疑的であったとされる．

---

12) 以降，数値に関して特に明記しない場合，Central Bank of Sri Lanka（以下 CBoSL と略）"Annual Report" 各年版のデータかそれらに基づいて筆者が算出したものである．なお，2014 年の名目 GDP は，CBoSL［2015］の数値（暫定値）を用いる．CBoSL［2016］から 10 年以降のデータが入手可能だが（14 年は暫定値），CBoSL［2015］の比較可能な数値より約 1.1〜1.2 倍増加しており，算定方法が変更されたと見られ，本章は 10 年より前の 05 年から研究対象とすることや CBoSL［2016］の数値も暫定値であることを踏まえ，このように判断した．

つまり，ラジャパクサ政権は，従来から抱えていた民族紛争に加えて，世銀・IMF を含む主要ドナーや国内財界との対立，さらには 2004 年 12 月に発生したインド洋大津波，08 年 9 月のリーマン・ブラザーズの経営破綻に端を発したグローバル金融危機といった逆境の中で運営されたと言える．

(1) 政策方針

2006 年に公式に発表されて以降，財政政策は『マヒンダ・チンタナ』に記されたビジョンに沿って策定されることになる（CBoSL［2007; 2008］等）[13]．そこでは，貧困削減と地域間格差の是正を重視したインフラ開発を通した経済成長とともに，収入増加と経常支出の合理化を通した財政再建，そしてインフラ開発における外国財源の一層の活用が目指された（CBoSL［2008］等）．なお，ラジャパクサが勝利した大統領選挙が 1 月に行われた 10 年には『マヒンダ・チンタナ』の改定版（Rajapaksa［2010］）が出される．しかし，そこでも，「今後の数年間，我々は 2 つの大きな経済的挑戦に直面するだろう．1 つは，成長を続ける経済的繁栄と近年の開発の便益を全ての我が人民に浸透させるのを保証することであろう．2 つめは，長期の持続的な開発のための基礎を築くことであろう」（p. 3）とした上で，道路を含むインフラ開発を重視しての経済成長が目指されている．そして，その改定版の解説書とも言える Department of National Planning and Ministry of Finance and Planning［2010］でも，「マヒンダ・チンタナの目標は，成長の便益を人々の全ての階層にわたって共有し，さらに，急速に成長する経済の一部で目撃されている不平等，社会的排除，そして環境悪化の波及を防ぐことである」（p. 3）とする．また，今後 10 年間の公共支出決定の指針としては，公共投資の GDP 比の目標を 6〜7% とすると同時に，収入を増加させ，経常支出の管理を強化して，財政赤字を GDP 比 5% に漸進的に削減することを掲げている．さらに，「公平な開発に対するマヒンダ・チンタナの大いなる強調は，公共支

---

13) なお，それ以前のラジャパクサ政権の財政政策の基本方針（CBoSL［2006］等を参照）も『マヒンダ・チンタナ』の方針と一致していたと言える．

表6-1　政府収入と税収の GDP 比

（単位：%）

年	2004	2005	2006	2007	2008	2009	2010	2011	2012	2013	2014
収入	14.9	15.5	16.3	15.8	14.9	14.5	14.6	14.8	13.9	13.1	12.2
内）税収	13.5	13.7	14.6	14.2	13.3	12.8	12.9	12.9	12.0	11.6	10.7

出所：Central Bank of Sri Lanka［2006〜2016］より作成.

出は貧困削減に資する，成長に資する，そして地域に資するべきであること
を示唆する．…公共投資は成長と価値の創出の機会を促進するために向けら
れるだろう」（p. 9）と記している．改定の前と後で基本的な政策方針に変化
は見られない．

（2）　税制

　財政再建，財政赤字の縮小を最優先課題の1つとしていたため，収入の強
化は常に重視されていた（CBoSL［2008］等）．しかし，収入の GDP 比は
2004 年の 14.9% から上昇して 06 年には 16.3% になるものの，それをピーク
に，その後は全般的に減少傾向を示し，14 年には 12.2% にまで低下する．
収入の大部分を占める税収の GDP 比も同様で，04 年の 13.5% から 06 年に
は 14.6% に上昇したものの，14 年には 10.7% にまで低下した（表6-1 参照）.
　税収・収入の低下に対しては，スリランカの税制を改善・強化するための
検証と勧告を主要な目的とした，課税に関する大統領諮問委員会が 2009 年 6
月に任命されるといった努力もなされている[14]．そして，こうした努力は，支
援を背景にした IMF による圧力の影響を受けたものと見られる[15]．09 年 7 月
に 16.5 億 SDR（約 26 億ドル）相当のスタンドバイ取極が IMF の理事会で承
認された際の IMF からのプレスリリース[16]には，「基金（IMF を指す―引用者
注）によって支援される当局の経済改革プログラムの主要目的は，強く求めら

---

14)　CBoSL［2010］, https://www.colombotelegraph.com/index.php/the-tax-commis
sion-report-consigned-to-the-dustbin-of-history/.

15)　http://www.thesundayleader.lk/2012/09/02/technically-feasible-recommendatio
ns-on-taxation-already-implemented/.

16)　https://www.imf.org/external/np/sec/pr/2009/pr09266.htm.

第 6 章　ラジャパクサ政権下の第 2 の PRSP　　　211

表 6-2　主要な税の税収構成比

(単位：%)

年	2004	2005	2006	2007	2008	2009	2010	2011	2012	2013	2014
税収	100	100	100	100	100	100	100	100	100	100	100
対貿易	17.3	16.7	17.2	16.6	19.2	22.2	18.0	19.2	20.3	19.1	18.9
内）関税	14.6	13.5	12.3	11.0	10.9	12.9	8.9	9.4	8.8	8.3	7.7
対国内の財・サービス	66.4	64.6	60.7	56.2	52.3	44.0	49.0	51.6	50.4	50.4	51.3
内）付加価値税	42.8	41.2	38.4	36.8	34.8	27.7	30.4	26.7	25.3	24.9	26.2
消費税	23.4	22.9	21.8	19.0	17.2	15.8	17.9	24.2	24.6	24.9	24.4
対ネットの所得・利潤	14.7	15.6	18.6	21.1	21.6	22.5	18.7	18.6	19.0	20.4	18.9
内）法人	5.9	7.4	8.7	10.9	10.9	10.8	10.4	11.7	10.1	10.0	9.3
非法人	4.8	4.5	5.1	3.2	4.0	4.6	4.3	2.9	2.4	2.7	2.9
対利子	4.0	3.6	4.8	6.9	6.7	7.2	4.1	4.0	6.5	7.7	6.6
印紙税等	0	1.4	2.1	4.7	5.5	10.0	12.7	10.1	10.3	10.1	10.9
デビット税	1.6	1.7	1.5	1.4	1.4	1.3	1.5	0.5	0	0	0

出所：Central Bank of Sri Lanka ［2006〜2016］より作成.

　れる紛争後の再建と救済の努力のための財源の入手可能性を保証すると同時に，この国の財政ポジションを強化することである」とし，このプログラムにおける財政改革では，「支出を合理化する諸政策とともに，収入増加政策には，課税ベースの拡大，免税の削減，執行の改善が含まれる」と記されている．

　それでは，なぜスリランカの税収 GDP 比の低下傾向は続いたのか．スリランカの税制を確認すると 20 を超える税目があり，廃止や新設も珍しいことではない（ARC 国別情勢研究会［2013］）．経済的分類に基づいて 2004 年の構成比を見てみると（表 6-2 参照），国内の財・サービスに対する税が 66.4% という圧倒的な割合を占め，次いで 17.3% の貿易に対する税が，さらに 14.7% のネットの所得・利潤に対する税が続いている．14 年の数値を見ても，国内の財・サービスに対する税の割合は 51.3% に低下しているものの，それでも貿易に対する税の 18.9%，ネットの所得・利潤に対する税の 18.9% を圧倒している．国内の財・サービスに対する税の中でも特に重要で，基幹税と言えるのが，04 年の税収構成比で 42.8%，14 年には 26.2% を占める付加価値税である．税収の GDP 比が低下する中での 16 ポイントを超える構成比の低下からも明らかなように，税収の GDP 比の低下の原因を探るためには付加価値税に注目することが不可欠であり，また，それがラジャパクサ

政権下の税制改革の本質を把握することにつながると考えられる.

　付加価値税は,税率12.5%の財・サービス税と,財・サービス税より幅広い課税ベースを持つ税率7.5%の国家安全保障賦課金に代えて2002年に導入された(World Bank [2004c]).そして,0税率以外には10%と20%であった従来の税率を,04年1月以降,基礎税率5%,一般税率15%に改めた[17].05年から14年までの付加価値税に関する主要な変更は以下となる.

　まず,2005年1月からは,これらの税率に18%の奢侈税率が追加される[18].さらに,同年8月施行で,この18%の税率が20%に引き上げられる(CBoSL [2006]).06年には,金融部門に対する税率を15%から20%に引き上げる一方で,国内生産を奨励する目的で,国内で製造されたソフトドリンクに対する付加価値税率の引き下げや一部品目に対する免税が行われた(CBoSL [2007]).07年には,仕入税額控除に対して制限を課すといった課税ベース拡大策が実施される一方で,電力供給,セイロン電力委員会や民間電力供給事業者によって輸入された機械・設備,エビ(prawn)の供給,牛や家畜飼育用品やプランテーション部門の工場近代化のための機械,皮革製品の加工や製造のための材料の輸入等は免税とされた(CBoSL [2008]).08年には,戦略的開発プロジェクト法(2008年法律第14号)が制定されて,戦略的開発プロジェクトを促進するために,認定されたプロジェクトには免税が与えられる等したほか[19],協同組合によって供給される金融サービスや繊維産業のためのヤムイモの輸入・供給等に対する免税,国内で製造された乳製品等に対する税率引き下げ等が実施された.また,生計費を抑えるためにガソリンに対する税率を引き下げたり,選ばれた輸入財に対して国際市場での価格

---

17)　http://www.ird.gov.lk/en/publications/Value%20Added%20Tax_Acts/VATActNo13 [E] 2004.pdf,　CBoSL [2006].

18)　http://www.ird.gov.lk/en/publications/Value%20Added%20Tax_Acts/VATActNo6 [E] 2005.pdf,　CBoSL [2006].

19)　http://www.oit.org/dyn/natlex/natlex4.detail?p_lang=en&p_isn=94269&p_country=LKA&p_count=271,　http://www.ird.gov.lk/en/publications/Value%20Added%20Tax_Acts/VATActNo15 [E] 2008.pdf.

変動を考慮して随時税率が改定された（CBoSL［2009］）．09 年には，基本税率とされた 5% の税率が廃止される一方で，標準税率とされる 15% が 12% に引き下げられた．また，国内で製造された手術用ガーゼと宝石，そしてソーラー・パネル・モジュールとその付属品といった選ばれた部門の輸入に対して免税が与えられた[20]．10 年には，皮革・履物産業のための機械・設備，ハイテク医療，実験室と教育の設備，農業機械とその部品，電装品，そして通信産業で使用するためのハイテク設備といった一定部門の輸入品が免税とされ，11 月には国内燃料価格の上昇を抑えるためにガソリンの輸入や供給が免税とされた（CBoSL［2011］）．11 年には，税率構造が簡素化され，0% 以外の税率は 12% のみとなる．また，07 年に課された仕入税額控除の制限が緩和された（CBoSL［2012］）．12 年には，国内の経済活動や国内産業を支援するために，製薬産業とバイオマス産業で使用される機械・スペア部品の輸入，国内で製造された水力発電で使用される機械・設備，国内で製造された魚の缶詰，国家機関に供給される特定製品，そして国内で調達される原材料を使用して製造された製品等に免税が与えられ，加えて国内運輸部門での成長する需要を支えるためにトロッコ，トラック，バスの輸入にも免税が与えられた（CBoSL［2013］）．13 年には，課税ベースを拡大して税収を増加させるために，四半期当たりの取引高が 500 百万ルピーを超える卸売・小売業にも課税[21]することとした．一方，国内で製造された製品を奨励するため，選択された国内製造の製品を免税とする，中小企業部門を助成するために年間課税取引高が 12 百万ルピーを超えない中小企業を免税とする，税制を簡素化するために中央銀行と公企業による供給を免税とするといった措置もとられた[22]．14 年には，卸売・小売業に適用される四半期ごと

20）　CBoSL［2010］p.129, http://www.ird.gov.lk/en/publications/Value%20Added%20
　　　Tax_Acts/VATActNo15（E）2009.pdf.
21）　小売業を課税ベースに含めることは，スリランカ最初の PRSP でも 2003 年中の実
　　　施が計画されていた．また，World Bank［2004c］でも，今後進めるべき主要な改革
　　　の 1 つとして主張されていた．第 5 章参照．
22）　http://www.ird.gov.lk/en/publications/Value%20Added%20Tax_Acts/VATAct%2

の取引高の基準を 500 百万ルピーから 250 百万ルピーに引き下げて課税ベースを拡大した（CBoSL［2015］）．一方，外貨の受取を促進するために，スリランカに移転された国際ネットワークを持つ機関の本社や地域事務所に免税が与えられた（CBoSL［2015］）．

以上のように，毎年，小さいとは言い難い内容の変更が繰り返されている．その主たる目的は，第 1 には国内での生産活動・経済活動の活性化，第 2 に物価・生計費の抑制であり，これら 2 つの目的に税制を積極的に活用したことが税収の GDP 比の低下に大きく寄与したと見られる．そして，付加価値税に限らず，個人・法人所得税，関税，その他の雑多な税を含む税制全体で，これら 2 つを目的とした頻繁な変更が見られた[23]．IMF も期待を示していた課税ベースの拡大策も採用されてはいるが，税収全体の動向から減税が優先されていることは明らかであり，これら 2 つの目的での減免税を実施するために一定の課税ベースの拡大策が講じられていたという見方さえできる．経済活性化のための積極的な減免税は 1990 年代後半にも見られたが[24]，ラ

0No.17_2013_E.pdf, CBoSL［2014］.

23) CBoSL［2006〜15］を参照．なお，付加価値税以外で上記 2 つの目的に沿った典型的な動きを見せた事例として 2010 年の関税が挙げられる．主要な動きとしては，1 つには 15% の輸入関税付加税の廃止や，税率の 0%，2.5%，6%，15%，28% の 5 つから 0%，5%，15%，30% の 4 つへの削減が実施された．一方で，国際原油価格上昇を受けて年初にガソリンとディーゼル油に関税ウェーバーが与えられたが，その後の国際原油価格の低下を受けて 11 月には引き下げられた税率が適用されることになった．また，関税ウェーバーは，国際価格上昇の影響を緩和するために粉ミルクと一定の食用油にも，そして国内飼料製造を支援するためにトウモロコシの輸入にも与えられた（CBoSL［2011］）．なお，こうした動きの結果として関税の税収構成比は 2004 年の 14.6% から 14 年には 7.7% へと半減する一方で，港湾・空港開発賦課金（PAL：Port and Air Port Development Levy）等，関税以外の比較的小さな貿易に対する税でも頻繁に制度変更を繰り返し，全体として増税することによって貿易に対する税の税収構成比を一定水準に維持するという（表 6-2 参照），税制改革全般と同様の動きが貿易に対する税の中でも行われたと見られる．

24) 輸出と投資を促進するために税率引き下げとインセンティブの積極的な提供がなされ，その税収減少を補うために，輸出と投資に大きくかかわらないと考えられる分野で国家安全保障賦課金や消費税の税率引き上げ，Save the Nation Contribution の導入が行われた．詳しくは船津［2001］を参照．

表 6-3　財政赤字 GDP 比

(単位：%)

年	2004	2005	2006	2007	2008	2009	2010	2011	2012	2013	2014
財政赤字	7.9	8.4	8.0	7.7	7.7	10.4	8.3	7.1	6.7	6.1	6.1

出所：Central Bank of Sri Lanka［2006〜2016］より作成.

ジャパクサ政権下では，物価の抑制にも税制が積極的に活用された．なお，こうした頻繁な税制改革は経済活動を阻害した可能性が高い．例えば，スリランカは中古車の輸出先として日本の事業者にも有望視されているが，税制を含む頻繁な輸入政策の変更が大きなリスクとして認識されている[25]．

(3)　公債

　まず，財政赤字[26] の GDP 比の推移を確認すると（表 6-3 参照），2004 年の 7.9% から 05 年には 8.4% に増加するものの，07 年，08 年は 7.7% にまで低下する．09 年にはリーマン・ショック後のグローバル金融危機の影響を受けて 10.4% にまで急上昇したが，その後は順調に低下して 13 年，14 年は 6.1% となっている．収入が減少傾向を示し続ける中でも，財政赤字は抑制されていたと言える．財政赤字が膨張しないための最も重要な歯止めと考えられるのが，ラジャパクサが政権を握る前の 02 年 12 月に制定された財政運営（責任）法（2003 年法律第 3 号）である[27]．この法律には，政府の中央銀行からの借入に対する制限に加え，06 年度末時点の財政赤字が推定される GDP の 5% を超えないものとすること，06 年 1 月 1 日に始まる財政年度の末時点の政府の総債務が当該財政年度の推定される GDP の 85% を超えないことを保証することといった数値を明示した財政赤字に関する具体的な制約が記されていた[28]．なお，財政運営（責任）法は，国有企業の借入に対する政府保証の発行の制限を現在とその前の 2 年度平均で計算される GDP 比の 4.5%

---

25)　川崎大輔「日本車を求めるスリランカ，中古車輸入政策の変遷」（『レスポンス』2015 年 12 月 29 日配信）.

26)　贈与を含めない総収入から支出と純貸付を差し引いて算出.

27)　https://www.imf.org/external/pubs/ft/scr/2003/cr03107.pdf.

28)　http://www.commonlii.org/lk/legis/num_act/fma3o2003372/s27.html.

216

表6-4　外国債政府債務残高タイプ別GDP比

(単位：%)

年	2004	2005	2006	2007	2008	2009	2010	2011	2012	2013	2014
譲許的	46.4	37.5	34.8	30.7	27.8	26.3	22.6	20.3	18.1	17.2	15.2
非譲許的	1.2	1.5	1.1	1.3	1.3	1.6	2.6	3.6	6.0	5.3	4.7
商業	0	0	1.6	5.1	3.7	8.5	10.9	11.7	12.4	11.6	11.9

出所：Central Bank of Sri Lanka［2006～2016］より作成.
注：外国債を「譲許的融資（Concessional Loans）」,「非譲許的融資（Non Concessional Loans）」,「商業（Commercial）」の3タイプに分類し,「商業」には, ルピー建て財務省証券と財務省債券での外国投資の残高が含まれている.

から7%に引き上げる, 政府の総債務のGDP比を13年までに80%に, 20年までに60%に削減するといった改正（2013年法律第15号）が13年1月1日から施行されている（CBoSL［2014］）.

そして, 外国債に関して, スリランカ政府は, 1人当たり所得が漸進的に上昇するのに伴い, 譲許的融資へのアクセスが低下することになるという課題を認識していた（CBoSL［2008］等）. 実際に, 譲許的融資のGDP比は, 2004年の46.4%から一貫して低下して14年には15.2%となっている（表6-4参照）. また, 13年2月には, スリランカが2010年1月にIMFの規定によるところの低位中所得国とされたこと[29], 近年の経済状況の改善から低利での資金調達が出来なくなってしまったことを受けて, IMFからの借入を行わないと決定している（アジア経済研究所［2014］）.

こうした環境の下, スリランカ政府は, 資金の主たる部分を国内, 海外の市場を通して調達せざるを得ないことを認識した上で, 国内財源依存によるクラウディング・アウト発生のリスク, 中央銀行依存によるインフレ圧力創出のリスク, 外国債や外貨建て債務依存による為替レート変動を含む対外的脆弱性増大のリスクを考慮して適切なバランスを維持しつつ（CBoSL［2007］等）, 公債費を出来る限り抑える（CBoSL［2008; 2012］等）という公債管理戦略を採用した.

上記リスクを緩和させる最も基本的な政策は, 財政運営（責任）法を遵守

29）　IMFの融資制度と低所得国の待遇については, https://www.imf.org/external/japanese/np/exr/facts/pdf/howlendj.pdf 等を参照.

第 6 章　ラジャパクサ政権下の第 2 の PRSP　　217

表 6-5　政府債務残高 GDP 比
(単位：%)

年	2004	2005	2006	2007	2008	2009	2010	2011	2012	2013	2014
総額	102.3	90.6	87.9	85.0	81.4	86.1	81.9	78.5	79.2	78.3	75.5
内国債	54.7	51.6	50.3	47.9	48.5	49.7	45.8	42.9	42.7	44.2	43.7
外国債	47.6	39.0	37.5	37.1	32.8	36.4	36.1	35.6	36.5	34.1	31.8

出所：Central Bank of Sri Lanka ［2006〜2016］より作成.

表 6-6　政府債務残高構成比
(単位：%)

年		2004	2005	2006	2007	2008	2009	2010	2011	2012	2013	2014
総額		100	100	100	100	100	100	100	100	100	100	100
内国債		53.4	57.0	57.3	56.4	59.6	57.7	55.9	54.6	53.9	56.4	57.9
内)	ルピー債	7.7	6.3	4.5	4.3	3.6	2.7	1.9	1.2	1.0	0.8	0.8
	財務省証券	11.4	10.5	10.0	10.1	11.2	10.6	11.2	11.5	10.5	10.3	9.4
	財務省債券	30.1	33.8	34.3	33.5	35.7	36.4	35.8	35.4	34.9	36.1	38.5
	SLDB	1.2	1.1	2.4	2.8	4.4	4.0	3.8	3.6	3.7	5.4	5.3
外国債		46.6	43.0	42.7	43.6	40.4	42.3	44.1	45.4	46.1	43.6	42.1

出所：Central Bank of Sri Lanka ［2006〜2016］より作成.
注：SLDB はスリランカ開発債（Sri Lanka Development Bond）のこと.

して政府の債務を削減することとなる. 政府債務残高の GDP 比を見ても（表
6-5 参照），2000 年から 04 年の平均 102%（CBoSL ［2011］），04 年の 102.3%
から 08 年の 81.4% まで一貫して低下した. 09 年には 86.1% まで上昇したも
のの 10 年には 81.9% に低下する. その後は 80% を切る水準で推移して 13 年
修正の財政運営（責任）法に記された基準を満たし，14 年は 75.5% にまで低
下した. 外国債，内国債それぞれの動向を確認すると，外国債では，04 年の
47.6% から 05 年の 39.0% に大きく低下した後は，08 年を除けば 12 年まで
36% 前後で推移し，13 年，14 年は連続して低下して 14 年は 31.8% となって
いる. 内国債は 04 年の 54.7% から 05 年には 51.6% に低下し，その後は 08
年と 09 年を除けば低下傾向で，11 年以降は 45% を切る水準で推移している.
リーマン・ショックによって国際金融環境が急激に悪化した 08 年，その余
波を強く受けた 09 年を除けば，政府債務残高を安定的に低下させていった
と評価することが出来る.
　次に，債務全体の構成比から内国債の動向を見てみると（表 6-6 参照），

2004年の7.7%から一貫して低下し，14年には0.8%となったルピー債，04年の30.1%から14年には38.5%に上昇した財務省債券と，04年の1.2%から13年以降は5%を超える水準に達したスリランカ開発債（SLDB：Sri Lanka Development Bond）が注目される．ルピー債は利率が行政的に決定されるなど非市場的債務手段であるため，新規発行をしない等，段階的な廃止に向けた取り組みが進められ，縮小が進んだ（CBoSL［2007］等）．そして，返済が重なって借り換えに問題が生じるリスクを避けるために債務の満期構造を長期化する必要があるとの政府の認識から（CBoSL［2008; 2009; 2012］等），主要な債務手段として中長期債である財務省債券の活用を強化した結果，財務省債券の構成比が上昇したと見られる．この方針の一環として，短期債である財務省証券の借り換えの際に財務省債券に代える（CBoSL［2010; 2014; 2015］），13年に初めて，そして14年も30年満期の財務省債券を発行する（CBoSL［2014; 2015］），といった政策も実施された．実際に，国内債務残高の平均満期は12年の3.2年から13年には4.8年に長期化している（CBoSL［2014］）．最後に，SLDBは外貨建ての内国債で，国内市場利子率に対する圧力を極小化し，利払費を削減する手段の1つとして期待され（CBoSL［2007; 2008］），活用が強化されたと見られる．なお，スリランカ開発債の発行限度額は13年に750百万ドルから3倍の2250百万ドルに引き上げられた（CBoSL［2014］）．

　国内金融市場の利子率上昇を抑えるための方策としては，投資家の裾野を広げるための外国人への市場開放も実施された．2006年に財務省債券市場が開放され，財務省債券残高の5%まで外国人の投資が認められ（CBoSL［2007］），08年には財務省証券市場も外国人に開放される（CBoSL［2009］）．認められる投資額も徐々に拡大されて，11年には財務省債券，財務省証券ともにそれぞれの残高の12.5%まで外国人の投資が認められることとなった（CBoSL［2012］）．

　国際金融市場での資金調達に関する大きな出来事としては，国際ソブリン債の発行が挙げられる．2007年10月，国際市場で5億ドルのドル建てソブ

リン債を発行し（CBoSL［2008］），その後も，09年に5億ドル（CBoSL［2010］），10年に10億ドル（CBoSL［2011］），11年に10億ドル（CBoSL［2012］），12年に10億ドル（CBoSL［2013］），14年には1月に10億ドル，4月に5億ドル（CBoSL［2015］）と成功裡に発行を継続した．この国際ソブリン債の継続的な発行に関して，課題としては，多額の一括返済から生じるリスクに対応するために政府の債務全体を削減することや，国際ソブリン債の金利を合理的な水準に抑制するためにマクロ経済のファンダメンタルズを健全な水準に維持することが意識された．一方，効果や意義としては，国内金融市場での利子率上昇圧力の抑制，譲許的融資へのアクセスが低下する中での有力な資金調達策，ドナーによって資金供給されるインフラ・プロジェクトにおけるスリランカ政府の自己負担分の資金確保によるプロジェクトのスムーズな実現[30]，グローバル金融市場で存在感を示したこと，スリランカ当局がスリランカのクレジット・ストーリーを国際投資家に伝える機会の提供，調達した資金を高コストの債務の償還に活用することによる政府債務の再構築，ドナーから多くの条件が付けられる譲許的融資とは違って調達した資金を自由に活用できることが挙げられた（CBoSL［2008; 2012]）[31]．

なお，スリランカは，国際ソブリン債発行より前の2005年に2つの格付け会社からソブリン格付けを付与されていた（CBoSL［2006]）[32]．そして，国際金融市場へのアクセスを強化する中，2010年には，政府と民間部門の代表者から成るソブリン格付け委員会（Sovereign Rating Committee）がスリランカの格付け引き上げのための戦略を運用できるようにするために任命された．また，当局と格付け会社間の調整を強化するために3人のソブリン格

---

30) ドナーは通常，プロジェクト費用の約70%を段階的に資金供給し，政府は約30%の資金を確保する必要があるとされる（CBoSL［2008]）．国際ソブリン債の発行が，「政策方針」において具体的に目指されている事項として紹介した「インフラ開発における外国財源の一層の活用」を支える重要政策の1つということである．

31) なお，最初の発行に対する投資家の地域別構成は，アジア30%，ヨーロッパ・中東30%，アメリカ40%とされる（CBoSL［2008]）．

32) フィッチがBB－，スタンダード＆プアーズがB+．

220

表 6-7　財務省債券機関別保有者構成比

(単位：%)

年	2004	2005	2006	2007	2008	2009	2010	2011	2012	2013	2014
銀行部門	5.2	7.3	5.3	5.5	6.9	11.4	8.9	10.2	10.1	13.5	18.3
内）中央銀行	0	0	0	0	0	0	0	0	0	0	0
商業銀行	5.2	7.3	5.3	5.5	6.9	11.4	8.9	10.2	10.1	13.5	18.3
非銀行部門	94.8	92.7	94.7	89.9	91.7	79.9	81.1	79.9	76.7	72.3	69.3
内）EPF	44.1	45.9	46.1	46.9	46.8	43.3	44.6	45.9	46.3	47.5	44.7
他の準備基金	0.0	0	0.6	0.7	0.7	0.8	1.1	0.4	1.3	1.2	0.0
貯蓄機関	14.3	13.9	12.6	12.6	12.7	11.8	12.1	12.2	10.8	10.0	10.1
保険・金融会社	4.1	1.1	1.5	2.0	2.0	2.0	1.8	1.7	1.3	0.9	1.3
開発その他公的基金	3.7	4.6	6.6	6.5	7.0	1.3	2.0	1.8	1.6	6.6	6.5
民間とその他	28.6	27.2	27.3	21.1	22.5	20.6	19.4	17.8	15.4	6.1	6.7
外国人投資家	0	0	0	4.6	1.4	8.7	10.0	9.9	13.2	14.1	12.4
総額	100	100	100	100	100	100	100	100	100	100	100

出所：Central Bank of Sri Lanka［2006〜2016］より作成.

付けアドバイザーが任命された（CBoSL［2011］）.

以上のように，スリランカ政府は公債の発行の抑制に基本的に成功したと評価することが出来る．2005年から14年の利払費のGDP比の動向を見ても（表6-8参照），グローバル金融危機の影響を強く受けた09年の6.4%が最高で，しかも，それ以降一貫して低下し，14年には4.5%となっている．ただし，政府債務の主要な引受先は非銀行部門，中でも労働局と中央銀行が運営する従業員準備基金（EPF：Employees' Provident Fund），そして政府所有の国民貯蓄銀行（NSB：National Savings Bank）で[33]，例えば11年の政府債務の保有者構成比を見ると，前者が49.6%，後者が16.4%である（CBoSL［2007; 2012］等）．一方，主要な債務手段である財務省債券の保有者構成比を確認すると（表6-7参照），非銀行部門の比率は04年の94.8%から低下傾向を示し続け，14年には69.3%となっている．EPF等の公的資金が財務省債券の安定的消化に不可欠の役割を果たしていることは明らかだが，外国人投資家の比率も12年以降1割を超えており，政府によって，国内，海外双方で公債の市場化が推進されたことも疑いない．公債の発行抑制の重要な背景

---

33)　http://www.epf.lk/functionsofepf.php, https://www.nsb.lk/about-us/corporate-profile/.

第6章　ラジャパクサ政権下の第2のPRSP　　　221

表6-8　歳出GDP比（経済的分類）　(単位：%)

年	2004	2005	2006	2007	2008	2009	2010	2011	2012	2013	2014
経常支出	18.6	18.1	18.6	17.4	16.9	18.2	16.7	15.7	14.9	13.9	13.5
財・サービスに対する支出	7.9	7.9	8.6	8.2	8.2	7.9	6.9	6.9	6.4	5.9	5.8
内）給与・賃金	5.1	5.7	6.0	6.0	5.4	5.6	5.4	4.9	4.6	4.5	4.5
民政	3.1	3.7	3.9	3.7	3.2	3.0	2.8	2.7	2.4	2.5	2.6
防衛	2.0	2.0	2.0	2.3	2.3	2.6	2.5	2.2	2.2	2.0	1.9
利払費	5.7	4.9	5.1	5.1	4.8	6.4	6.3	5.5	5.4	5.1	4.5
移転支出	5.0	5.2	4.9	4.1	3.9	3.9	3.5	3.3	3.1	2.9	3.2
家計	4.0	4.1	3.6	3.1	3.0	3.1	2.8	2.6	2.5	2.3	2.6
準政府	0.0	0.0	0.0	0.0	0.0	0.0	0.0	0.0	0.0	0.0	0.0
非金融公企業	0.4	0.4	0.6	0.3	0.3	0.3	0.2	0.2	0.2	0.2	0.2
機関その他	0.6	0.7	0.6	0.7	0.6	0.6	0.5	0.5	0.5	0.5	0.5
資本支出と純貸付	4.2	5.8	5.6	6.1	5.7	6.7	6.1	6.2	5.6	5.4	4.8
歳出	22.8	23.8	24.3	23.5	22.6	24.9	22.8	21.9	20.5	19.2	18.4

出所：Central Bank of Sri Lanka［2006～2016］より作成.

として，財政運営（責任）法に加え，1人当たり所得の向上の影響を強く受けて市場からの資金調達の重要性が増したことによる公債の市場化・グローバル化と，その必然的な結果として国内・海外の公債市場の影響が増大したことによる市場メカニズムに基づく財政規律の強化があったと考えられる．

(4)　歳出

収入が2006年をピークにその後は全般的に減少傾向を示した中で，財政赤字が抑制されていたことから明らかなように，歳出も全体的に見れば削減が進められた．経済的分類に基づく歳出GDP比では（表6 8参照），04年の22.8%から09年までは変動しつつも増加傾向を示し，09年には24.9%となるが，10年からは一貫して低下し，14年には18.4%となっている．機能的分類の総支出と貸付の合計額のGDP比も同様の傾向を示し（表6-9参照），09年には04年以降で最も高い25.0%を記録したものの，その後は14年の18.5%まで一貫して低下している．以下，経常支出，公共投資，公企業に分けて，その動向を見ていこう．

222

表 6-9 歳出 GDP 比 (機能的分類)

(単位:%)

年	2004	2005	2006	2007	2008	2009	2010	2011	2012	2013	2014
経常支出	18.6	18.1	18.6	17.4	16.9	18.2	16.7	15.4	14.9	13.9	13.5
一般公共サービス	4.6	4.3	4.5	4.5	4.7	4.6	4.1	3.7	3.4	3.1	3.4
民政	1.1	1.0	1.0	0.9	0.8	0.8	0.7	0.7	0.6	0.6	0.7
防衛	2.7	2.5	2.8	2.8	3.1	3.0	2.6	2.4	2.2	2.0	2.0
公共秩序・安全	0.8	0.8	0.7	0.8	0.8	0.9	0.8	0.7	0.6	0.5	0.7
社会サービス	6.6	7.7	7.0	6.3	5.5	5.4	4.8	4.8	4.4	4.6	4.6
教育	1.6	2.1	2.1	2.0	1.7	1.7	1.5	1.5	1.4	1.4	1.4
保健	1.2	1.4	1.5	1.4	1.3	1.2	1.1	1.1	1.1	1.1	1.2
福祉	3.5	3.8	3.0	2.6	2.1	2.2	1.9	1.9	1.7	1.8	1.7
コミュニティ・サービス	0.3	0.4	0.4	0.3	0.3	0.3	0.3	0.3	0.2	0.2	0.3
経済サービス	1.1	1.2	1.7	1.4	1.8	1.8	1.5	1.3	1.2	0.9	1.1
農業・灌漑	0.4	0.6	0.8	0.6	0.9	0.9	0.8	0.7	0.6	0.3	0.5
エネルギー・水供給	0.0	0.0	0.0	0.1	0.1	0.1	0.1	0.1	0.0	0.0	0.0
運輸・通信	0.4	0.5	0.6	0.5	0.7	0.6	0.6	0.5	0.5	0.4	0.4
その他	0.2	0.1	0.2	0.1	0.1	0.1	0.1	0.1	0.1	0.1	0.2
その他	6.4	4.9	5.4	5.2	4.9	6.4	6.4	5.5	5.9	5.2	4.5
資本支出と貸付	4.7	6.1	6.0	6.4	6.0	6.8	6.4	6.2	5.9	5.5	5.0
一般公共サービス	0.3	0.4	0.7	0.9	0.8	0.4	0.4	0.5	0.4	0.4	0.4
民政	0.3	0.3	0.6	0.8	0.7	0.4	0.4	0.4	0.4	0.4	0.4
公共秩序・安全	0.1	0.1	0.1	0.1	0.1	0.0	0.0	0.1	0.0	0.0	0.0
社会サービス	1.4	1.5	1.6	1.5	1.4	1.1	1.0	1.0	0.9	0.9	1.1
教育	0.4	0.5	0.6	0.6	0.5	0.4	0.3	0.3	0.4	0.4	0.5
保健	0.4	0.4	0.5	0.5	0.4	0.3	0.2	0.2	0.2	0.2	0.2
住宅	0.3	0.1	0.1	0.1	0.1	0.1	0.1	0.1	0.1	0.1	0.1
コミュニティ・サービス	0.2	0.3	0.4	0.4	0.3	0.4	0.3	0.3	0.2	0.2	0.3
経済サービス	2.9	3.2	3.6	3.9	3.8	5.3	5.0	4.8	4.5	4.3	3.4
農業・灌漑	0.4	0.4	0.4	0.4	0.4	0.5	0.4	0.4	0.4	0.4	0.6
エネルギー・水供給	1.1	0.8	0.9	1.3	1.1	1.2	1.2	1.1	1.1	1.0	0.5
運輸・通信	1.1	1.3	1.3	1.4	1.9	2.9	3.0	2.8	2.7	2.4	1.8
その他	0.4	0.7	1.0	0.8	0.4	0.7	0.4	0.3	0.3	0.4	0.5
その他	0.0	1.0	0.0	0.0	0.0	0.0	0.0	0.0	0.0	0.0	0.0
総支出と貸付	23.3	24.1	24.7	23.8	22.8	25.0	23.1	21.6	20.8	19.4	18.5

出所:Central Bank of Sri Lanka [2006〜2016] より作成.

①経常支出

　まず,経済的分類に基づく表6-8を確認してみよう.2004年には18.6%であった経常支出総額のGDP比は14年には13.5%にまで低下している.一方,資本支出と純貸付の合計額のGDP比は04年が4.2%,14年は4.8%で

ある．これは歳出削減が主として経常支出の削減を通して実現されたことを示している．この「経常支出の合理化」は，先に見た『マヒンダ・チンタナ』のビジョンに沿ったものである．経済的分類で注目される給与・賃金や移転支出も削減が進んでいる．移転支出に関しては，たびたびなされた管理価格の引き上げや価格設定の自由化（CBoSL［2007］等）が各種管理価格を支える補助金の削減に大きく寄与したと見られる．また，このことは物価・生計費の抑制のために税制を積極的に活用することにつながった重要な背景としても注目される．そして，削減の主たるターゲットになったと見られる項目や反対に削減を免れた項目は特に見当たらない．実際に，全機関横断的に経常支出抑制の指針等が出されることもしばしばであった（CBoSL［2009;2014］等）．

機能的分類の各分野の動向を確認しても（表6-9参照），やはり削減の極端な偏りは確認できない．2004年には6.6%だった社会サービスも，12年以降は4.5%前後の水準に低下している．中でも福祉は，04年の3.5%から05年には3.8%に上昇したものの，以降は減少傾向を示し，10年以降は2%を切る水準で推移している．また，経済サービスは04年の1.1%に対して14年も1.1%と削減が進んでいないように見えるが，この期間のピークとなった08年は1.8%であり，削減の対象外であったとは言い難い．

　2009年5月の事実上の民族紛争終結の効果が注目される防衛費関連では，防衛の給与・賃金（表6-8参照）のGDP比が，09年の2.6%をピークに削減が進み，14年には1.9%となっているものの，01年は2.0%であることから，給与・賃金面で歳出削減効果が大きかったと安易に判断できない面がある．しかし，04年には2.7%であった一般公共サービスの防衛（表6-9参照）のGDP比は，ピークの08年には3.1%になったものの13年には2%を切る水準にまで低下している．また，公共秩序・安全のGDP比も民族紛争終結後，わずかながら低下傾向を示している．民族紛争終結は歳出削減に効果があったと評価して差し支えないであろう．

②公共投資

　民族紛争の事実上の終結の前の 2007 年に解放された東部州の開発に弾みがついて以降，民族紛争で特に大きな被害に遭った東部州と北部州で，国内避難民の再定住を含む復興のための投資が必要だったことに加え（CBoSL [2008; 2010] 等），ラジャパクサ政権の成長戦略の柱が貧困削減と地域間格差の是正を重視したインフラ開発であったため，公共投資は大幅な拡充が目指された．先に見た「経常支出の合理化」も，財政赤字を抑制しつつ，公共投資の財源を確保するために重視されたと見ることが出来る．『マヒンダ・チンタナ』で計画された 8% 以上の成長率を実現するためには，中期で GDP 比約 6〜8% の公共投資が必要とされ，政府は 07 年に "Randora" と題された包括的公共投資プログラムを発表した．"Randora" では，10 年間に総額 1 兆6360 億ルピーを投資し，うち保健，教育，住宅を中心とした社会サービスに14.4% を配分する一方で（CBoSL [2009]）[34]，運輸，エネルギー，農業・灌漑といった経済サービスに 85.2% を，中でも運輸部門の開発に経済サービスの投資の約 62% を配分する計画であった．

　公共投資の主要な部分を占める経済サービス関連で最も重視されたのは，計画通り運輸部門であった．特に道路ネットワークの改善は，「国家の統合の機会を開拓すると同時に，加速された経済成長と均衡ある地域開発に寄与するとして」（CBoSL [2011] p. 138），最も高い優先順位が与えられた．また，2010 年に出された『マヒンダ・チンタナ』改定版に示された「東洋と西洋

34）　なお，社会サービスの公共投資に関して，教育では，学校の建設と改善，大学インフラの向上，先進技術教育の強化と質の向上，中等教育の近代化，保健では病院の建設と改善，ラボ装置やバイオ医療設備の供給，防疫プログラムが主な投資対象であった（CBoSL [2012] 等）．また，実際の公共投資に占める社会サービスのシェアに関しては断片的なデータしか入手できないが，2006 年で 27%（CBoSL [2007]），11 年で 23.5%（CBoSL [2012]），14 年で 32.2%（CBoSL [2015]）と，14.4% よりも格段に高い水準であったと見られる．これは，一定の規模の社会サービス関連投資が確保されていた一方で，実際の公共投資の GDP 比は 09 年の 6.8% が最高と，あまりにも野心的と言える 8% には達せず，想定された規模の経済サービスでの公共投資を実現できなかったことが原因と考えられる．なお，マヒンダ・チンタナ改定後は 6〜7% が目標とされた（本書 p. 209 参照）．

の間の鍵となる連結部（key link）としての役割を果たす，海，空，商業，
エネルギー，そして知識のハブとして我が母国を開発するであろう」（p. 4）
との方針は，港湾や空港の建設・拡張への優先的な資金配分の根拠となった．
13年に実を結んだ運輸部門の大型事業だけでも，3月のマッタラ・ラジャパ
クサ国際空港開港，8月のコロンボ港南ターミナルのオープン，9月のオー
マンタイ＝キリノッチ間鉄道の開通，10月のコロンボ市とカトナヤケ国際
空港を結ぶ有料高速道路の開通を挙げることができ（アジア経済研究所
［2014］），ラジャパクサ政権下でいかに様々な運輸部門のプロジェクトが実
施されていたかが分かる．なお，エネルギー関連では，07年にプロジェク
トが始まり，11年に発電を開始したノロッチョライ石炭火力発電所（CBoSL
［2008］，アジア経済研究所［2012］）等，農業・灌漑関連では，モラガハカ
ンダ灌漑プロジェクト（CBoSL［2008］等）等がラジャパクサ政権下で進
められた主要プロジェクトとして挙げられる．そして，こうした大型事業だ
けでなく，04年開始の"マガ・ネグマ（Maga Neguma）"と呼ばれるコミュニ
ティ道路開発プログラム[35]，06年に開始された"ガマ・ネグマ（Gama Negu-
ma）"と名付けられた，道路，電力，灌漑等のインフラ開発を含む草の根経
済開発イニシアティブ[36]，そして複数の農村電化プロジェクトをはじめと
した農村インフラ開発にも重きが置かれた（CBoSL［2010］等）．このガマ・
ネグマ等のプログラムは，「貧困削減のためのアプローチを，福祉指向アプ
ローチから，生計開発のための新しい手段の提供と農村レベルでのインフラ
施設の改善による包括的成長ベース・アプローチに転換」（CBoSL［2014］
pp. 163, 164）する上での柱としても重視された．

　実際の公共投資のGDP比の推移を確認しても[37]，やはり2004年の4.7%
から05年には6.1%へと一気に増加している．そして，11年まで6%以上

---

35)　https://www2.jica.go.jp/ja/evaluation/pdf/2009_SL-P97_1_s.pdf.

36)　https://www2.jica.go.jp/ja/evaluation/pdf/2013_0602652_4_f.pdf, http://ir.lib.seu.
　　ac.lk/handle/123456789/871.

37)　2004年4.7%，05年6.1%，06年6.0%，07年6.4%，08年6.0%，09年6.8%，10
　　年6.4%，11年6.2%，12年5.9%，13年5.5%，14年5.0%であった．

の水準が維持された[38]．しかし，12 年に 5.9% となって以降，連続して低下
し，14 年には 5.0% となった[39]．12 年以降の低下の主たる原因は，やはり
収入の減少傾向にある（CBoSL［2013］等）．そして，12 年以降も農村開発
イニシアティブへの資金供給は継続されたものの，最も高い優先順位は「進
行中の大規模インフラ・プロジェクトを迅速に進めること」（CBoSL［2015］
p. 140）に与えられ（CBoSL［2013; 2014; 2015］），公共投資の削減は主に農
村インフラ開発を含む小規模プロジェクトへの資金配分の削減によったと見
られる．

③公企業

　ラジャパクサ政権は公企業民営化停止という非常に特徴的な政策を行った．
1994 年に大統領となったクマラトゥンガが率いた人民連合政権も，当初は，
前政権の民営化を，国家財産を白昼堂々盗んだと非難し，公営企業のみが広
い範囲において社会的な安全を保障するとして，公企業民営化は慎重に進め
る方針を掲げ，政権獲得直後にはセイロン製鉄公社等の一部国営企業の民営
化取り止めを打ち出した．しかし，後には IMF のプレッシャーもあって，
積極的に民営化を推進することになった[40]．だが，この政権は，ラジャパ
クサが首相を務め，大統領就任直前の時期となる 2005 年 11 月に行われた
2006 年予算演説の「議長，本政府が政権に就いた時，我々は，一定の戦略
的国有企業（SOEs）は民営化されないだろう，ときっぱりと述べました．
12 の認定された戦略的国有企業を我々は民営化しないだろうと単に述べる
だけでなく，我々は，より専門的な経営をそのような企業に注ぎ込み，それ
らをより効率的に，商業的に健全にするために，『戦略的公企業経営機構
(Strategic Enterprises Management Authority)』（SEMA）を設立しました．税
は政府の唯一の所得源である必要はありません．SOEs はまた配当所得をも

---

38)　2008 年は厳密には 6.0% を切る 5.982…% であった．
39)　2014 年は厳密には 4.973…% と 5% を切っている．
40)　詳しくは船津［2001］参照．

たらすはずです．少なくとも，それらは財務省の負担ではないはずです．それらは最大限の生産能力で働き，効率的な方式で国民にサービスを給付しなければなりません」（Amunugama [2005] p. 4）との方針を維持した[41]．その結果，04 年には 24 億 37 百万ルピー，05 年には 10 億 20 百万ルピーを計上した民営化収入は 06 年以降，計上されなくなる．ただし，この民営化収入は GDP 比では 04 年が 0.1%，05 年が 0.0%（0.05% 未満）に過ぎず，00 年以降を見ても，最高で 0.6% であった．なお，10 年には，不採算・赤字国有企業の問題に取り組むために国家資産・企業開発省が，公的経営を現代化するために公的経営改革省が設立され，加えて，公民パートナーシップが奨励されたり，小規模企業の合併が進められたりした（CBoSL [2011]）[42]．また，11 年には，民営化とは逆方向の政策を進める，不採算企業・遊休資産再生法案が可決される．これは過去に民営化された事業・資産のうち，引き受け後数年で事業を閉鎖した，開発面で国民への適切な貢献がない等の理由で不採算企業・遊休資産と見なされた企業や資産を再び国の管理下に置こうとするもので，不採算企業として 1 社，遊休資産として 36 の土地・建物が指定された（アジア経済研究所 [2012]）[43]．

41）ただし，ラジャパクサ政権が民間活力導入に消極的だった訳ではない．後述する国家資産・企業開発省は民間部門の起業家や専門家を戦略的国有企業の理事会に任命するよう積極的に求めた．また，2011 年には，政府のコントロールを維持しつつ，コロンボ証券取引所に株式公開するのに相応しくなるよう特定の複数企業を開発する目的で国家資産管理公社（State Resources Management Corporation Ltd.）が設立されている（CBoSL [2012]，http://investsrilanka.blogspot.jp/2010/12/sri-lanka-sets-up-management-company.html）．

42）ただし，2010 年は大統領選挙が行われた年で，それに伴う政治的な動きの中で大臣数が増加しており（アジア経済研究所 [2011]），国家資産・企業開発省と公的経営改革省の設立にも政治的な配慮が働いた可能性がある．

43）この政策の背景には，国有企業・資産の民営化では，国益に資することが前提とされ，引受事業者は価格面や税制面で優遇措置を受けていたことがある．ただし，商工会議所等は，この法案を投資先としてのスリランカの信頼を損ねると批判し，政府もこの措置は 1 回限りとした．また，野党である統一国民党の幹部で同党の財政に大きな貢献をしているとされるダヤ・ガマゲの妻が所有する砂糖工場が指定されたことで，この政策には政治的な意味合いが強いとする見方もある（アジア経済研究所 [2012]）．

こうした政策の下，公企業への移転支出はどのように推移したのか．ラジャパクサ政権前と比較するために，まず，2000 年から 04 年までの GDP 比の動向を確認すると，経常移転は 00 年 0.6%，01 年 0.6%，02 年 1.1%，03 年 0.8%，04 年 1.0%，資本移転は 00 年 1.0%，01 年 0.5%，02 年 0.7%，03 年 0.8%，04 年 0.9% であった．経常移転は 0.6～1.1%，資本移転は 0.5～1.0% で推移し，減少傾向は見られない．05 年以降は経常移転[44] が 05 年 0.9%，06 年 1.1%，07 年 0.8%，08 年 0.7%，09 年 0.7%，10 年 0.6%，11 年 0.6%，12 年 0.5%，13 年 0.5%，14 年 0.6%，資本移転が 05 年 0.8%，06 年 0.7%，07 年 0.7%，08 年 0.5%，09 年 0.4%，10 年 0.4%，11 年 0.4%，12 年 0.4%，13 年 0.3%，14 年 0.3% であった．経常移転は 06 年に 1.1% を記録したものの，その後は減少傾向に転じ，小数点第 2 位まで見れば 11 年以降は 0.6% を切った．資本移転はさらに減少傾向が明確で，13 年，14 年は 05 年の半分を切る水準になっている．

資本移転の削減は，存続可能な水準以上の，民営化のためのリストラクチャリング支出が必要なくなったことが要因の 1 つと考えられるが[45]，経常移転の削減はどのように実現されたのか．スリランカ中央銀行の年次報告書から，公企業・機関への分野別の経常移転額，そして分野毎の主要な移転先とその額が確認できる．ラジャパクサ政権下での経常移転のピークとなった 2006 年から金額ベースで削減を実現している分野は「エネルギー・水供給」のみであった．そして，「エネルギー・水供給」での削減の大部分は，06 年には 58 億 54.2 百万ルピーという GDP 比で 0.2% に相当する巨額の経常移転がなされ，翌 07 年には 11 億 6.0 百万ルピーへと劇的に削減され，12 年以降，経常移転が確認されなくなったセイロン電力委員会（CEB：Ceylon Electricity Board）に対する削減によると見られる．

44）　経常移転に関してのみ「公企業」（Public Enterprises）であった項目名が CBoSL ［2010］以降「公企業・機関」（Public Corporations and Institutions）へと変更された．ただし，2000 年から 07 年まで両項目の数値を確認できるが，同じ値であり，項目名変更の影響は実質的にはないと見られる．

45）　リストラクチャリング支出は 2004 年には GDP 比で 0.2% であったが，徐々に減少し，10 年以降は全く計上されなくなった．

CEB への経常移転削減の大きな要因として電気料金の引き上げが挙げられる．2002 年 4 月から変更がなかった電気料金は，経常移転が急激に膨らんだ 06 年の 2 月に固定部分，9 月に固定部分以外を引き上げて（アジア経済研究所［2007］）以降，しばしば改定がなされた（CBoSL［2008; 2014］）．しかしこれで，CEB において健全な経営が実現されたとは言い難い．なぜなら，CEB の国内商業銀行からの債務は，12 年には同年の GDP 比で 0.6% となる 436 億ルピーにまで達しているのである[46]．また，国内商業銀行からの債務の問題はセイロン石油公社（CPC：Ceylon Petroleum Corporation）[47] においてさらに深刻で，12 年には 2014 億ルピー，GDP 比 2.7% にまで膨らんでいる[48]．CEB や CPC を含む非金融公企業全体の国内商業銀行からの債務残高を見ても，12 年では 2925 億ルピーで GDP 比 3.9%，14 年には 4460 億ルピー，GDP 比 4.6% にまで達している．非金融公企業全体の外国からの債務も 12 年で 2160 億ルピー相当，GDP 比 2.9%，14 年には 3087 億ルピー，GDP 比 3.2% にも達する．しかも，スリランカ政府は CEB の外国からの債務の利子

---

46) 2014 年には国内商業銀行に対する債務残高は 474 億ルピーにまで増加したが，GDP 比は経済成長に伴って GDP の規模が拡大したことにより 0.5% となっている．なお，CEB の国内商業銀行に対する債務残高のデータは 12 年以降しか入手できなかったが，02 年発表のスリランカ初の PRSP では CEB の債務残高は 100 億ルピーとされている．06 年の銀行システムに対する CEB の債務残高は 103 億ルピーであり（CBoSL［2007］），06 年以降に国内商業銀行からの債務が急速に膨張していることは明らかである．ちなみに，06 年の 103 億ルピーは同年の GDP 比で 0.4% に当たる．

47) スリランカでの石油の輸入販売の 3 分の 2 を担い，CEB の場合と同様，公定の燃料価格の調整もしばしばなされていた．また，原油の輸入価格の変動リスクをヘッジするためにシティ・バンクやスタンダード・チャータード銀行等と 2007 年に結んだ契約が原因でかえって多額の支払いを強いられ，燃料価格高止まりの原因となって政治問題化したこともある．CBoSL［2008, 2014, 2015］，アジア経済研究所［2009］等を参照．

48) 2014 年には国内商業銀行に対する債務残高は 2456 億ルピーにまで増加したが，GDP 比は 2.5% となった．なお，CPC の国内商業銀行に対する債務残高のデータは 12 年以降しか入手できなかったが，02 年発表のスリランカ初の PRSP では CPC の債務残高は 190 億ルピーとされている．06 年の銀行システムに対する CPC の債務残高は 172 億ルピー（CBoSL［2007］）と，同年の GDP 比で 0.6% に当たり，CEB の 103 億ルピーを大きく上回っていた．さらに，その後も CEB のそれを大きく上回る速度で債務が膨張したことは明らかである．

を負担しており（CBoSL［2007］等），その債務残高は14年で1602億ルピー相当，同年のGDP比で1.6%にもなる．政府の財政的負担は小さくないと見られる．

公企業の民営化は，基本的に収益の上がる企業にしか買い手が見つからないこと，収益があがるようにするためには多くの場合，リストラクチャリングのための多額の支出が必要なこと，民営化が進めば劣悪な企業が政府の手に残り，こうした矛盾がさらに拡大すると考えられることから，失業問題に敏感にならざるを得ないことに加え，多数の公企業を抱え，民間企業の発展も不十分な多くの途上国において一般的に合理的な政策とは言い難く，実際に過去のスリランカの政権においても十分な成果はあがっていなかった．ラジャパクサ政権下で失った民営化収入と公企業への移転支出の削減の成果を比較すれば，後者の方が大きいと見られる．この公企業への移転支出削減の背景には，将来的な民営化収入の期待によって移転支出を正当化できなくなったことがあると考えられる．言い方を変えれば，過去の公企業民営化政策は，将来的な民営化収入の期待によって公企業への移転支出を膨らませていた側面があり，民営化の停止は，その弊害を是正した可能性が指摘できる．ただし，2014年時点の非金融公企業全体の債務残高のGDP比は国内商業銀行からのもので4.6%，外国からの債務で3.2%に達し，CEB，CPCという代表的な公企業においては06年以降，急激に債務が膨張したと見られる．公企業の外国からの債務にはプロジェクト関連のローンも含まれていて，CEBの外国からの債務も電力インフラ整備に寄与している面があり，一概に否定されるべきものではないが，公企業に関して，予算・決算で確認できない部分に大きな歪みが生じている恐れがある．

④小括

ラジャパクサ政権は，その政策方針として，成長のために高水準の公共投資を実現しつつ，収入の増加と経常支出の合理化を通して財政を再建することを目指していたが，2006年をピークとして税収が減少傾向を示す中，財政

赤字を抑制するために一層の歳出削減が推進されたと見られる.

経済的分類に基づく歳出GDP比は，2004年の22.8%から09年には24.9%に増加するものの，10年からは一貫して低下して14年には18.4%にまで削減が進んだ．中でも「合理化」が目指された経常支出は04年のGDP比18.6%に対して14年には13.5%にまで低下する．削減の主たるターゲットになったと見られる項目や反対に削減を免れた項目は特に見当たらない．機能的分類の各分野の動向を確認しても，削減の極端な偏りは確認できない．世論への影響が大きいと見られる福祉に関しても，そのGDP比は06年には04年の3.5%を上回る3.8%に上昇したものの，以降は減少傾向を示し，10年以降は2%を切る水準で推移した．

しかし，福祉支出の削減自体は政策方針に反するものではない．ラジャパクサ政権は社会的保護に関して，現金支給を通した弱者救済を続けるとしつつも，「政府は，現金支援の供給が，人々を貧困の罠から抜け出させる助けにならないと信じる」とし，地域間格差の是正も重視したインフラ開発とそれによる経済成長を貧困削減のための取り組みの柱としていた．福祉関連を含む大規模な経常支出の削減は，インフラ開発のための公共投資の財源確保の側面が強くあり，見方を変えれば，貧困削減と地域間格差の是正を重視したインフラ開発に十分な財源が確保されてこそ世論の支持・容認を得られる政策とも言える．そして，公共投資のGDP比は2004年の4.7%から05年には6.1%へと一気に増加し，11年まで6%以上の水準が維持された．しかし，12年以降は連続して低下し，14年には5.0%となる．しかも，この間は進行中の大規模プロジェクトが優先されており，12年以降の低下は農村インフラ開発等の小規模プロジェクトへの資金配分の削減によるところが大きかったと見られる．家計への移転支出のGDP比を確認すると，05年の4.1%から減少傾向が続き，13年には2.3%にまで低下したが，14年には2.6%に上昇している（表6-8参照）．この14年の家計への移転支出の唐突な増加も，15年1月の大統領選挙を控えて，小規模プロジェクトに対する支出削減の選挙への悪影響を緩和することが目的であった可能性がある．

表 6-10　外国援助（ネット）の GDP 比・構成比と主要援助国・機関による援助（融資）の GDP 比

（単位：%）

年	2005	2006	2007	2008	2009	2010	2011	2012	2013	2014
贈与	1.3	1.0	0.9	0.7	0.5	0.3	0.3	0.3	0.1	0.1
	(37.8)	(38.1)	(19.1)	(79.6)	(19.0)	(7.4)	(8.0)	(6.8)	(5.2)	(3.8)
融資	2.2	1.7	3.6	0.2	2.3	3.8	3.3	3.5	1.6	2.7
	(62.2)	(61.9)	(80.9)	(20.4)	(81.0)	(92.6)	(92.0)	(93.2)	(94.8)	(96.2)
中国	0.0	0.0	0.5	0.1	0.7	0.2	0.0	1.1	0.7	0.3
ADB	0.6	0.5	0.2	0.4	0.4	0.4	0.2	0.3	0.2	0.1
インド	0.0	0.0	-0.0	-0.0	0.0	-0.0	0.3	0.4	0.3	0.1
総額	3.5	2.7	4.5	0.9	2.8	4.1	3.6	3.8	1.7	2.8
	(100.0)	(100.0)	(100.0)	(100.0)	(100.0)	(100.0)	(100.0)	(100.0)	(100.0)	(100.0)

出所：Central Bank of Sri Lanka［2006〜2016］より作成.
注：1）括弧内は構成比.
注：2）中国に関しては，2012 年からの国有ビジネス企業に対する中国からのネットの受取が除かれている.

　また，公企業に関しては，民営化を停止し，民営化収入が期待できなくなった反面，経常，資本ともに移転支出の削減に成功した．この削減の背景には，将来的な民営化収入の期待によって移転支出を正当化できなくなったことがあると考えられる．しかし，経常移転支出削減を支えた CEB で国内商業銀行からの債務が膨張したと見られるように，予算・決算で確認できない部分に大きな歪みが生じている恐れがある.

(5)　外国援助

　まず，データを確認してみよう（表 6-10 参照）．2005 年の贈与の GDP 比は 1.3% であるが，これは 04 年の 0.4% から一気に急増した結果である．04 年 12 月に発生したインド洋大津波による被害への援助が，この急増の主たる理由と考えられる．その後，贈与の GDP 比は，13 年の 0.1% まで一貫して低下する．構成比を見ても，10 年以降，贈与の比率は 1 割を切り，14 年では 3.8% に過ぎない．この贈与の低下の重要な背景の 1 つがスリランカの経済成長であり，スリランカ政府は，このことを十分に認識していた[49].

---

49)　例えば CBoSL［2010］は，「この国は今や低位中所得国へと移行しているので，外国贈与の増加は将来的に期待できない」（p. 133）と記している.

贈与の減少傾向を受けて，融資の構成比は2010年以降，9割を超えるが，融資のGDP比に明確な増加傾向が見られる訳ではない．そして，スリランカ政府が，経済成長の結果，譲許的融資へのアクセスが低下することになるという課題を認識していたことは公債の項で既に述べた．

融資に増加傾向が見られなかった，経済成長以上に重要と考えられる背景が，2009年5月に事実上終結したLTTEとの民族紛争の終盤における人道・人権問題を巡っての特にアメリカ[50]とEUやその諸国[51]との軋轢である．中でも象徴的だったのがEUによって供与されていたGSPプラスの適用が停止されたことであろう．

GSPとは，途上国原産の物品のうち，一定の規則を満たす物品の輸入に対してEUが輸入税の免除または軽減といった特定の貿易特恵を一方的に与えるメカニズムのことである．そして，GSPプラスは，労働，環境，人権の分野でいくつもの国際条約の実施を約束する国が特別の貿易特恵に与れる制度のことで，GSPプラス対象国からの輸入品は全て免税となる．スリランカの最重要の輸出産業である繊維産業に関して，2004年末に多角的繊維協定[52]が廃止されるという大きな動きがあったが，05年からはGSPプラスが適用され，陶磁器等の他の産業にも効果を発揮していた．しかし，EUは08年末のGSPプラスの期限切れの前，08年12月にスリランカの人権・人道状況が国際法基準を下回れば適用を停止すると警告した上で，09年に制度適用の必要条件を満たしているか調査を実施しするとした．EUは国内避難民に移動の自由が与えられていない点，民族和解に向けての努力が行われていない点，報道の自由が確保されていない点に懸念を示していた．調査期間中，制

---

50)　具体的な動きには，2011年7月にアメリカ下院外交委員会がスリランカに対する開発援助の条件付き停止を可決したことが含まれる（アジア経済研究所［2012］）．

51)　例えば，イギリスのキャメロン首相（当時）が2013年11月14日にBBCテレビで，スリランカが民族紛争時に「大きな罪を犯した疑いがある」として英連邦首脳会議の議題にすると表明し，ラジャパクサが強く反発した（産経新聞「英国VS.スリランカ"戦争犯罪"めぐり譲らず　英連邦会議，波乱の開幕」（2013年11月16日））．

52)　欧米諸国への繊維製品流入を防ぐため，輸出国に欧米向け輸出数量制限を割り当てた国際協定（https://www.jetro.go.jp/world/reports/2004/05000684.html）．

度は継続して適用されていたが，EU は 10 年 2 月に 6 カ月後の適用停止を通知する．その後も両者の話し合いは継続され，スリランカ側は非常事態宣言の内容の一部緩和やテロ防止法の変更等，歩み寄りの姿勢を見せたが，EU は同年 6 月にさらに 15 の条件を提示し，同年 7 月 1 日までに十分な回答があれば，6 カ月の延長もあり得るとした．15 の条件には，市民的及び政治的権利に関する国際規約の特例の削減，第 17 次憲法改正[53] の主要な目的が完全に守られることを保証するための措置を講じること，2005 年緊急規則の残存部分，すなわち審理のない拘留や自由な移動の制限，裁判権と免責の排除に関連する規則の廃止と 2006 年緊急規則の廃止，市民的及び政治的権利に関する国際規約と矛盾するテロ防止法の諸節を廃止するか同規約に明確に適合するよう修正すること，緊急規則の下でのあらゆる人々の拘留を終了させるために彼らを釈放するか公判に付すかどちらかによる決定的な手段を取ることが含まれる．しかし，スリランカ政府は内政干渉であるとして，この要求を受け入れず，10 年 8 月に GSP プラスの供与は停止された[54]．

---

53) 2001 年のこの改正は，人権委員会，選挙管理委員会，警察委員会，公共サービス委員会等の専門委員会に対する政治的干渉をなくすことを目的としたもので，それら委員の任命は，新設され，首相，国会議長，野党党首，大統領に任命された 1 名，首相と野党党首両者の指名に基づいて大統領が任命した 5 名，首相と野党党首の属する政党や独立したグループ以外の政党や独立したグループに属し，国会議員の過半数による同意に基づいて指名され，大統領によって任命された 1 名から成る憲法評議会の勧告なしではできなくなった．また，JSAN においても，「第 17 条憲法改正の下で，とりわけ公的サービス委員会にエンパワーするよう設立された憲法評議会に関する行き詰まりを解決することも，公共部門の長期的強化のために重要であろう」（p. 8）と指摘されていた．しかし，10 年の第 18 次憲法改正によって憲法評議会に代えて，首相，国会議長，野党党首，首相が指名する国会議員 1 名，野党党首が指名する国会議員 1 名（後 2 者は首相，国会議長，野党党首が属しないコミュニティに属すること）から成る議会評議会が設置され，大統領は議会評議会からの拘束力のない意見（observations）は受けるものの，委員の任命権を握ることとなる．EU の条件には，憲法評議会がスリランカ社会の全ての政治的，民族的，宗教的グループと少数派の利害を適切に反映することが含まれていた．ちなみに，第 18 次憲法改正には大統領の 3 選禁止の撤廃が含まれる．また，ラジャパクサが 15 年 1 月の大統領選挙に敗れた後になされた第 19 次憲法改正で憲法評議会は復活する．

54) http://www.priu.gov.lk/Cons/1978Constitution/SeventeenthAmendment.html, https://www.constituteproject.org/constitution/Sri_Lanka_2010.pdf,

第 6 章　ラジャパクサ政権下の第 2 の PRSP　　235

表 6-11　スリランカの衣類輸出 GDP 比と輸出額

（単位：%，百万ドル）

年	2008	2009	2010	2011	2012	2013	2014
総額	8.1	7.4	6.4	6.7	6.4	6.4	6.2
	(3,284)	(3,120)	(3,178)	(3,986)	(3,784)	(4,265)	(4,682)
EU	3.9	3.9	3.3	3.4	3.1	2.9	2.9
	(1,604)	(1,630)	(1,616)	(2,022)	(1,836)	(1,959)	(2,166)
アメリカ	3.6	3.1	2.6	2.7	2.5	2.7	2.7
	(1,485)	(1,285)	(1,296)	(1,575)	(1,512)	(1,830)	(1,990)
その他	0.5	0.5	0.5	0.7	0.7	0.7	0.7
	(194)	(204)	(267)	(389)	(437)	(476)	(526)

出所：Central Bank of Sri Lanka［2009〜2016］より作成.
注：括弧内は輸出額で，単位は百万ドル.

JSAN でも「スリランカの GSP プラス特恵をまさに再検討しようとして
いる EU とともに，輸出指向活動の収益性と競争力を守るためにあらゆる努
力がなされる必要がある」（pp. 4, 5）と指摘されていた GSP プラスの供与停
止による影響はどうだったのか．陶器産業が打撃を受けたとの指摘はあるが
（アジア経済研究所［2011］），データは確認できなかった．衣類輸出につい
て見てみると（表 6-11 参照），EU への輸出の GDP 比が 2010 年に前年より
0.6 ポイント低下して以降，低下傾向が続き，総額の GDP 比でも，08 年の
8.1% に対して 14 年には 6.2% と低下傾向が見られる．しかし，表の対象期
間以前では，EU への輸出の GDP 比は 04 年には 4.8% を記録していたが，
05 年には 4.1% に低下し，07 年まで 4% 台前半で推移する．総額の GDP 比
も 04 年には 12.8% を記録したが，05 年には 11.3% となり，以降，低下傾向
が続いていた．これらのことから，「経済制裁」後の低下傾向もスリランカ
の経済成長による GDP の規模拡大によるところが大きいと考えられる．ド
ルでの金額ベースで見ると，このことはさらに明らかで，EU への輸出額は

────────────

http://www.moj.go.jp/content/000056135.pdf,　https://www.parliament.lk/files/pdf/
constitution/constitution-upto-17th.pdf,
アジア経済研究所［2002; 2009; 2010; 2011; 2016］，*Tamil Guardian*，June 30, 2010,
JETRO［2013］，木村［2014］．

16億ドル台であった10年までの水準より11年以降の水準の方が一段高くなっている．そして，アメリカやその他への輸出も伸び，総額は09年の31億20百万ドルから14年の46億82百万ドルまで一貫して上昇している．衣類輸出に対するGSPプラス供与停止の「経済制裁」としての効果は確認できないレベルのものに過ぎなかったと言える．

こうした欧米との人道・人権問題での軋轢に関するスリランカ側の反論と思われる記事がCBoSL［2010］にある．Box11「平和の達成のために国防に断固として投資すること」（pp. 134, 135）がそれで，民族紛争の終結について，「4年間未満の内に世界で最も残酷なテロ組織の1つに打ち勝つことでスリランカは歴史的な記念碑的出来事を記録できた」とし，「政府側の強力で動揺しないコミットメントでよく計画され，集中した試みがなされた最近の4年間が，恐らくこの成果へと導いた単独では最も重要な要素であった」とする．そして，「この人道主義的オペレーションの総費用」，つまり，その4年間のスリランカの国防支出総額は55億ドル相当で，アメリカ政府が2009年までに負担したイラク攻撃での6830億ドル，アフガニスタンでの2270億ドルといった金額に対してごく僅かに過ぎず，「テロとの戦いのスリランカの全体的な金銭的費用が良く管理され，費用対効果が非常に高かったことを示すと思われる」とする[55]．また，人命の損失等の傷みについて記しつつ，「スリランカは，長く待たれていた平和が今やあることで，急速に成長し，数十年間テロリズムに苦しんだ人々全てを経済的繁栄へと導くためにその巨大な潜在能力を解き放つ機会をついに創出できるだろう」とする．なお，この記事には，スリランカを含む22カ国の国防支出のGDP比のグラフが提示されているが，これはアメリカの友好国であるサウジアラビアやイラク，イスラエ

---

[55] LTTEとの民族紛争の最終盤において，国連事務総長やオバマ米大統領が戦闘による民間人犠牲を「人道危機」と非難した上で戦闘停止を要求したことに対して，スリランカ政府は「圧力には屈しない」と強調し，アベイワルダナ・メディア情報相は「同様の紛争が続くアフガニスタンやパキスタンでは，誰も停戦や和平を求めていない」と述べ，アメリカなどを暗に批判している（毎日新聞「政府軍が最終攻撃着手…制圧見通し報道」（2009年5月14日））．

ルといった諸国の数値がスリランカより格段に高いこと，そしてアメリカ自身の数値もスリランカより若干高いことを示唆しようとするものと見られる[56]．

　スリランカは欧米諸国との軋轢への対策としてイギリスの広告会社と契約を結んでイメージアップ戦略を行うなどしたものの（アジア経済研究所［2011］），軋轢が解消されることはなかった．そして，スリランカに対する欧米諸国の影響力も低下する．2010年7月，コロンボで開催された国際会議での財政・計画副大臣による「もはや西欧や国際機関からの微々たる援助に頼る必要はない」との発言（アジア経済研究所［2011］）はそうした影響力の減退を象徴するものと言える．こうしたスリランカの強気な態度を支え，欧米諸国や国際機関といった伝統的ドナーの影響力減退と反比例するように影響力を増大させたのが中国である．11年7月のアメリカ下院外交委員会によるスリランカに対する開発援助の条件付き停止の可決の後，同年8月のラジャパクサ訪中の際には，中国は人権に対して国際社会の介入を排除した和解に向けて協力すると約束し（アジア経済研究所［2012］），ラジャパクサが反発した13年11月14日のイギリスのキャメロン首相のBBCテレビとのインタビューの直後，同年同月26日にはスリランカと中国は軍事的な関係強化で合意する（アジア経済研究所［2014］）．何より，中国はラジャパクサ政権の成長政策の要であり，『マヒンダ・チンタナ』改定版で強調されたハブ構想を支えるインフラ整備に積極的に資金提供を行うことで，ラジャパクサ政権にとってなくてはならない存在になっていく．先に挙げた大型事業で見ても，マッタラ・ラジャパクサ国際空港では1億90.8百万ドル[57]，コロンボ市とカトナヤケ国際空港を結ぶ有料高速道路では，建設費2億92百

56）　推定値を含み，示された年も国によって異なるが，スリランカの3.9%に対し，サウジアラビアが10.0%，イラクが8.6%，イスラエルが7.3%，アメリカが4.1%となっている．

57）　http://www.ide.go.jp/Japanese/Publish/Download/Seisaku/pdf/1303_arai.pdf．また，2013年9月には中国港湾工程有限責任公司がスリランカ空港航空サービス株式会社と空港大型格納庫及び空港施設改築プロジェクトを1億ドル以上の金額で契約した．整備資金は中国輸出入銀行からの政府優遇ローンである（https://www.mlit.go.jp/common/001021188.pdf）．

万ドルのうち 85%（ARC 国別情勢研究会［2013]），ノロッチョライ発電所では 4 億 55 百万ドル[58] が中国から融資されている．

ここでもう 1 度，表 6-10 を確認してみよう．融資の下にある国・機関は，2005 年から 14 年の融資の合計額の上位 3 位までを上から順に並べたものである．援助での資金調達手段の主力となった融資において，中国が 07 年にその規模を急増させて以降，特別に大きな存在感を持つに至ったことが確認できる．中国からの援助はほぼ融資であり，07 年から 14 年までの融資総額に占める中国の比率は 17.5% と第 2 位のアジア開発銀行（ADB）の 9.6% を大きく引き離して首位を占めている．

中国がスリランカへの援助を急増させた背景には，いわゆる「真珠の首飾り」[59] と呼ばれる中国の国際戦略があったと考えられる．そして，中国の影響力の増大は，インドの強い警戒心を呼ぶこととなる．民主的選挙制度があり，タミル系の人々が大半を占めるタミル・ナードゥ州を抱えるインドの政治指導者は，ラジャパクサ政権に対して融和的に接することで大きな政治的コストが生じるリスクがある中，民族紛争終結後の復興関連の援助を積極的に行った[60]．前掲表 6-10 を見ても，特に 2011 年以降，インドが積極的に援助を行っていることが分かる．07 年から 14 年までの融資総額に占めるインドの比率は 6.6% で，17.5% の中国の 4 割弱の水準ではあるが，第 4 位となる IDA の 5.4% を上回っている．この背景には援助を通して中国の影響力が増大する中，インドも一定の影響力を確保しようという意図があったと見られる．なお，特に 14 年に中国の潜水艦がコロンボ港に寄港したことはインドを強く刺激し，15 年の大統領選挙に影響したとの見解もある[61]．

また，スリランカ国内でも，中国の大規模な援助は歓迎一色だった訳ではない．例えば，ノロッチョライ発電所は不具合による運転の停止がしばしば

---

58) http://www.ide.go.jp/Japanese/Publish/Download/Seisaku/pdf/1303_arai.pdf.
59) 第 4 章注 22 を参照．
60) アジア経済研究所［2011; 2012; 2015］等，『アジア同港年報』の各年版を参照．
61) https://www.tkfd.or.jp/research/eurasia/a00743.

あり，国民の不満が高まった．また，野党議員等から，中国からの借入利率が他の国際金融機関等と比べて 3〜6% 高いとの批判も生じた[62]．何より，中国からの援助がラジャパクサの一族の利権につながっているとの国民の反発は 15 年 1 月の大統領選挙でのラジャパクサの敗北の主要な原因の 1 つとなった[63]．

3. 総括と含意

ラジャパクサ政権は，1980 年代からスリランカにとって最重要の課題であり続けた民族紛争に加えて，世銀・IMF や欧米諸国を含む主要ドナーとの軋轢，国内財界との対立，さらには 2004 年 12 月に発生したインド洋大津波の大きな爪痕，08 年 9 月のリーマン・ブラザーズの経営破綻に端を発したグローバル金融危機といった逆境の中で運営された．

ラジャパクサ政権が提出した，スリランカにとっての第 2 の PRSP『マヒンダ・チンタナ』では，スリランカ初の PRSP と同様に経済成長が最重要視されてはいたが，公平な開発，遅れている地域のニーズを特に重視するとし，かつ政府の主導的役割を強調していた．

この『マヒンダ・チンタナ』に対する JSAN は全体を通して否定的であり，

---

62) アジア経済研究所［2012; 2013］．

63) 時事通信「スリランカ新大統領が就任＝10 年ぶり政権交代—親中路線見直しへ」（2015 年 1 月 9 日），https://www.forbes.com/sites/wadeshepard/2016/05/28/the-story-behind-the-worlds-emptiest-international-airport-sri-lankas-mattala-rajapaksa/#34055ed77cea 等を参照．なお，ラジャパクサを破ったシリセナ新大統領は，2018 年 10 月，ウィクラマシンハ首相を突然解任して政敵であったはずのラジャパクサを新首相に据えようとする．ウィクラマシンハ，国会はこれを認めず，スリランカの政治は大混乱に陥ったが，同年 12 月，ラジャパクサが首相辞任の手続きをして事態は一応収束した．しかし，19 年 4 月にスリランカで起きた連続爆破テロにおいても，この混乱による大統領と首相の対立が，インド等から情報を事前に得ていたにもかかわらず，テロを未然に防げなかった大きな要因とされている．また，シリセナ大統領がラジャパクサを首相に起用しようとした背景に，中国の巻き返しを指摘する見方もある．https://www.nytimes.com/2018/11/14/world/asia/sri-lanka-parliament-rajapaksa.html?smtyp=cur&smid=tw-nytimes 等を参照．

240

表6-12　基礎的経済指標の数値の推移

(単位：%)

年	2005	2006	2007	2008	2009	2010	2011	2012	2013	2014
実質GDP成長率	6.2	7.7	6.8	6.0	3.5	8.0	8.2	6.3	7.2	7.4
失業率	7.2	6.5	6.0	5.4	5.8	4.9	4.2	4.0	4.4	4.3
消費者物価上昇率	11.0	10.0	15.8	22.6	3.5	6.2	6.7	7.6	6.9	3.3

出所：Central Bank of Sri Lanka［2006～2016］より作成.

　財政政策を含むマクロ経済枠組みや開発戦略に対しても批判的であった．ま
た，民族紛争に関して対決的姿勢を強く打ち出していたラジャパクサ政権と
異なり，和平交渉推進に積極的であった前のウィクラマシンハ政権を支持し
ていた国際社会の意向を受けてか，主要なリスクの第1に民族紛争を挙げて
いた．しかし，皮肉にもラジャパクサ政権が民族紛争を事実上終結させ，こ
のことが原動力の1つとなってラジャパクサ政権は長期政権となった．
　ラジャパクサ政権は，具体的には，特に道路整備を重視したインフラ開発
を通して経済を成長させ，貧困削減と地域間格差の是正を実現すること，そ
して，財政的には収入増加と経常支出の合理化を通して赤字を漸進的に削減
することを目指した．
　その成果について，前章で見たウィクラマシンハ政権期に当たる2002年
から04年の実績と比較しながら検討したい．基礎的な経済指標について（表
6-12，本書pp. 194, 195参照），最初に実質GDP成長率を見てみよう．ス
リランカ初のPRSPでは2002年から04年の見通しが年平均で5.0%であった
のに対し，実績は見通しを若干上回る5.1%であったが，インド洋大津波や
グローバル金融危機から大きな影響を受けたラジャパクサ政権の実績は，金
融危機の影響を強く受けた09年を除いて6%以上であり，それを明らかに
上回っている．05年から14年の10年間の平均で6.7%，09年を除いた9年
間の平均は7.1%に達する．02年から04年全てで8%を超えていた失業率は,
ラジャパクサ政権下では順調に低下し，10年以降は4%台で推移した．そし
て，02年9.6%，03年6.3%，04年7.6%であった消費者物価上昇率も，08年
までは2桁台，特にリーマン・ショックが起きた08年には22.6%にまで達

したが，09 年以降は 3.3% から 7.6% の間の一定の安定的な水準で推移した
と言える．経済全体の状況はかなり良好であったと評価でき，ラジャパクサ
が 10 年の大統領選挙に勝利し，そして結果は敗れたが，任期を短縮して 15
年の大統領選挙に打って出た理由も，民族紛争終結とともに，この良好な経
済面での実績にあったと考えられる．

　財政面に関しては，第 1 に，政府の目指した収入の増加に失敗したことが
挙げられる．収入増加の要となるべき税制では，国内での生産活動・経済活
動の活性化と物価・生計費の抑制を目的に，基幹税と言える付加価値税を含
む様々な税で頻繁な変更がなされ，税収の GDP 比は 2007 年以降，低下傾
向が続くことになる．頻繁な税制改革は経済活動を阻害する要因として懸念
されてもいる[64]．

　一方で，特に重視された財政赤字の抑制には成功したと言える．2002 年
から 04 年のその GDP 比が 8.9%，8.0%，8.2% と悪化を回避するのが精一杯
であったのに対し，ラジャパクサ政権下では特に 10 年以降は明確な低下傾
向を示し，13 年，14 年は 6.1% であった．公債の発行も抑制されるが，その
重要な背景として，財政運営（責任）法に加え，1 人当たり所得の向上の影
響を強く受けて市場からの資金調達の重要性が増したことによる公債の市場
化と，その必然的な結果として利払費が市場の影響を強く受けることによる
市場メカニズムに基づく財政規律の強化があったと考えられる．また，対外
的脆弱性を増大させるリスクを伴う，国際ソブリン債の発行をはじめとする，
スリランカ政府の影響力が及ばないグローバル金融市場との結び付きを強化
するグローバル化の推進も，市場の標的にされることがないよう，歳出削減
に拍車をかけざるを得なくなった重要な背景と見られる．

────────────

64)　世銀や IMF が推奨する税制改革については第 3 章で見たが，ラジャパクサ政権下
　　での，経済活性化や物価抑制等のために頻繁な変更を繰り返し，その結果，経済活動
　　の阻害要因となることを懸念され，税収の確保の面では税収の GDP 比を低下させ，
　　税の構成では，税収全体に占める国内の財・サービスに対する税，特に基幹税と言え
　　る付加価値税の比率を低下させ，貿易に対する税の比率を結果として上昇させた税制
　　改革は，世銀等にとって悪い見本とも言えるものであろう．

歳出削減に関して，政府が目指した経常支出の削減は，実現したと評価できる．ただし，福祉関連を含む大規模な経常支出の削減は，貧困削減と地域間格差の是正に資するインフラ開発に十分な財源が確保され，財政全体での所得再分配が十分に維持されてこそ世論の支持を得られる政策と言えた．そして，公共投資の GDP 比は 2005 年に前年の 4.7% から 6.1% へと急増して以降，11 年まで 6% 以上の水準が維持された．しかし，12 年以降は連続して低下し，14 年には 5.0% となり，しかも，この低下は，農村インフラ開発等の小規模プロジェクトへの資金配分の削減によるところが大きかったと見られる．収入が減少し，経常支出のさらなる削減も困難になる中，市場化・グローバル化が進んだ公債の発行抑制を，貧困削減と地域間格差の是正を重視したインフラ開発を通して経済を成長させるという『マヒンダ・チンタナ』の根幹をなす開発戦略より優先せざるを得なかった結果と考えられる．そして，公共投資の抑制と大規模プロジェクト優先という『マヒンダ・チンタナ』の変質も，汚職や一族支配，中国偏重に対する批判等が原因とされる 15 年の大統領選挙におけるラジャパクサの敗北（アジア経済研究所 [2015]）に寄与したと考えられる．

また，経常支出を削減するために，補助金に支えられた管理価格の引き上げや価格設定の自由化がなされたが，これが物価・生計費抑制のために税制を積極的に活用することにつながり，税収低下に寄与したと見られること，そして，財政赤字削減のために公共投資以外の支出を伴う経済活性化策が制限されたことが，やはり経済活性化のために税制を積極的に活用することにつながり，税収低下に寄与したと見られることから，公債の市場化・グローバル化が進展するほどに財政赤字の削減が優先される中で，歳出の削減が物価・生計費抑制と経済活性化のための税制の積極的な活用に結び付き，税制活用に伴う税収低下が歳出削減の必要性を高めるという悪循環が生じていたと考えられる．

公企業に関しても，ラジャパクサ政権に特徴的で，世銀・IMF 等の推奨する政策とは正反対とも言える民営化の停止を受けて，将来的な民営化収入

の期待によって移転支出を正当化できなくなったことが移転支出の削減に寄与したと見られるが，経常移転支出削減を支えた CEB で国内商業銀行からの債務が膨張したと見られるように，予算・決算で確認できない部分に大きな歪みが生じている恐れがある．

　JSAN の否定的・批判的な評価に示されるように，ラジャパクサ政権の財政・経済政策は，世銀・IMF 等の推奨する政策とはかけ離れていた．そして，これまで指摘したように，ラジャパクサ政権の政策は場当たり的な面や問題点が少なくなく，2015 年 1 月の大統領選挙敗北も『マヒンダ・チンタナ』が行き詰まりつつあったことが重要な背景になっていると考えられる．しかし，JSA では全体的に肯定的な評価を受けたウィクラマシンハ政権期のスリランカ初の PRSP と比較すれば，『マヒンダ・チンタナ』は逆境の中で実施されながら，全般的に格段に良好な実績をあげていることも確かである．これら 2 つの PRSP とその政権期の比較から，途上国の財政・経済政策，途上国への国際援助のあり方に関して得られる含意を，やや羅列的になるが，以下で述べてみたい．

　まず，JSAN に関しては，かつて JSA について前章で指摘したのと同じく，世銀・IMF の推奨する政策を基準に，それと合致した内容かどうかを評価しているにすぎず，政策の有効性・実現可能性を検証する役割は果たせていない．そして，世銀・IMF の推奨する政策は，最重要視している経済成長の実現に関してさえ，適切な処方箋とは限らないことが指摘できる．その根本的な原因としては，そうした処方箋の失敗を途上国・被援助国の側に求め続けていることとともに[65)]，かつての構造調整政策よりは容認の程度を高め

---

65)　例えば，ロドリック［2014］も，世銀・IMF が推奨する政策を指すと考えられる「ワシントン・コンセンサス」の「第二世代の改革」あるいは「統治改革」について，「不可能なまでに広範で野心的な政策課題へと変貌することになった．このような果てしない政策課題は，途上国の政策立案者にとってほどんど助けにならなかった．…結局，アドバイスの受け手が適切に実施していないと批判されるものが常に何か存在することになるのである」（p. 204）と批判している．なお，船津［2005］も，「コンディショナリティの範囲は構造調整政策以来，一貫して拡大している．…今やその範囲は国

244

ているとはいえ，政府が経済成長に積極的な役割を果たすことに対して未だ
に消極的な姿勢を示していることにある可能性がある．IMF の譲許的融資
へのアクセスが困難になるレベルにまで経済が成長したスリランカにおいて
さえ，政府が積極的・肯定的な役割を果たし得る，あるいは果たす必要があ
り，適切な税制改革を伴えば，そうした政策は持続可能性を確保し得ること，
少なくとも，そうした政策が選択肢の１つになり得ることを，世銀・IMF を
含むドナーや途上国の政策当局者は認識する必要があると考えられる．

また，場当たり的な経済政策との批判を避け難いラジャパクサ政権が，世
銀・IMF のスタッフからより高い評価を得ていたウィクラマシンハ政権よ
り良好な実績を残せたのは，単純にその時々のスリランカの実態を踏まえて
いたことによるところが小さくないと思われる．さらに言えば，世銀や
IMF に高く評価されるために必要であろう，推奨される政策に沿った理論
的整合性や一貫性を重視しすぎると，当該途上国の経済的・社会的実態から
政策を乖離させる恐れがあると考えられる．場当たり的な政策は，民間の経
済政策に対する予測可能性，信頼性を低下させ，中長期的な視点を必要とす
る投資を含む経済活動を抑制する可能性が高く，避けるべきことは当然であ
り，実際にスリランカの税制にはそうした懸念が持たれていることは前述し
たが，ドナーの姿勢やそのコンディショナリティが，中長期的視点に立つと
いう，あるいは大衆迎合的政策を抑止するという美名の下で，被援助国の政
策的柔軟性を過度に阻害していないかという論点は重要と思われる．

そして，世銀・IMF の推奨する政策では，貧困層を守るための社会的セー
フティネットの重要性を強調し，欧米諸国がスリランカにおける民族紛争終
盤における人道・人権問題を特に問題視したように，伝統的ドナーは主要援
助国国内の世論への配慮もあってか，人道・人権問題には非常に敏感である

政全般に及んでいる．しかし，この過程は，コンディショナリティによって実施され
た改革が成功せず，その原因をコンディショナリティの内容以外の所に求め続けてい
る過程という側面もある．また，原因が主として途上国側に求められ，途上国に求め
る改革の範囲を拡大させ続けている過程と言ってもよい」(pp. 255, 256) と指摘して
いる．

一方で[66]，被援助国の貧困層に分類されるほど貧しくはないが，富裕層でもない，いわゆる一般庶民あるいは中間層と呼び得る人々の「日々の生活」への関心は高くなく，むしろ，こうした層への政治的な人気取り，過度の配慮が「中長期的に合理的な政策」を歪めることを警戒している節が見られる．しかし，『マヒンダ・チンタナ』は，この層の期待に応えることを重視し，失業率の低下と高成長を実現させ，それが『マヒンダ・チンタナ』の政治的持続可能性を高めたと見られる．人間は基本的に日々食事をしなければならず，食事を1年間我慢して，1年後に1年分の食事を一気に取ることはできない．中長期的な合理性は，大多数の国民の日々の暮らしが安泰であるという前提の下で，はじめて追求できる．このことを無視しては，特に民主主義的政治体制の下では，「中長期的に」安定した経済政策を実施することはかなわない．そして，民主主義は，伝統的ドナーの大部分が被援助国に強く要求していることである（第3章参照）．政治的持続可能性の高い経済政策，貧困削減に資する，経済成長の恩恵が幅広く行き渡る経済成長の実現のためには，中間層の，特に雇用への配慮が不可欠と考えられる．

また，スリランカ政府は，アメリカ，イギリス等，伝統的ドナーとの関係悪化後，代表的な新興ドナーである中国との関係を強化することになるが，その中国からの大規模な援助はラジャパクサの大統領選の敗北の主因の1つとされるほどの反発を呼んだ．その原因として，質の低さ，借入利率の高さ，利権化・腐敗が挙げられることは前述した．加えて，中国による援助や投資に関しては中国人労働者の流入が批判されるケースもある[67]．ラジャパクサ政権の実績からも途上国の開発におけるインフラ投資の重要性・必要性が

---

66)　人道・人権に配慮しての貧困削減の取り組みが，実際に貧困層に届いているかについては大きな疑義がある．詳しくは，元田［2007］を参照．

67)　例えば，ロイター「焦点：インドネシアで高まる反中感情，選挙と雇用懸念が拍車」（2017年4月22日配信）では，インドネシアが中国からの投資を積極的に誘致し，それに成功したものの，中国企業は自社の従業員と機械を持ち込むのが普通なこともあって，中国人労働者の流入に対する不安・不満が強まり，政治的な軋轢にもつながっている状況が紹介されている．

示されていると言える一方[68]，これらの批判を裏返すことで，インフラ整備政策には，質の高さ，十分な規模の低利融資[69]，過程全般における高い透明性，現地の雇用への寄与といった要素が求められていることが見えてくる．そして，2015年5月に日本が公表した「質の高いインフラパートナーシップ～アジアの未来への投資～」[70]には，これらの要素が複数含まれており，中国のインフラ投資に対する批判を踏まえて作成されたものであることが窺える[71]．日中の援助に競争原理が働いた結果と見ることができ，今後の動向が注目される．

　なお，民族紛争終盤，国連やアメリカ，イギリス等を中心とした各国から再三，政府軍とLTTE双方に停戦の呼びかけがなされ，最終局面ではLTTEもそうした声を活用して政府側に停戦を持ち掛けたが，スリランカ政府は拒否し続けた（アジア経済研究所［2010]）．それでは，スリランカ国民は政府の強硬方針をどのように見ていたのか．2009年の2月から民族紛争が事実上終わる同年5月までに2月の中央州，北西部州，4月の西部州と3つの州評議会選挙があったが，全てで与党側が勝利し，ラジャパクサも2月の2つの州評議会選挙の勝利後，「テロリズムを完全に撲滅し，我々の兄弟にとっての民主的な権利を勝ち取るという政府の計画が，国民に承認された」（アジア経済研究所［2010] p. 519）と述べている．シンハラ人が多数を占める国民[72]の大勢は，政府の強硬方針支持であったと見られる[73]．そうした中で

---

68)　『マヒンダ・チンタナ』に対するJSANも，インフラ投資の重要性自体には同意している．

69)　借款，そして経済インフラの比率が高いことは日本のODAの特徴でもある．その有効性と限界については，船津［2005]を参照．

70)　http://www.mof.go.jp/international_policy/economic_assistance/pqi/pqi_besshi01.pdf.

71)　中国の「借金漬け外交」がアメリカ等から強く批判される中（例えば，共同通信「中国は『借金漬け外交』－米大統領，対抗策表明へ」（2018年10月5日)），中国から多額の融資を受けて建設されたが，債務返済の重荷に耐えられず，中国国有企業に2017年から99年間貸与されることになったスリランカのハンバントタ港は，その代表例としてしばしば取り上げられている（産経新聞「中国に運営権『植民地同然』スリランカのハンバントタ港」（2018年1月18日）等を参照).

のスリランカ政府の強硬方針への欧米等の批判は，政府の硬直的な反応だけでなく，スリランカ国民の反発をも呼び起こした可能性さえある．この見方は，スリランカ政府の強硬方針が「正解」であったことを示唆するものではない．そもそも，民主主義的な意思決定の制度は，「正解」を保証できる個人も組織も存在しないことを前提としていると言える．とはいえ，スリランカ政府の強硬方針に批判的だった援助国・機関が20年以上民族紛争に苦しんでいたスリランカ国民という最大の当事者の声に十分に耳を傾けていたか，LTTEとスリランカ政府両者に停戦を求めるより犠牲者を少なくする影響力の行使の方法はなかったかは[74]，本来，最優先で検証すべき課題の1つと思われる．援助国・機関が，援助国の国内向けの政治的ポーズに止まらない実効性・持続性のある人道・人権問題への取り組みを実施するためには，当事国国民の意向に十分に耳を傾けることが不可欠と考えられるが，序章で見たように，国際援助・介入の決定においては一般的に援助国国内の有権者に受け入れられるか否かが最優先される要素となる．だからこそ，援助国・被援助国双方における民主的過程が効率的で有効な国際援助を実現する推進力となるためには，双方の有権者が事実を把握できることが必須であり，そ

---

72) 外務省のウェブサイト（http://www.mofa.go.jp/mofaj/area/srilanka/data.html，2017年8月31日閲覧）によれば，スリランカの民族構成は，シンハラ人が74.9%，タミル人が15.3%，スリランカ・ムーア人が9.3%となっている．

73) 毎日新聞が2009年5月20日に配信した記事「市民が歓喜の爆竹　LTTEテロは依然警戒」には，シンハラ人運転手の「テロリストであるLTTEとの対話なんてありえないと誰もが思っていた」，「政府は欧米諸国から非難を浴びながらも内戦を武力で終結させた．多くの国民がそう望んだからだと思う」との言葉が紹介されている．

74) ルトワック［2017］の「停戦は，むしろ戦争によってもたらされる疲労感や厭戦気分の発生を阻止したり，紛争当事者にとって，再編成や再武装の機会となることが多い．こうなると，停戦終了後の紛争をむしろ激化させたり，長期化させてしまうのだ．停戦は，ほとんどの場合，次の戦闘の開始につながってしまうのである」（p. 42）との主張は，現実の一面として傾聴に値する．また，日本の高須幸雄国連大使は2009年5月14日の会見で，戦闘を停止しても民間人解放の保証はないとして，「政府もLTTEも両方悪いのだから撃ち方をやめろというアプローチは現実を見ていない」と発言していた（時事通信「高須大使，一時戦闘停止に否定的＝国連総長はスリランカ訪問検討」（2009年5月15日配信））．

の一環として，解決方針等に関する当事国の世論の動向の調査を制度化する
等の改善策を講じる必要があると思われる．

　そして，人権問題に関しては，政治的コンディショナリティの適用の公正
さの問題がある．ラジャパクサが反発した2013年11月14日の当時のキャ
メロン英首相のBBCテレビとのインタビューについては既に紹介したが，
そのキャメロンは，スリランカより人権を尊重しているとは到底評価し難い
中国を同年12月に訪れた際には，イギリスは西側諸国で中国の最大の支持
者になると発言し[75]，15年10月21日の記者会見では，中国の人権問題に
批判的な記者からの質問に対して「人権か，ビジネスかという質問の前提に
はまったく賛成できない．5年，首相を務めて思うのは，両方が重要だとい
うことだ．経済関係が強固になれば，双方の関係も深まり，それ以外の問題
でも率直な議論ができるようになる」と述べている[76]．普遍的価値として
人権の尊重を途上国に求めながら，こうしたあからさまな二重基準が存在す
ることは，スリランカの反発にも見られるように，人権という価値の権威を
深刻に貶めている．

　また，民族紛争終盤からその事実上の終結後も続いた英米等によるスリラ
ンカ政府に対する批判や政治的コンディショナリティに基づくEUによる
「経済制裁」と言えるGSPプラス供与の停止等の措置は，スリランカの人権
状況を改善させたとは言い難く，EU等の影響力低下と中国の影響力拡大，
そして，それに伴うスリランカ国内での対立とインドの懸念の増大といった，
EU等の立場からすればマイナス面の目立つ影響しか与えられなかったと見
られる．それでは，中国がスリランカに接近することがなかったら，政治的
コンディショナリティに基づく「経済制裁」は効果を発揮できたのか．メイ

---

75)　Watt, Nicholas and Mason, Rowena. David Cameron calls for new EU-China free trade agreement. 2013, December 2. *The Guardian*（https://www.theguardian.com/politics/2013/dec/02/david-cameron-china-advocate-western-world）.

76)　産経新聞「習近平主席に英BBC記者が会見で皮肉たっぷり質問 『英国民は人権に問題を抱えた国とのビジネス拡大をなぜ喜ばなければならないのか』」（2015年10月23日配信）.

ヨール［2009］が経済制裁について，「これは普通，平和的変更の一形態だとされている．しかしより正確には，これは一種の目に見えない暴力であり，そこでは責任は制裁の犠牲者に転嫁され，制裁をけしかけた人びとがこれを認識しないことが，しばしばである」（p. 145）と述べているように，一般国民に犠牲があってこそ効果を発揮できる手段であることに留意する必要がある．

　加えて，こうした政治的コンディショナリティの恣意的な運用は，被援助国の経済政策策定の前提となる経済環境や財源調達に関する予測可能性を低下させ，世銀・IMF も貧困削減のために最重要としている経済成長を被援助国全般で阻害する恐れがある．

　政治的コンディショナリティに基づく「経済制裁」に関しては，どの国にも適用し得る抑制的で明確な基準を公正に適用する一方で，政治面での改善のための国際援助では，経済面での改革において被援助国のオーナーシップを尊重した漸進的なアプローチの重要性が少なくとも公式的には認識されているように，漸進的・個別的アプローチを採用することが，改革の１つの方向として考えられる．

　途上国に限らず国際社会全体で，国際援助を含む国際協力の必要性が一層高まると見られる中，その実効性と効果の持続可能性を高めるためには，被援助国のオーナーシップの実質化，国際社会における今までの貴重な経験の，特にドナー側の問題に関する批判的な検証が不可欠であろう．そして，序章で見たように，グローバリゼーションの下，好影響・悪影響ともに容易に国境を越え，時には世界的に波及する可能性が高まる中で，得られる便益を最大化し，悪影響の波及を最小化するためには，各国の短期的・個別的利害から距離を置いた，透明性・予測可能性の高い「世界システム」を含むセーフティネットの整備を進める必要があるだろう．

参考文献

秋山孝允［2004］:『世銀「調整融資」を「開発政策融資」へ変更』（最新開発援助動向レポート No.14）財団法人国際開発高等教育機構.

秋山孝允編［2008］:『グローバリゼーションと国際開発研究「脆弱国家の開発戦略」研究報告書』財団法人国際開発高等教育機構.

秋山孝允・大村玲子編著［2010］:『開発への新しい資金の流れ』財団法人国際開発高等教育機構国際開発研究センター.

アジア経済研究所［1995; 2001〜2015］:『アジア動向年報　各年版』日本貿易振興会アジア経済研究所研究支援部.

石川滋［1994］:「構造調整」『アジア経済』第 35 巻第 11 号.

石黒正康・野村宗訓［2004］:『変貌するアジアの電力市場　アセアン諸国の電力構造改革の行方』（社）日本電気協会新聞部.

伊藤隆敏［1999］:「アジア通貨危機の背景」『開発援助研究』第 5 巻第 4 号.

ウォルツ，ケネス［2013］:『人間・国家・戦争』勁草書房（*Man, the State, and War*）.

ARC 国別情勢研究会［2013］:『ARC レポート　スリランカ　2013／14 年版』ARC 国別情勢研究会.

植田和弘・諸富徹編［2016］:『テキストブック現代財政学』有斐閣.

絵所秀紀［1991］:『開発経済学　形成と展開』法政大学出版局.

絵所秀紀［1994］:『開発と援助』同文舘.

岡本英男［2014］:「福祉国家と財政金融政策」持田信樹・今井勝人編著『ソブリン危機と福祉国家財政』東京大学出版会.

奥田宏司［1996］:『ドル体制と国際通貨』ミネルヴァ書房.

奥田宏司・代田純・櫻井公人編［2016］:『現代国際金融　第 3 版』法律文化社.

奥田宏司［2017］:『国際通貨体制の動向』日本経済評論社.

海外経済協力基金開発援助研究所［1997］:『民活インフラ事業の現状と課題』海外経済協力基金開発援助研究所.

外務省［2002〜2014］:『政府開発援助（ODA）白書　各年版』国立印刷局.

外務省［2008］:『スリランカ国別評価調査』（第三者評価）.

柏原千英編［2010］:『開発途上国と財政』日本貿易振興機構アジア経済研究所.

勝間靖［2008］:「ミレニアム開発目標の現状と課題—サブサハラ・アフリカを中心として—」『アジア太平洋討究』No.10.

加藤榮一［2006］:『現代資本主義と福祉国家』ミネルヴァ書房.

金澤史男［2005］:「現代財政と財政学の方法」金澤史男編『財政学』有斐閣.

金澤史男［2010］:『福祉国家と政府間関係』日本経済評論社.

金子勝［1999］:『反グローバリズム』岩波書店.

上江洲佐代子・長谷川安代・吉田美樹［2008］:『貧困者の市場への参加とドナー支援のあり方―セネガルにおけるフィリエール分析の事例から―』独立行政法人国際協力機構.

「環境・持続社会」研究センター［1999］:『アジアの民活インフラと援助：リスクを負うのは誰か？』(JACSES ブリーフィング・ペーパー・シリーズ No.11)「環境・持続社会」研究センター (http://www.jacses.org/sdap/infoservice/bps/bps11.html).

木原隆司［2005］:『開発援助ファイナンスの新潮流 「制度政策環境」の重視と受益国に応じた支援』財務省財務総合政策研究所研究部.

木村光豪［2014］:「スリランカ人権委員会の調査活動：その成果と課題」『政策創造研究』第7号.

国際調査ジャーナリスト協会 (ICIJ)［2004］:『世界の〈水〉が支配される！ グローバル水企業の恐るべき実態』作品社.

国際金融公社［1996］:『民間インフラストラクチャーへの融資 経験から得た教訓』世界銀行.

国際協力銀行開発金融研究所開発研究グループ編纂［2005］:『地域経済アプローチを踏まえた政策の一貫性分析 東アジアの経験と他ドナーの政策』国際協力銀行開発金融研究所開発研究グループ.

国際協力機構国際協力総合研修所［2004］:『PRSP プロセス事例研究 タンザニア・ガーナ・ベトナム・カンボジアの経験から』国際協力機構国際協力総合研修所.

国際協力事業団国際協力総合研修所編［2003］:『途上国における財政管理と援助 新たな援助の潮流と途上国の改革』国際協力事業団国際協力総合研修所調査研究第二課.

国際連合広報センター［1998］:『世界社会開発サミット コペンハーゲン宣言及び行動計画』国際連合広報センター.

小浜裕久・柳原透編著［1995］:『東アジアの構造調整』日本貿易振興会 (ジェトロ).

ジェトロ (JETRO)［2013］:「EU の一般特恵関税 (GSP) 制度改正とその背景」『ユーロトレンド』No.115.

重森暁・鶴田廣巳・植田和弘編［2003］:『Basic 現代財政学 新版』有斐閣.

下村恭民・中川淳司・斎藤淳［1999］:『ODA 大綱の政治経済学』有斐閣.

下村恭民・稲田十一編［2001］:『アジア金融危機の政治経済学』財団法人日本国際問題研究所.

白鳥正喜［1998］:『開発と援助の政治経済学』東洋経済新報社.

城山英明［2013］:『国際行政論』有斐閣.

神野直彦 [2007]：『財政学 改訂版』有斐閣．

スティグリッツ，ジョセフ・E. [2002]：『世界を不幸にしたグローバリズムの正体』徳間書店（*Globalization and Its Discontents*）．

世界銀行 [1983～1988; 1990～1999; 2001～2004; 2009]：『世界銀行年次報告 各年版』世界銀行東京事務所．

世界銀行 [2000]：『東アジア 再生への途』東洋経済新報社．

世界銀行東京事務所 [2004]：『貧困緩和戦略ペーパー（PRSP）とは？』世界銀行東京事務所．

世界銀行 [1994b]：『世界開発報告 1994 開発とインフラストラクチュア』東洋経済新報社（*World Development Report 1994*）．

世界銀行 [1997b]：『世界開発報告 1997 開発における国家の役割』東洋経済新報社（*World Development Report 1997*）．

世界銀行 [2004b]：『世界開発報告 2004 貧困層向けにサービスを機能させる』シュプリンガー・フェアラーク東京（*World Development Report 2004*）．

世界銀行 [2005]：『世界開発報告 2005 投資環境の改善』シュプリンガー・フェアラーク東京（*World Development Report 2005*）．

武田隆夫・遠藤湘吉・大内力 [1964]：『再訂 近代財政の理論』時潮社．

田代洋一 [2006]：「経済政策論の課題」田代洋一・荻原伸次郎・金澤史男『現代の経済政策 第3版』有斐閣．

田中五郎 [1998]：『発展途上国の債務危機 経緯と教訓』日本評論社．

田中素香編著 [2010]：『世界経済・金融危機とヨーロッパ』勁草書房．

谷内満 [2005]：「国際資本移動の変貌とアジア グローバル・インバランスの中のアジア」『開発金融研究所報』第27号．

土志田誠一 [1986]：『レーガノミックス 供給経済学の実験』中央公論社．

トッド，エマニュエル [2015]：『「ドイツ帝国」が世界を破滅させる』文藝春秋．

ナイ ジュニア，ジョセフ・S.，デビッド・A. ウェルチ [2015]：『国際紛争 [原書第9版]』有斐閣（*Understanding International Conflicts*：*An Introduction to Theory and History*, 9th ed.）．

永瀬雄一 [2011]：「スリランカにおける交通インフラ開発事業と計画」『運輸と経済』第71巻第6号．

中尾武彦 [2005]：「我が国のODAと国際的な援助潮流（前編） 特に国際金融の視点から」『ファイナンス』第470号．

中尾武彦 [2005b]：「我が国のODAと国際的な援助潮流（後編） 特に国際金融の視点から」『ファイナンス』第472号．

中嶋慎治 [2005]：「アジア通貨金融危機とIMF」『松山大学論集』第17巻第2号．

長田博 [2005]：『貧困削減戦略におけるマクロ経済政策と貧困のリンケージに関する予備的考察―ASEAN諸国におけるPRSP体制の意味』名古屋大学大学院国際開発研究科．

中村修三［2007］:「ミレニアム開発目標の現状と課題」『政策科学』第 14 巻第 2 号.

中村尚司［2005］:「スリランカにおける貧困削減政策の問題点」『経済学論集』第 44 巻第 5 号.

西垣秀樹［2018］:「【欧州経済】ユーロ圏はどのように財政再建したか」三井住友アセットマネジメント株式会社（https://www.smam-jp.com/documents/www/market/economist/ED20180124eu.pdf）.

ノース，ダグラス・C.［1994］:『制度・制度変化・経済成果』晃洋書房（*Institutions, Institutional Change and Economic Performance*）.

土生芳人［1993］:「低成長経済への移行」『岡山大学経済学会雑誌』第 25 巻第 1-2 号.

林薫［2006］:『公共財政管理と日本の開発援助』財団法人国際開発高等教育機構.

林健久［2002］:『財政学講義　第 3 版』東京大学出版会.

ピケティ，トマ［2014］:『21 世紀の資本』みすず書房（*Le Capital au XXIe Siecle*）.

フィッシャー，S.，R.N. クーパー，R. ドーンブッシュ，P.M. ガーバー，C. マサド，J.J. ポラック，D. ロドリック，S.S. タラポール［1999］:『IMF 資本自由化論争』岩波書店（*Should the IMF Pursue Capital-Account Convertibility?*）.

藤原淳一郎編［1999］:『アジア・インフラストラクチャー—21 世紀への展望一』慶應義塾大学出版会.

船津潤［2001］:「現代スリランカにおける財政改革の分析」（博士論文　横浜国立大学大学院国際開発研究科）.

船津潤［2001b］:「スリランカにおける地方分権化改革の展開　発展途上国における分権改革の実相」『都市問題』第 92 巻第 11 号.

船津潤［2002］:「途上国におけるインフラ整備と民活」『現代の公共事業　国際経験と日本』日本経済評論社.

船津潤［2005］:「ODA と財政の国際化」金澤史男編『財政学』有斐閣.

船津潤［2008］:「途上国インフラ整備における公私分担」金澤史男編『公私分担と公共政策』日本経済評論社.

法務省［2010］:『出身国情報リポート　エリトリア』.

本間雅美［2008］:『世界銀行と開発政策融資』同文舘出版.

牧野耕司・足立佳菜子・松本歩恵［2001］:「貧困削減戦略文書（PRSP）とは　『貧困削減に関する基礎研究』報告書から」『国際協力研究』第 17 巻第 2 号.

牧野耕司［2002］:「PRSP（貧困削減戦略ペーパー）についての暫定的考察」『国際協力研究』第 18 巻第 1 号.

増島稔・田中吾朗［2010］:「世界金融・経済危機後のグローバル・インバランス調整」植田和男編著『世界金融・経済危機の全貌』慶應義塾大学出版会.

三輪博樹［2007］:「スリランカにおける選挙政治と政党政治」近藤則夫編『アジア開発途上諸国における選挙と民主主義』アジア経済研究所.

室岡直道［2005］:「PRSP におけるインフラの役割」『国際協力研究』第 21 巻第 2 号.

メイヨール，ジェームズ［2009］:『世界政治』勁草書房（*World Politics*）.

元田結花［2007］：『知的実践としての開発援助』東京大学出版会.

柳原透［2001］：「途上国の貧困削減へのアプローチと日本の貢献」『国際協力研究』第17巻第2号.

山本盤男［1997］：『インドの構造調整政策と税制改革』中央経済社.

吉川尚徳［2011］：「中国の南太平洋島嶼諸国に対する関与の動向　その戦略的影響と対応」『海幹校戦略研究』第1巻第1号.

米村明夫編［2001］：『教育開発：政策と現実』ジェトロ・アジア経済研究所.

ルトワック，エドワード［2017］：『戦争にチャンスを与えよ』文藝春秋.

ルトワック，エドワード［2018］：『日本4.0　国家戦略の新しいリアル』文藝春秋.

ロドリック，ダニ［2014］：『グローバリゼーション・パラドクス』白水社（*The Globalization Paradox*）.

Amunugama, Sarath［2005］: *Budget Speech 2006*.

Ayhan, Kose. M., Prasad, Eswar. S. and Tessones, Marco.E.［2005］: *Growth and Volatility in an Era of Globalization*, IMF Staff Papers Vol. 52, International Monetary Fund.

Bayliss, Kate［2001］: "The World Bank and Praivatisation: a flawed development tool", *Global Focus*, Vol.13 No.2.

Bernanke, Ben. S.［2005］: *The Global Saving Glut and the U.S. Current Account Deficit*（http://www.federalreserve.gov/boarddocs/speeches/2005/20050414/default.htm）.

Blackwill, Robert D and Harris, Jennifer M［2016］: *War by Other Means: Geo-economics and Statecraft*, The Belknap Press of Harvard University Press.

Bluedorn, John., Duttagupta, Rupa., Guajardo, Jaime and Topalova, Petia［2013］: *Capital Flows are Fickle: Anytime, Anywhere*, IMF Working Paper, International Monetary Fund.

Bricker, Jesse et al.［2017］: *Changes in U.S. Family Finances from 2013 to 2016: Evidence from the Survey of Consumer Finances*, Federal Reserve Bulletin, Vol.103 No.3, Board of Governors of the Federal Reserve System.

Bush, Oliver., Farrant, Katie and Wright, Michell［2011］: *Reform of the International Monetary and Financial System*, Financial Stability Paper, No. 13, Bank of England.

Central Bank of Sri Lanka［2005～2016］: *Annual Report for the year 2004～2015*.

Country Economics Department［1988］: *Adjustment Lending: An Evaluation of Ten Years of Experience*, World Bank.

Datta-Mitra, Jayati［1997］: *Fiscal Management in Adjustment Lending*, World Bank.

Department for International Development（DFID）［2005］: *Why we need to work more effectively in fragile states*, Department for International Development.

Department of National Planning and Ministry of Finance and Planning [2006] : *Mahinda Chintana : Vision for a New Sri Lanka—A Ten Year Horizon Development Framework 2006-2016*, State Printing Corporation.

Department of National Planning and Ministry of Finance and Planning [2010] : *Sri Lanka The Emerging Wonder of Asia : Mahinda Chintana—Vision for The Future*, Ministry of Finance and Planning.

Dollar, David and Levin, Victoria [2004] : *The Increasing Selectivity of Foreign Aid, 1984-2002*, World Bank.

Executive Office of the President Council of Economic Advisers [2018] : *Economic Report of President*, U.S. Government Publishing Office.

Gerrard, Michael [1997] : *Financing Pakistan's Hub Power Project A Review of Experience for Future Projects*, World Bank.

Ghafoor, Abdul, John Weiss and Hossein Jalilian [2000] : "The Impact of Structural Adjustment Reforms on Public Sector Expenditures : Evidence from Developing Countries",*METU Studies in Development*, Vol.27, No.1.

Goldberg, S. Linda [2010] : *Is the International Role of the Dollar Changing?*, Current Issues in Economics and Finance, Vol.16 No.1, Federal Reserve Bank of New York.

Government of Sri Lanka [2002] : *Regaining Sri Lanka : Vision and Strategy for Accelerated Development.*

Hall, David and Emanuele Lobina [2005] : *The relative efficiency of public and private sector water*, PSIRU, Business School, University of Greenwich.

Harris, Clive [2003] : *Private Participation in Infrastructure in Developing Countries : Trends,Impacts,and Policy Lessons*, World Bank.

Harris, Clive [2003b] : *Private Participation in Infrastructure : Trends in Developing Countries in 1990-2001*, World Bank.

IFC [1981~2002] : *IFC Annual Report*, IFC.

International Conference on Financing for Development [2003] : *Monterrey Consensus of the International Conference on Financing for Development*, United Nations.

International Monetary Fund (IMF) [2018] : *Annual Report on Exchange Arrangements and Exchange Restrictions 2017*, International Monetary Fund.

International Monetary Fund (IMF) [2018b] : *Managing Public Wealth (Fiscal Monitor)*, International Monetary Fund.

Jafferjee, Azra and Dinushka Senanayake [2004] : *Poverty Reduction Strategy in Sri Lanka*, A Centre for Poverty Analysis (CEPA) Publication.

Keen, Michael and Alejandro Simone [2004] : "Tax policy in Developing Coun-

参考文献 257

tries : Some Lessons from the 1990s and Some Challenges Ahead" in *Helping Countries Develop : The Role of Fiscal Policy*, ed. by Sanjeev Gupta, Benedict Clements, Gabriela Inchauste (International Monetary Fund) .

Levin, Victoria and Dollar, David [2005] : *The Forgotten States : Aid Volumes and Volatility in Difficult Partnership Countries (1992-2002)*, DAC Learning And Advisory Process On Difficult Partnerships.

MIGA [1991~2004] : *MIGA Annual Report*, MIGA.

MIGA [1998b] : *MIGA The first Ten Years*, MIGA.

Moreno-Dodson, Blanca and Wodon, Quentin ed. [2008] : *Public Finance for Poverty Reduction : Concepts and Case Studies from Africa and Latin America*, World Bank.

OECD [2006] : *Promoting Pro-poor Growth: Key Policy Message*, OECD.

OECD-DAC [1996] : *Shaping the 21st Century : The Contribution of Development Co-operation.*

OECD-DAC [2005] : *Paris Declaration on Aid Effectiveness : Ownership, Harmonization, Alignment, Results and Mutual Accountability.*

Ostry, Jonathan. D., Ghosh, Atish. R., Habermeier, Karl., Chamon, Marcos., Qureshi, Mahvash. S. and Reinhardt, Dennis. B.S. [2010] : *Capital Inflows: The Role of Controls*, IMF Staff Position Note, International Monetary Fund.

Oxford Policy Management (OPM) [2005] : *Aid Allocation Criteria: Managing for Development Results and Difficult Partnerships*, Lancaster House.

Rajapaksa, Mahinda [2010] : *Mahinda Chinthana -Vision for the Future.*

Sader, Frank [1995] : *Privatizing Public Enterprises and Foreign Investment in Developing Countries, 1988-93*, World Bank.

Shalizi, Zmarak [1991] : *Lessons of Tax Reform*, World Bank.

Staff of the International Development Association and the International Monetary Fund [2003] : *Sri Lanka Joint Staff Assessment of The Poverty Reduction Strategy Paper.*

Staff of the International Monetary Fund and the International Development Association [2008] : *Sri Lanka Joint Staff Advisory Note on the Second Poverty Reduction Strategy Paper.*

Sturzenegger, Federico and Zettelmeyer, Jeromin [2006] : *Debt Defaults and Lessons from a Decade of Crises*, The MIT Press.

Todaro, P. Michael and Stephen C. Smith [2006] : *Economic Development 9th edition*, Pearson/Addison Wesley.

UN Millennium Project [2005] : *Investing in Development : A Practical Plan to Achieve the Millennium Development Goals*, Earthscan.

United Nations Economic Commission for Africa [2005] : *Assessing Public Finan-*

cial Management and Accountability in the Context of Budget Transparency in Africa, United Nations.

United Nations [2014] : *The Millennium Development Goals Report 2014.*

World Bank [1983; 1984; 1989; 1993; 2000] : *The World Bank Annual Report*, World Bank.

World Bank [1997] : *Private Capital Flows to Developing Countries : The Road to Financial Integration*, Oxford University Press.

World Bank [1998] : *Public Expenditure Management Handbook*, World Bank.

World Bank [2003] : *Infrastructure Action Plan*, World Bank.

World Bank [2004] : *World Development Indicators 2004 CD-ROM*, World Bank.

World Bank [2004b] : *World Development Report 1978-2004 with Selected World Development Indicators 2003 Indexed Omnibus CD-ROM Edition*, World Bank.

World Bank [2004c] : *Sri Lanka Development Policy Review*, World Bank.

World Bank [2005] : *Uzbekistan - Public Finance Management Reform Project*, World Bank.

World Bank, IMF [2005] : *Concept note - Joint World Bank and IMF report on Poverty Reduction Strategy Papers progress in implementation : 2005 PRS review.*

World Bank and IMF [2005b] : *2005 Review of the PRS Approach : Balancing Accountabilities and Scaling Up Results.*

World Bank website [2004] : *Development Policy Lending Replaces Adjustment Lending : The World Bank overhauls for policy-based lending to reflect 20years of experience.*

(http://go.worldbank.org/QQ9078Z4K0).

World Bank Website [2010.11.3 閲覧] : *PRSP Sourcebook.* (http://web.worldbank. org/WBSITE/EXTERNAL/TOPICS/EXTPOVERTY/EXTPRS/0,,contentMD-K:22404376~pagePK:210058~piPK:210062~theSitePK:384201~isCURL:Y,00.html).

あとがき

　一般の方から「研究テーマは？」と聞かれると，「途上国財政です」と答えてきた．しかし，その「途上国財政」とは何なのか，管見の限り先行研究に答えは見当たらず，自分自身でも答えを見つけ出せずにいた．ゼミでは「まず定義を明確にすること」と伝え，講義でもテーマの定義から入るようにしていながら，情けない限りであった．一方，研究を進めるにつれ，どこか特定の途上国の財政を見るだけでは「途上国財政」とは何か見えてこないことを痛感した．そして，ドナーや一国に限らない途上国財政全体の動向の解明に取り組むとともに，奥田宏司先生をはじめとする金融論や奥山真司先生のブログをきっかけに知った地政学・国際政治論の研究成果を取り入れる等，答えを得ようと一層もがくことになった．本書は，「途上国財政」に関する，不十分であると自覚しつつではあるものの，現時点での私なりの答えであり，今後の私の途上国財政研究の出発点と位置づけられるものである．

　序章は過去の論文の一部を活用した部分はあるものの基本的に書き下ろしであり，他章の初出は，第1章「途上国財政とグローバル化　1997年までを対象に」(『エコノミア』第60巻第1号，2009年)，第2章「途上国インフラ整備における公私分担」(金澤史男編『公私分担と公共政策』日本経済評論社，2008年)，第3章「援助・貧困削減・途上国財政（上）（下）」(『商経論叢』第63号，『鹿児島県立短期大学紀要　人文・社会科学篇』第63号，ともに2012年)，第4章「途上国の貧困削減に関する国際的ミニマムとODA」(『鹿児島県立短期大学地域研究所　研究年報』第47号，2016年)，第5章「PRSP（貧困削減戦略文書）の実相　スリランカ最初のPRSPを事例に（上）（下）」(『鹿児島県立短期大学紀要　人文・社会科学篇』第65号，2014年，『鹿児島県立短期大学地域研究所　研

究年報』第 46 号，2015 年），第 6 章「ラジャパクサ政権下のスリランカ財政
（上）（下）」（『商経論叢』第 68 号，『鹿児島県立短期大学紀要　人文・社会科学篇』
第 68 号，ともに 2017 年）である．なお，それぞれの時期の研究に意義がある
と考え，基本的にデータの更新は行っていないが，1 冊の書籍として，そし
て「途上国財政論」としての体系が成立するよう構成や記述を見直した部分，
また，初出では紙幅の関係で削除した部分の追加やその後の研究で得た知見
を反映して加筆修正したところは少なくない．一方で，出典のページ数は，
煩雑になって読みづらくならないよう，直接の引用部分以外は本書では割愛
したが，初出には記載している場合がある．また，第 2 章は初出に加筆した
部分が少なくない半面，本書では割愛した詳細な表が初出には掲載されてい
る．

これまで多くの方々の助けをいただいた．
　率直に言って不本意入学だった大学を卒業できたのは，高校の先輩にあた
る小西中和先生の叱咤激励，梅澤直樹先生，佐伯啓思先生，筒井正夫先生，
山﨑朗先生をはじめとする先生方の魅力的な講義があってこそであった．何
より，ゼミの指導教官で，財政学の基礎を教えてくださった北村裕明先生は，
人としても研究者としても教育に携わる者としても，今も変わらぬ模範であ
り，大きな目標である．そして，大学院に進学できたのは，高校時代の佐々
木英治先生からのお話で抱いた大学院への淡い憧れと北村ゼミの先輩の只友
景士氏の親身なアドバイスのお蔭である．
　大学院でも，岡田靖男先生，故岸本重陳先生，田代洋一先生，中村剛治郎
先生，長谷部勇一先生，諸富徹先生，山崎圭一先生などの先生方から多くの
ことを学ばせていただいた．
　金子勝先生からは，スリランカに関する資料面での支援に加え，研究者と
しての姿勢の面でも今も心に刻む貴重なアドバイスをいただいた．また，山
田誠先生，高山新先生は折に触れて温かい言葉をくださった．
　ナショナル・ミニマム研究会の門野圭司氏，村上英吾氏，松本一郎氏，関

耕平氏，金目哲郎氏，清水雅貴氏，其田茂樹氏，石崎涼子氏，岩本洋一氏，平敷卓氏からは特に第4章に関して報告の機会と貴重なコメントをいただいた．中でも其田氏と清水氏からは別途報告の機会を設けていただくなど一方ならぬお世話になった．

地方財政研究会の澤井勝先生，町田俊彦先生，田中信孝先生，横山純一先生，中村良広先生，兼村高文先生，星野泉先生，沼尾波子先生，石原健二先生，菅原敏夫氏，飛田博史氏，故高木健二先生からは本書執筆の上での大変貴重なコメントと今後の研究に関する大切な宿題をいただいた．

非常勤を含む講義の受講生，そして特に，現在難病の治療に励み，復活を期す豊重拓郎君をはじめとするゼミ生からは，教育面に限らず，研究者としても，人としても大切な教えを受け続けている．

全くの他分野で私と違い一流の研究者であった故江口清久伯父の人徳と「研究者に向いている」という言葉，希望に沿わない研究者の道に進んだ私を愛し，期待しつつ亡くなった父船津秋男の気迫に満ちた生き様，今も元気でいてくれている母美子の優しさも私にとって大きな支えである．

日本経済評論社の清達二氏には大学院時代から大変お世話になっているが，本書の出版は，清氏の支援あってこそのものであった．

ここに名前を挙げられなかった方々を含め，お世話になった皆様に心から御礼を申し上げたい．

最後に，研究においても，人生においても最大の恩人である故金澤史男先生の言葉を，この機会に1つ紹介させていただきたい．その時は思いもしなかったが，結果として最後にお会いした時の言葉で，「君達も，そろそろ自分が編者になることを考えていい．その場合，自分が知っていることや言いたいことを人に書かせるようなことはすべきでない．自分が知りたいけれども自分には分からないことを共著者には書いてもらうべきだ」というものだ．編者としての先生は，まさしくこの姿勢を貫いておられた．そして，来る者は決して拒まなかった．門野氏が編者となって『生活を支える社会のしくみを考える』を刊行したナショナル・ミニマム研究会も，金澤先生のそうした

姿勢の結晶の1つであろう．教育でも，学部生には学部生の，院生には院生の適切なレベルのハードルを設ける一方，何かを押しつけることはなく，学生の希望と努力に応えて，導き，育てるという姿勢でおられた．私はあまりに師匠運に恵まれすぎていて，金澤先生，北村先生の真の有り難さを知ったのは，金澤先生が亡くなった後，あってはならないことが束のように起こってからであるが，北村先生に紹介していただいて金澤先生に出会えたことは本当に幸せなことであった．

　金澤先生の指導がなければ，私は研究者になれなかっただろう．あちらで金澤先生にお会いした時に恥ずかしくないよう，精進を重ねたい．

2019年9月

船津　潤

索引

［あ行］

アカウンタビリティ　⇒説明責任

アクション・プラン　⇒ Infrastructure Action Plan

アジア経済研究所　1, 170-3, 202, 216, 225, 227, 229, 235, 237, 239, 242, 246

アジア通貨危機　16, 25, 40, 68, 79, 81, 100, 104, 132

ウィクラマシンハ、ラニル　170, 173, 190, 198, 202-3, 206, 208, 239-40, 243-4

植田和弘　4, 7

ウェルチ、デビッド・A.　3-4, 14-5

ウォルツ、ケネス　14

絵所秀紀　12, 47

援助協調　127, 129-30

遠藤湘吉　4

大内力　4

オーナーシップ　9, 33, 41, 123-4, 126-7, 129, 131, 147, 161-2, 200-1, 206, 249

岡本英男　34-5

奥田宏司　21-6, 31, 40

［か行］

開発（定義）　11

開発援助委員会　⇒ DAC

開発援助論　1, 3, 14, 16

開発経済学　1

開発政策融資　128

格差　7, 29-31, 35, 113, 162, 203, 205-6, 209, 224, 231, 240, 242

拡大 HIPC イニシアティブ　121, 123-4

拡大構造調整ファシリティ　47, 128

拡大信用供与措置　190

拡大信用ファシリティ　128

加藤榮一　14, 22, 28

金澤史男　2, 4, 12, 21, 28-9

金子勝　27, 31

基軸通貨　21-2, 26-7

規律ある財政　130, 136, 162, 192

緊縮　33-5, 136, 143, 146

金融自由化　23, 27, 33, 36, 38, 40

グッド・ガバナンス　6, 119-20, 123, 131, 164

国別援助戦略　129, 170

クマラトゥンガ、チャンドリカ　170-2, 226

グローバリゼーション　6, 10, 12-3, 15-6, 20-1, 27-9, 31-3, 35, 40-1, 45-6, 63, 77-9, 113, 115, 117-8, 124, 149, 221, 241-2, 249

グローバル・インバランス　22, 27

グローバル化　⇒グローバリゼーション

グローバル・ガバナンス　32

グローバル金融危機　15, 16-7, 21, 25, 34, 159, 209, 215, 220, 239-40

経済過程　14-5, 20-2, 26-7, 29, 36

経済協力開発機構　⇒ OECD

経済制裁　7, 10, 22, 31, 235-6, 248-9

現代的貨幣理論　34-5

公共支出管理　130-1, 207

構造改革　12, 29, 100, 190, 206

構造主義アプローチ　11-2

構造調整貸付　23, 45, 47-9, 59, 100

構造調整政策　14, 16, 23, 47-8, 51-2, 59, 77, 106, 117-9, 145, 148, 162, 169, 196, 200-1, 243

構造調整ファシリティ　47, 127

国際援助　5-10, 36-7, 41, 113-4, 162, 173, 200-1, 243, 247, 249

国際介入　7, 9, 15, 247

国際開発協会　⇒ IDA

国際行政論　16

国際協調　7-11, 15, 31-2, 35-6, 41, 148, 165

国際協力　7-11, 15, 29, 31, 36, 41, 148, 249

国際金融公社　⇒IFC

国際政治論　2, 14, 16

国際通貨基金　⇒IMF

小浜裕久　47

コンディショナリティ　8, 33, 37, 41, 47, 58, 61, 128, 131, 162, 243-4, 248-9

［さ行］

財政（定義）　4

財政管理　113-4, 119, 124, 127, 129-36, 141, 145, 147

財政の国際化　6-7

債務危機　23-4, 52

サムルディ・プログラム　178, 184-5, 188, 192-3, 197, 200

参加（グッド・ガバナンス関連）　9, 80, 122-3, 126-7, 130, 132, 141-2, 181-3, 187, 193-4

重森暁　4

持続可能な開発目標　2, 116, 149, 162

支配的資本　27-8

下村恭民　68, 119

社会的保護　123, 143, 184-5, 188-9, 192-3, 204, 231

従業員準備基金　186, 220

重債務貧困国　⇒HIPC

主権　4-6, 15, 29, 41

白鳥正喜　47, 118

シリセナ，マイトリーパーラ　239

城山英明　5, 15, 116

真珠の首飾り　164, 238

神野直彦　3-4, 12

スティグリッツ，ジョセフ・E.　133

スリランカ復興開発に関する東京宣言　171-2

政策一貫性　122

政治改革　4, 6, 119-20, 125, 164

脆弱国　120-1

脆弱性　12-3, 33, 36-7, 41, 79, 98, 143, 160, 193, 216, 241

政府開発援助　⇒ODA

セイロン石油公社　181, 229-30

セイロン電力委員会　181, 212, 228-30, 232, 243

セーフティネット　13, 15-6, 20-1, 27, 31-3, 39-41, 143, 146, 244

世界銀行　1-2, 4, 14-5, 20, 24, 27-8, 33, 37, 45-53, 57-8, 63, 66-7, 81-93, 97-112, 114-5, 117-8, 121, 123, 125-34, 145-6, 154, 160-1, 169-70, 189-91, 193-6, 200, 206, 208-9, 212, 239, 241-4, 249

世界システム　14-6, 20-1, 27, 29, 31, 39, 41, 249

世銀　⇒世界銀行

説明責任　6, 32, 108, 123, 130-1, 133, 136, 141-2, 189

租税競争　35, 60

［た行］

武田隆夫　4

多国間投資保証機関　⇒MIGA

田代洋一　15

多層的構造　13-4, 20

タミル・イーラム開放の虎　171-2, 202, 233, 236, 246-7

地政学　2-3, 14, 16

通貨スワップ取極　39

鶴田廣巳　4

同時多発テロ　118-9, 150, 161

透明性　36, 114, 123, 130, 132, 136, 141-2, 162, 189, 246, 249

途上国（定義）　3-4

途上国財政（課題）　11-2

途上国財政（特徴）　3-4, 6

トッド，エマニュエル　34

ドナー　3, 9, 12-3, 16-7, 33, 120, 124, 126-7, 131-3, 141-2, 162-5, 173, 180, 188, 190, 200-1, 203, 206, 209, 219, 239, 244, 249

　新興――　162-5, 245

　伝統的――　163-5, 203, 237, 244-5

ドル体制　21-3, 28, 31, 40

［な行］

ナイ ジュニア，ジョセフ・S.　3-4, 14-5

中尾武彦　115, 120-1, 124, 126-7, 132-3

中村尚司　1, 164, 197, 201

ノース，ダグラス・C.　34

［は行］

パートナーシップ（途上国援助関連）　9, 66, 123-4, 126, 129, 161-2, 246

覇権国　27, 40-1

林健久　4

バランスシート・アプローチ　35

反グローバリズム　12, 29

ピケティ，トマ　1, 30-1

貧困削減支援融資　128, 191

貧困削減・成長ファシリティ　128, 190

貧困削減戦略文書　⇒ PRSP

貧困問題　2, 4, 9, 11, 113, 118, 120, 194

プレマダサ，ラシンナハ　169

部門調整貸付　45, 47-9, 59

平和の構築　173

平和への課題　5

包括的開発枠組み　⇒ CDF

法の支配　130

［ま行］

マヒンダ・チンタナ　202-3, 206-10, 224-5, 237, 239, 242-3, 245-6

マルチ債務救済イニシアティブ　125, 152

ミレニアム開発目標　2, 105-7, 109-10, 116-7, 119-20, 122-4, 126-7, 129, 149, 159-60, 162, 204

民族紛争　164, 171, 179-80, 187, 189, 200-2, 206-9, 224, 236, 238-41, 244, 246-8

メイヨール，ジェームズ　3, 5, 7, 248-9

元田結花　1, 3-4, 6, 11, 13, 33, 245

諸富徹　7

モンテレイ合意　118, 122-3, 127, 161

モンテレー合意　⇒ モンテレイ合意

［や行］

柳原透　47, 126, 132, 194

［ら行］

ラジャパクサ，マヒンダ　170, 173, 202-3, 206, 209, 211, 214-5, 224, 226-8, 230-1, 233-4,

237-46, 248

ルトワック，エドワード　3, 28, 247

連邦準備制度理事　⇒ FRB

ロドリック，ダニ　9, 29, 32, 41, 113, 243

［わ行］

ワシントン・コンセンサス　14, 161-2, 243

［欧文］

An Agenda for Peace　⇒ 平和への課題

B ローン　48, 84, 94

CAS　⇒ 国別援助戦略

CDF　125

CEB　⇒ セイロン電力委員会

CPC　⇒ セイロン石油公社

DAC　45, 116, 122, 131, 150-3, 162-3

ECF　⇒ 拡大信用ファシリティ

EEF　⇒ 拡大信用供与措置

EPF　⇒ 従業員準備基金

ESAF　⇒ 拡大構造調整ファシリティ

FRB　30, 34

GSP プラス　233-6, 248

HIPC　124-5, 150, 154-5, 157-8, 160

HIPC イニシアティブ　124-5, 131, 155

IDA　98, 106-7, 110, 120-1, 125, 160, 190-1, 238

IFC　86-7, 92-8, 102, 104-5, 107, 110

IMF　14-5, 20, 22, 27-8, 33-5, 37, 39-40, 47, 66, 68, 79, 81, 114-5, 117-8, 123, 125-8, 131-4, 145-6, 160, 164, 169, 189-91, 193-4, 200-1, 206, 208-10, 214, 216, 226, 239, 241-4, 249

Infrastructure Action Plan　83-4, 105-7, 110, 146

JSA　126, 169-70, 187, 189-94, 200-1, 243

JSAN　126, 139, 203, 206, 208, 234-5, 239, 243, 246

LTTE　⇒ タミル・イーラム開放の虎

MDGs　⇒ ミレニアム開発目標

MDRI　⇒ マルチ債務救済イニシアティブ

MIGA　48, 52, 93-4, 97-9, 102, 104, 109-10

MMT　⇒ 現代的貨幣理論

NGO　6, 15, 20, 80, 82, 91, 126

ODA　6, 20, 45, 111, 117-8, 120, 123-4, 127,

129, 149-65, 246
OECD　45, 115-6, 122, 150
PRGF　→貧困削減・成長ファシリティ
Pro-Poor Growth　122, 129, 152, 160
PRSC　→貧困削減支援融資
PRSP　33, 113-4, 120-2, 124-9, 132-6, 139, 145-8, 152, 160, 169-70, 173, 185, 187-206, 213, 229, 239-40, 243

―― Sourcebook　114, 132, 134, 137-9, 141-7, 169, 191-4, 200
SAF　→構造調整ファシリティ
SAL　→構造調整貸付
SDGs　→持続可能な開発目標
SECAL　→部門調整貸付
Sourcebook　→ PRSP Sourcebook
World Bank　→世界銀行

著者紹介

船津 潤

1969 年生まれ，福岡県立修猷館高等学校卒，滋賀大学経済学部経済学科卒，横浜国立大学大学院経済学研究科修了（修士（経済学）），横浜国立大学大学院国際開発研究科修了（博士（学術）），現在，鹿児島県立短期大学商経学科准教授．
主要研究業績は，「ODA と財政の国際化」金澤史男編『財政学』有斐閣，2005 年，「途上国インフラ整備における公私分担」金澤史男編『公私分担と公共政策』日本経済評論社，2008 年，ほか．

途上国財政論
グローバリゼーションと財政の国際化

2019 年 10 月 15 日　第 1 刷発行

定価（本体 4800 円＋税）

著　者	船　津　　　潤
発行者	柿　﨑　　　均
発行所	株式会社 日本経済評論社

〒101-0062 東京都千代田区神田駿河台 1-7-7
電話 03-5577-7286　FAX 03-5577-2803
E-mail：info8188@nikkeihyo.co.jp
振替 00130-3-157198

装丁・德宮峻　　　　　印刷・文昇堂／製本・誠製本

落丁本・乱丁本はお取り換え致します　　Printed in Japan

© FUNATSU Jun 2019

ISBN978-4-8188-2545-1 C3033

・本書の複製権・翻訳権・上映権・譲渡権・公衆送信権（送信可能化権を含む）は，㈱日本経済評論社が保有します．
・ JCOPY 〈(一社)出版者著作権管理機構 委託出版物〉
・本書の無断複写は著作権法上での例外を除き禁じられています．複写される場合は，そのつど事前に，(一社)出版者著作権管理機構（電話 03-5244-5088，FAX03-5244-5089，e-mail:info@jcopy.or.jp）の許諾を得てください．